电动汽车维修
从入门到精通

东莞市凌泰教学设备有限公司　组织编写

蔡晓兵　樊永强　主编

化学工业出版社

·北京·

内 容 简 介

本书以彩色高清大图的形式从电动汽车的认识及电动汽车维修基础着手，将结构原理、维修入门、提高精通三者有机地结合在一起。本书以维修保养入门到精通为主线，讲解了电动汽车动力电池、驱动电机、充电系统、热能管理系统、底盘系统、车身电气系统的保养和一般维修快修操作与汽车常见故障及诊断，尽量做到结构原理、拆装更换、故障排除三位一体、有机结合。本书选择的车型均为目前各品牌常见新能源车型，如北汽（EV200/EV160、EU260等）、比亚迪（e5、e2/e3）、吉利（EV300、EV450、EV500等）、江淮、众泰、知豆、奇瑞新能源、长安新能源等。

本书可供汽车维修专业从业人员学习新能源汽车结构原理与维修检测、维护技术使用，也可作为各类汽车院校新能源汽车专业辅助教学参考用书，同时还适合对新能源汽车感兴趣的汽车爱好者阅读。

图书在版编目（CIP）数据

电动汽车维修从入门到精通 / 东莞市凌泰教学设备有限公司组织编写；蔡晓兵，樊永强主编. —北京：化学工业出版社，2021.5（2022.4重印）
ISBN 978-7-122-38710-3

Ⅰ.①电⋯　Ⅱ.①东⋯②蔡⋯③樊⋯　Ⅲ.①电动汽车-车辆修理　Ⅳ.①U469.720.7

中国版本图书馆CIP数据核字（2021）第045071号

责任编辑：周　红　　　　　　　　　　　　文字编辑：张燕文
责任校对：李雨晴　　　　　　　　　　　　装帧设计：刘丽华

出版发行：化学工业出版社（北京市东城区青年湖南街13号　邮政编码100011）
印　　装：北京缤索印刷有限公司
787mm×1092mm　1/16　印张23½　字数574千字　2022年4月北京第1版第5次印刷

购书咨询：010-64518888　　　　　　　　　售后服务：010-64518899
网　　址：http://www.cip.com.cn
凡购买本书，如有缺损质量问题，本社销售中心负责调换。

定　　价：99.00元　　　　　　　　　　　　　　　　　　　　版权所有　违者必究

前言

面对全球范围内日益严峻的能源形势和环保压力，世界主要汽车生产厂家开始大力研发新能源汽车，也把发展新能源汽车作为提高产业竞争力、保持经济可持续发展的重大举措。"中国制造 2025"和"十三五""十四五"规划都将发展新能源汽车列为战略新兴产业，并对新能源汽车研发、生产、充电设施等上下游产业均给予了政策扶持。

在内外部环境的积极引领下，我国新能源汽车呈现出一片繁荣的景象，以北汽、比亚迪、吉利、江淮、荣威等为代表的国产厂商大力推广新能源汽车。中国汽车工业协会统计，2020年，新能源汽车产销分别完成 136.6 万辆和 136.7 万辆，同比分别增长 7.5% 和 10.9%，产销量创历史新高。新能源汽车保有量的增长给汽车服务后市场带来了压力，汽车检测与维修、维护与保养从业人员必须尽快掌握新能源汽车的结构原理与维修、维护方法。鉴于此我们组织编写了《电动汽车维修从入门到精通》一书。

本书以彩色高清大图的形式从电动汽车的认识及电动汽车维修基础着手，将结构原理、维修入门、提高精通三者有机地结合在一起。本书以维修保养入门到精通为主线，讲解了电动汽车动力电池、驱动电机、充电系统、热能管理系统、底盘系统、车身电气系统的保养和一般维修快修操作与汽车常见故障及诊断，尽量做到结构原理、拆装更换、故障排除三位一体、有机结合。

本书选择的车型均为目前各品牌常见新能源车型，如北汽（EV200/EV160、EU260 等）、比亚迪（e5、e2/e3）、吉利（EV300、EV450、EV500 等）、江淮、众泰、知豆、奇瑞新能源、长安新能源等。

书中对于难度较大的复杂知识点，还专门配备了"教学视频"。视频以二维码的形式呈现，读者学习时可通过手机扫描书中的二维码，同步浏览对应知识点的数字媒体教学资源。数字媒体资源与图书的图文资源相互衔接、互为补充，可充分调动学习者的主观能动性，确保学习者在短时间内获得最佳的学习效果。

本书可供汽车维修专业从业人员学习新能源汽车结构原理与维修检测、维护技术使用，也可作为各类汽车院校新能源汽车专业辅助教学参考用书，同时还适合对新能源汽车感兴趣的汽车爱好者阅读。

本书由东莞市凌泰教学设备有限公司组织编写，蔡晓兵、樊永强任主编，吉世岳任副主编，参加编写的还有陈文韬、徐永金、于海东、蔡志海、邓冬梅、韦梅英、潘庆浩等。

由于笔者水平所限，疏漏之处在所难免，敬请广大读者批评指正。

编者

目录

第1章 认识电动汽车 / 1

1.1 概述 …………………………………… 2
 1.1.1 电动汽车分类 ………………… 3
 1.1.2 标准术语 ……………………… 5
1.2 电动汽车基本组成及原理 …………… 7
 1.2.1 纯电动汽车 …………………… 7
 1.2.2 混合动力汽车 ………………… 9
 1.2.3 燃料电池汽车 ………………… 18

第2章 维修基础 / 21

2.1 高压系统认知 ………………………… 22
 2.1.1 高压系统基本认知 …………… 22
 2.1.2 高压线束颜色和标识 ………… 22
2.2 高压安全防护 ………………………… 23
 2.2.1 高压插接器三防结构 ………… 24
 2.2.2 高压安全设计原理 …………… 24
 2.2.3 绝缘工具与高压监测仪器 …… 26
 2.2.4 防护操作与触电急救常识 …… 29
2.3 高压系统上下电操作 ………………… 34
 2.3.1 上下电操作（使用诊断仪）… 34
 2.3.2 上下电操作（手动操作）…… 35

第3章 车载能源系统 / 41

3.1 动力电池 ……………………………… 42
 3.1.1 动力电池概念与分类 ………… 42
 3.1.2 动力电池技术与安全 ………… 44
3.2 镍氢电池 ……………………………… 48
 3.2.1 镍氢电池结构与原理 ………… 48
 3.2.2 镍氢电池常见应用车型 ……… 50
3.3 锂离子电池 …………………………… 52
 3.3.1 锂离子电池结构与原理 ……… 52
 3.3.2 磷酸铁锂电池 ………………… 53
 3.3.3 三元锂离子电池 ……………… 54
 3.3.4 三元锂离子电池应用车型 …… 55
3.4 动力电池管理系统 …………………… 60
 3.4.1 动力电池管理系统组成及原理 … 61
 3.4.2 动力电池管理系统主要功能 … 63

3.5 充电系统 ………………………………… 64
    3.5.1 分类组成及原理 ………………… 64
    3.5.2 充电接口标准 …………………… 66
    3.5.3 常见车型充电系统结构原理 …… 70

3.6 高压配电盒 ……………………………… 81
    3.6.1 高压配电盒结构组成与系统部件 … 81
    3.6.2 高压配电盒功能 ………………… 83

第 4 章 动力驱动及控制系统 / 87

4.1 动力驱动系统基础 ……………………… 88
    4.1.1 驱动电机分类 …………………… 88
    4.1.2 驱动系统特点 …………………… 88
4.2 驱动电机基本原理 ……………………… 90
    4.2.1 永磁同步驱动电机 ……………… 90
    4.2.2 交流异步驱动电机 ……………… 92
4.3 驱动电机控制系统 ……………………… 93
    4.3.1 基本功能 ………………………… 93
    4.3.2 控制技术 ………………………… 94
4.4 插电式混合动力汽车动力驱动系统 …… 95
    4.4.1 简介 ……………………………… 95
    4.4.2 工作原理 ………………………… 96
4.5 常见车型驱动电机结构原理 …………… 99
    4.5.1 吉利新能源 ……………………… 99
    4.5.2 比亚迪新能源 …………………… 101
    4.5.3 广汽新能源 ……………………… 102

第 5 章 热能管理系统 / 105

5.1 热能管理系统 …………………………… 106
    5.1.1 电动汽车冷却系统基本原理 …… 106
    5.1.2 电动汽车冷却系统基本组成 …… 107
5.2 动力电池热能管理系统 ………………… 109
    5.2.1 动力电池冷却系统 ……………… 109
    5.2.2 动力电池加热系统 ……………… 114
    5.2.3 动力电池保温系统 ……………… 116
5.3 驱动系统冷却系统 ……………………… 117
5.4 车载充电器冷却系统 …………………… 120

第 6 章 底盘 / 121

6.1 电动汽车底盘特点 ……………………… 122
6.2 传动系统 ………………………………… 123
    6.2.1 结构与原理 ……………………… 123
    6.2.2 常见车型的减速器 ……………… 124
6.3 电动转向系统 …………………………… 128
    6.3.1 电子液压助力转向系统 ………… 128
    6.3.2 电动助力转向系统 ……………… 128
6.4 电动制动系统 …………………………… 132
6.5 行驶系统 ………………………………… 133

第7章 电路基础与电路图识读 / 135

- 7.1 基本概念和术语 ……………… 136
- 7.2 组成汽车电路的基本元素 …… 139
- 7.3 电路图特点 …………………… 142
  - 7.3.1 低压系统 ……………… 142
  - 7.3.2 高压系统 ……………… 143
- 7.4 电路识图 ……………………… 143
- 7.4.1 识读示例 ……………… 143
- 7.4.2 驱动电机与控制系统 … 157
- 7.4.3 充电系统 ……………… 160
- 7.4.4 高压配电系统 ………… 160
- 7.4.5 热能管理系统 ………… 168

第8章 车身电气系统 / 171

- 8.1 电动空调系统 ………………… 172
  - 8.1.1 电动空调结构与原理 … 172
  - 8.1.2 电动空调实例 ………… 174
- 8.2 整车控制器 …………………… 177
  - 8.2.1 整车控制器的功能 …… 178
  - 8.2.2 整车控制器的技术要求… 178
- 8.3 照明与信号系统 ……………… 179
  - 8.3.1 结构与原理 …………… 179
  - 8.3.2 维修实例 ……………… 185
- 8.4 其他辅助系统 ………………… 186
  - 8.4.1 电动车窗 ……………… 186
  - 8.4.2 电动天窗 ……………… 189
  - 8.4.3 电动后视镜 …………… 190
  - 8.4.4 电动座椅 ……………… 191
  - 8.4.5 雨刮洗涤系统 ………… 193
- 8.5 电动汽车智能网联系统 ……… 196
  - 8.5.1 智能网联汽车的定义 … 196
  - 8.5.2 智能网联汽车的分级 … 197
  - 8.5.3 新能源汽车智能网联系统构成及原理 …………………… 198
  - 8.5.4 智能网联汽车特殊功能系统 … 199
  - 8.5.5 广汽新能源 ADiGO 3.0 自动驾驶系统功能 ……………… 206

第9章 电动汽车保养与维护 / 211

- 9.1 保养周期 ……………………… 212
- 9.2 车辆举升 ……………………… 215
- 9.3 保养时的检查作业 …………… 217
  - 9.3.1 电气系统工作状态检查… 217
  - 9.3.2 轮胎检查 ……………… 217
  - 9.3.3 安全带检查 …………… 218
  - 9.3.4 蓄电池检查 …………… 219
  - 9.3.5 安全气囊检查 ………… 220
  - 9.3.6 冷却液检查 …………… 221
  - 9.3.7 洗涤液液位检查 ……… 222
  - 9.3.8 制动液检查 …………… 223
  - 9.3.9 喇叭检查 ……………… 223
  - 9.3.10 雨刮片检查 ………… 223
  - 9.3.11 天窗检查 …………… 224
  - 9.3.12 齿轮油检查 ………… 224
  - 9.3.13 制动系统检查 ……… 225

9.3.14 底盘检查 …………………… 226
9.3.15 三电系统检查 ………………… 227
9.3.16 整车灯光检查 ………………… 227
9.4 保养时的更换调整作业 …………… 228
9.4.1 制动液的排放和加注 …………… 228
9.4.2 减速器齿轮油的更换 …………… 229
9.4.3 空调滤清器的更换 …………… 230
9.4.4 前照灯的调整 ………………… 231
9.4.5 动力电池冷却液的更换 ……… 231
9.4.6 电机冷却液的更换 …………… 233
9.4.7 暖风 PTC 加热器冷却液的更换 ……………………………… 235

第10章 一般维修操作 /237

10.1 高压系统 …………………………… 238
　10.1.1 零部件更换 …………………… 238
　10.1.2 总成更换 ……………………… 247
10.2 底盘 ………………………………… 266
　10.2.1 传动系统 ……………………… 266
　10.2.2 电子转向系统 ………………… 272
　10.2.3 制动系统 ……………………… 273
　10.2.4 行驶系统 ……………………… 275
10.3 电气系统 …………………………… 278
　10.3.1 外部照明系统 ………………… 278
　10.3.2 内部照明系统 ………………… 286
　10.3.3 左前车门玻璃和升降器 ……… 293
　10.3.4 电动后视镜 …………………… 296
　10.3.5 雨刮洗涤系统 ………………… 302
　10.3.6 前排座椅总成 ………………… 307
　10.3.7 车门与内外拉手 ……………… 309
10.4 电子电气空调舒适系统 …………… 313
　10.4.1 整车控制系统 ………………… 313
　10.4.2 空调系统 ……………………… 314
　10.4.3 中控门锁系统前车门锁 ……… 321
　10.4.4 智能进入与无钥匙启动系统 … 323
　10.4.5 ESP 系统 ……………………… 327
　10.4.6 胎压监控系统 ………………… 332
10.5 网关控制娱乐系统 ………………… 333
　10.5.1 车载互联系统 ………………… 333
　10.5.2 音响系统 ……………………… 334

第11章 故障诊断与排除 /337

11.1 动力电池系统 ……………………… 338
　11.1.1 动力电池电压异常 …………… 339
　11.1.2 动力电池短路 ………………… 340
　11.1.3 动力电池温度异常 …………… 341
　11.1.4 动力电池绝缘、充电故障 …… 343
　11.1.5 动力电池故障导致车辆可以上电，但仪表一直提示故障 ………… 343
11.2 驱动系统 …………………………… 346
　11.2.1 驱动电机启动困难或不启动 … 346
　11.2.2 驱动电机过温 ………………… 346
　11.2.3 驱动电机过速 ………………… 347
　11.2.4 高压过压、欠压 ……………… 348
　11.2.5 驱动电机旋转变压器故障 …… 349
　11.2.6 电机控制器过温 ……………… 350
　11.2.7 驱动电机异响、振动过大或转速和输出功率不足 ………………… 350
11.3 充电系统 …………………………… 353
　11.3.1 车载充电器输出过压、欠压 … 353
　11.3.2 车载充电器过温 ……………… 354
　11.3.3 车载充电器过流 ……………… 354

11.3.4　CC 检测回路故障 ·················· 355
11.4　高压配电系统 ···························· 357
　　11.4.1　高压配电系统绝缘故障及回路导通
　　　　　　性检查 ························ 357
　　11.4.2　高压配电系统回路短路检查 ······ 359
11.5　其他 ······································· 361
　　11.5.1　空调偶尔不制冷 ··················· 361
　　11.5.2　高压互锁断开 ····················· 362

11.5.3　高压零部件绝缘 ·················· 363
11.5.4　插电式混合动力车型无法
　　　　ready ························ 364
11.5.5　仪表提示"请检查动力系统" ··· 366
11.5.6　行驶时严重挫车 ·················· 367
11.5.7　比亚迪宋多媒体无法正常
　　　　关机 ·························· 367

视频索引

视频名称	二维码位置	视频名称	二维码位置
新能源汽车的概念与分类	P2	举升顶起位置	P215
纯电动汽车	P7	双柱式举升机操作	P215
插电式混合动力汽车	P9	电气系统工作状态检查	P217
燃料电池电动汽车	P19	轮胎	P217
新能源汽车高压安全与防护	P22	蓄电池性能检测及更换	P219
新能源汽车高压系统部件介绍	P22	冷却液的检查与排放	P221
高压断电	P35	雨刮片的检查与更换	P224
新能源汽车动力电池与管理系统	P42	动力电池的检查保养	P227
新能源汽车充电系统	P64	制动液的检查与加注	P228
新能源汽车驱动系统	P88	动力电池冷却系统检查保养	P231
新能源汽车驱动及管理系统	P90	转向节拆卸与更换	P275
新能源汽车动力电池冷却系统	P109	前悬架减振器与减振器弹簧的检查与更换	P276
新能源汽车驱动系统冷却	P117	前大灯的维护	P278
新能源汽车电动转向系统	P128	行车灯的测量与更换	P279
新能源汽车电控制动系统	P132	后尾灯的维护	P280
汽车底盘行驶系统	P133	倒车灯的检测	P282
新能源汽车空调系统	P172	转向信号灯开关的更换	P284
汽车灯光与信号系统	P179	室内灯的更换	P286
车窗控制装置	P187	雨刮电机的检测	P306
电动后视镜的构成	P190	中央门锁的拆卸与检查	P321
汽车座椅	P192	ABS 泵的拆卸与更换	P330
雨刮系统	P193		

第 1 章

认识电动汽车

1.1 概述

汽车作为当今出行必不可少的现代化交通工具，为人类社会活动带来了很大的便利。但随着汽车保有量的急剧增加，也带来了一些负面影响，最突出的问题就是能源危机和污染。纯电动汽车是指由驱动电机作为唯一驱动装置驱动车轮行驶的汽车。驱动电机的驱动电源来源于动力电池，电动汽车与传统汽车相比，具有节能环保、整车轻量化、运营成本低等优势。因此发展电动汽车，推动汽车领域的节能减排，对于缓解能源压力和改善环境具有重要意义，发展电动汽车也是未来汽车行业的必然趋势。

电动汽车是指以车载电源为动力，用电机驱动行驶，符合道路交通、安全法规各项要求的车辆。电动汽车主要由动力电池总成、驱动电机（驱动电机控制器下方）、驱动电机控制器、高压电源分配器、温控系统控制器、整车控制器等组成，如图1-1-1所示。

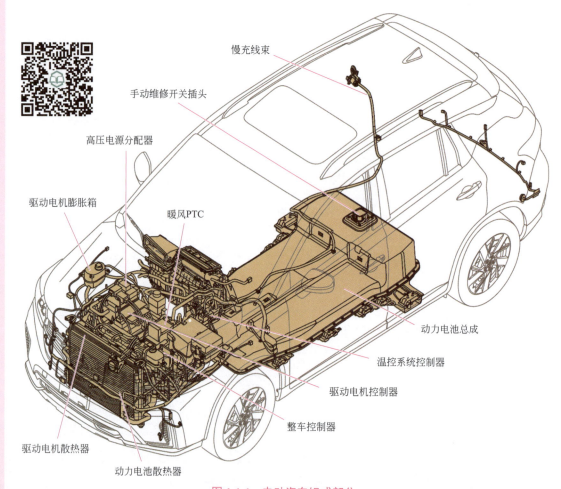

图 1-1-1　电动汽车组成部分

1.1.1 电动汽车分类

电动汽车有新旧两个定义及分类说明，我国较早对电动汽车的定义是采用非常规的车用燃料作为动力源（或适用常规的车用燃料、采用新型车载动力装置），综合车辆的控制和驱动方面的先进技术，形成的技术原理先进，具有新技术、新结构的汽车。基于此，根据动力源不同，电动汽车可分为以下四大类。第一类是仍以内燃机为动力源的新型燃料汽车。使用气体燃料，如氢气、压缩天然气、液化天然气和液化石油气，或使用不由原油裂化得到的液体燃料，如乙醇、生物柴油等生物燃料。第二类是以太阳能为动力源的汽车。第三类是以氢燃料电池为动力源的汽车。第四类是电能可以作为动力源的汽车。根据电力驱动程度，进一步可以分为纯电动汽车、插电式混合动力汽车和内燃机动力为主电力驱动为辅的不具有插电功能的一般混合动力汽车。

根据国务院颁布的《节能与新能源汽车产业发展规划（2012—2020 年）》中明确新能源汽车的范围为插电式混合动力汽车（同时要求单次纯电续驶里程不小于 50km）、纯电动汽车和燃料电池汽车，并将常规混合动力汽车规划为节能内燃机汽车。综上，我们认为新能源汽车是指采用新型动力系统，完全或主要依靠新型能源（如电能等非石油燃料）驱动的汽车。具体的分类如图 1-1-2 所示。

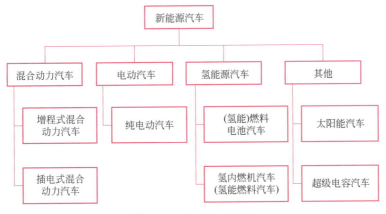

图 1-1-2　电动汽车分类

1.1.1.1　纯电动汽车

纯电动汽车（BEV）是指以动力电池为唯一车载电源，并由驱动电机提供驱动转矩的汽车，可简称为 EV，如图 1-1-3 所示，其优点是：无排放污染，噪声低；能源转化效率高且多样化；使用和维护与内燃机汽车、混合动力汽车和燃料电池汽车相比较为简单，动力传动部件更少，维护工作量更少。特别是驱动电机本身，使用范围广，不易受所处环境影响，所以纯电动汽车的服务成本和使用成本相对较低。

1.1.1.2　混合动力汽车

在谈及新能源混合动力汽车之前，先了解一下传统技术层面上对混合动力汽车的定义。混合动力汽车也称为复合动力汽车，其动力输出部分或全部依靠车载的内燃机提供，并根据对其他动力源（如电力源）的依赖程度分为弱混、轻混、中混和重混（全混），根据其动力输出的分配方式分为并联、串联和混联。增程式混合动力汽车是在纯电动汽车上加装一套内燃机作为电力源的充电系统，其目的是减少汽车的污染，提高纯电动汽车的续驶里程。插电式混合动力汽车是可以直接由外接电源充电的重度混合动力汽车，而且电池容量较大，可以靠纯电力驱动行驶较远的距离（目前我国的要求是综合工况下行驶 50 km），因此其对内燃机的依赖较少。在插电式混合动力中，电动机是主要的动力源，而内燃机作为备用动力，当动力电池能量消耗到一定的程度或电动机不能提供所需动力时才启动内燃机，以混合动力模式行驶，并适时向电池充电（图 1-1-4），插电式混合动力汽车与增程式混合动力汽车虽然都属于可充电的混合动力汽车，但是它们之间却有本质的区别。插电式混合动力汽车是在重度混合动力汽车的基础上，再增加配置动力电池和充电接口，使用者可获得更多的纯电续驶里程；增程式混合动力汽车是在纯电动汽车的基础上，装备一个小型的辅助发动机组，以备电池电量不足时为电池充电（这里要说明，该种充电由于发动机功率受限，只是一定程度的补充，并不是只要发动机工作，就可以满足汽车各种工况下的电驱动所需电力）。这里还有一个概念也需要特别说明，就是充电的概念。广义上讲，电池增加电能的过程就可以称为充电，因此在新能源汽车的工作过程中，动力电池有以下三种充电模式：内燃机的机械能通过电机系统转化为电能输入动力电池；车辆减速，通过电机（此时电动机将作为发电机）将车辆的动能转化为电能输入动力电池（即能量回收）；通过车载充电器或外部充电桩，将外部电源的电能输入动力电池（外接充电）。因此，为了进行区分，通常将充电定义为以内燃机的机械能作为动力源的模式，可理解为狭义充电的概念，而能量回收不再称为充电，外部充电是特指上面所述第三种模式。了解了这些，才能理解由于传统的混合动力汽车不具备外接充电功能，从而与插电式混合动力汽车有本质的区别；同时也能理解增程式混合动力汽车既可以划分到混合动力汽车，也可算作纯电动汽车的原因了。

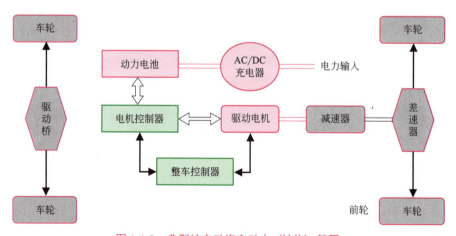

图 1-1-3　典型纯电动汽车动力（结构）简图

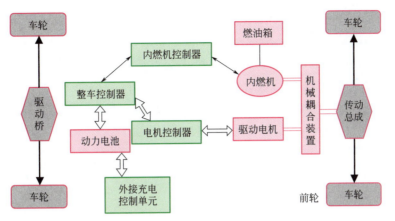

图 1-1-4　典型插电式混合动力汽车动力（结构）简图

1.1.1.3　氢能源汽车

氢能源汽车（图 1-1-5）有两类：一类是氢能燃料电池汽车（或称燃料电池汽车）；另一类是氢内燃机汽车（或称氢能燃料汽车）。但是这两者又有很大的区别，前者是由氢燃料通过化学反应产生驱动电力（这点又不同于一般的纯电动汽车，纯电动汽车的电力是通过车载动力电池的反复充电获得的）；而氢内燃机汽车是以氢气为燃料，通过氢发动机（类似于传统能源的汽油发动机）直接燃烧氢气从而获得动力。总之两者都是以氢气为燃料，排放物是水，没有污染，因此，氢能源汽车是传统汽车最理想的替代方案，也是最被寄予希望的绿色能源汽车。

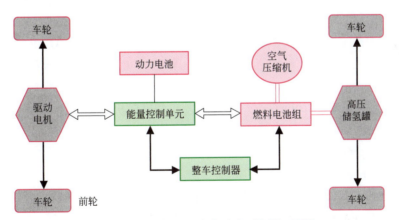

图 1-1-5　典型氢能源汽车动力（结构）简图

1.1.2　标准术语

随着汽车行业的快速发展，统一标准术语尤为重要，下面列出了一些常用的标准术语。

① 电动汽车（electric vehicle；EV）。

② 纯电动汽车（battery electric vehicle；BEV）。

③ 混合动力电动汽车（hybrid electric vehicle；HEV）。

④ 串联式混合动力电动汽车（series hybrid electric vehicle）。

⑤ 并联式混合动力电动汽车（combined hybrid electric vehicle）。

⑥ 插电式混合动力电动汽车（plug-in hybrid electric vehicle；PHEV）。

⑦ 燃料电池汽车（fuel cell electric vehicle；FCEV）。

⑧ 增程式电动汽车（range extended electric vehicle；REEV）。

⑨ 整车控制单元（vehicle control unit）。

⑩ 动力电池（power battery）。

⑪ 能量密度（energy density）——从蓄电池的单位质量或单位体积所获取的电能，用 W·h/kg、W·h/L 来表示，也称作比能量。

⑫ 质量能量密度（specific energy density）——从蓄电池的单位质量所获取的电能，用 W·h/kg 表示，也称作比能量或质量比能量。

⑬ 体积能量密度（volumetric energy density）——从蓄电池的单位体积所获取的电能，用 W·h/L 表示，也称作体积比能量。

⑭ 辅助系统（auxiliary system）——驱动系统以外的用电或采用电能操纵的车载系统，如灯具、风窗洗涤电机、音响、电动座椅等。

⑮ 车载能源（on-board energy source）——动力电池、DC/DC 等的组合。

⑯ 驱动系统（propulsion system）——根据驾驶员的操作指令，给汽车提供动力的系统。

⑰ 动力系（power train）——动力单元与传动系统的组合。

⑱ 电驱系统（electric drive）——由驱动电机、电机控制器和将电能转换为机械能的相关操纵装置组成的系统。

⑲ 电动动力系（electric power train）——包含电驱动系统与传动系统的动力系。

⑳ 驱动电机系统（dive motor system）——驱动电机、电机控制器及其工作必需的辅助装置的组合。

㉑ 电机（electrical machine）——包含电动机和发电机，是指将电能转换为机械能或将机械能转换为电能的装置。

㉒ 发电机（generator）。

㉓ 电动机（motor）。

㉔ 驱动电机（drive motor）——为车辆行驶提供驱动力的电动机。

㉕ 辅助电机（auxiliary motor）——驱动电机以外的电动机。

㉖ 启动发电电机（integrated starter and generator；ISG）。

㉗ 电机控制器（electrical machine controller）。

㉘ 永磁同步驱动电机（permanent-magnet synchronous electrical machine）。

㉙ 变换器 [convertor（converter）]——如 DC/DC 转换器。

㉚ 逆变器（inverter）——将直流电转换为交流电的变换器。

㉛ 整流器（rectifier）——将交流电转换为直流电的变换器。

㉜ DC/DC 转换器 [DC/DC convertor（converter）]。

㉝ 高压系统（high voltage power system）。

㉞ 高压母线（high voltage bus）。

㉟ 绝缘电阻监控系统（insulation resistance monitoring system）。

㊱ 维护插接器（service plug）——作用等同于手动维修开关。

㊲ 高压维修开关（high voltage maintenance switch）——作用等同于手动维修开关。

㊳ 车载充电器（on-board charger；OBC）。

㊴ 充电电缆（charging cable）——给电动汽车充电用的连接线（车外）。

㊵ 充电连接器（charging connector）——充电电缆与电动汽车的连接装置（车外）。

㊶ 均衡充电（equalizing charge）——为确保蓄电池中所有单体蓄电池荷电状态均匀的一种延续充电。

㊷ 恒流充电（constant current charge）——以一个受控的恒定电流给蓄电池进行充电的方式。

㊸ 恒压充电（constant voltage charge）——以一个受控的恒定电压给蓄电池进行充电的方式。

㊹ 脉冲充电（pulse charge）——以脉冲电流给蓄电池进行充电的方式。

㊺ 制动能量回收系统（regenerative braking）。

㊻ 再生制动（regeneration braking）。

㊼ 再生能量（regenerated energy）。

㊽ 续驶里程（range）——一般不用"续航里程"。

㊾ A级电压电路（voltage class A electric circuits）——直流系统工作电压大于0V且小于或等于60V；交流系统（50～150Hz）工作电压大于0V（rms）且小于或等于25V（rms）。

㊿ B级电压电路（voltage class B electric circuits）——直流系统工作电压大于60V且小于或等于1000V；交流系统（50～150Hz）工作电压大于25V（rms）且小于或等于660V（rms）。

1.2 电动汽车基本组成及原理

1.2.1 纯电动汽车

动力电池、驱动电机、电机控制器是纯电动汽车的基本组成部分，也是纯电动汽车的核心，正是由于纯电动汽车有了这个核心系统，才区别于内燃机汽车。纯电动汽车的其他装置与内燃机汽车基本相同。

（1）动力电池　如图1-2-1所示，动力电池的主要功用如下。

① 提供动力。
② 电量计算。
③ 温度、电压、湿度检测。
④ 漏电检测、异常情况报警。
⑤ 充放电控制、预充电控制。
⑥ 电池一致性检测。
⑦ 系统自检等。

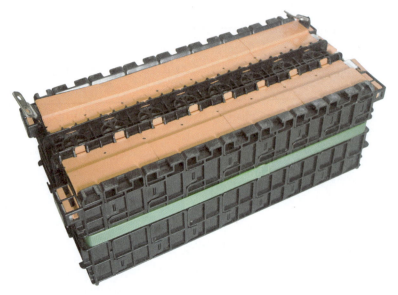

图 1-2-1　动力电池

（2）驱动电机　如图 1-2-2 所示，驱动电机控制器（图 1-2-3）将动力电池提供的直流电转化为交流电，然后输出至电机，通过电机的正转来实现整车加速、减速，通过电机的反转来实现倒车。通过有效的控制策略，控制动力总成以最佳方式协调工作。

图 1-2-2　驱动电机

图 1-2-3　驱动电机控制器

1.2.2　混合动力汽车

混合动力汽车是指同时装备两种动力来源［热力源（由传统的汽油机或柴油机产生）与电力源（动力电池与驱动电机）］的汽车，它与传统汽车的最大区别是动力传动系统。传统汽车动力传动系统主要由发动机、离合器、变速器、分动器、传动轴、差速器和驱动轴等组成，而混合动力汽车根据动力混合方式不同可以分为串联、并联、混联。

混合动力汽车携带有不同的动力源，随道路条件变化并根据行驶的要求，可同时或分别使用不同的动力源使汽车行驶。为此，混合动力汽车与传统汽车传动系统的构造有所不同，需要在动力传递系统之间增加将两个功率叠加在一起或将一个功率分解为两个功率的装置。实现功率连接或切换的装置称为动力耦合器。动力耦合器可以是机械结构或是电磁结构，也可以是机械、电磁复合结构，耦合器是混合动力汽车的明显特征之一。对于不同类型的混合动力电动汽车，根据两种动力源对汽车动力输出贡献的不同，其动力源布置和传动系统结构也不一样。

1.2.2.1　串联式

串联式混合动力电动汽车由发动机、发电机、整流器、动力电池、驱动电机、机械传动装置等组成，如图 1-2-4 所示。如果动力电池可外插电网充电，则属于插电式串联混合动力电动汽车。发动机和发电机之间是机械连接，驱动电机与机械传动装置（主减速器、差速器等）之间也是机械连接，燃油箱与发动机之间是管路连接，发动机/发电机组有时称为辅助动力单元（auxiliary power unit，简称 APU）。其主要功能是将发动机输出的机械能通过发电机转化为电能，或用于动力电池充电，或经牵引电动机和机械传动装置驱动车辆行驶。

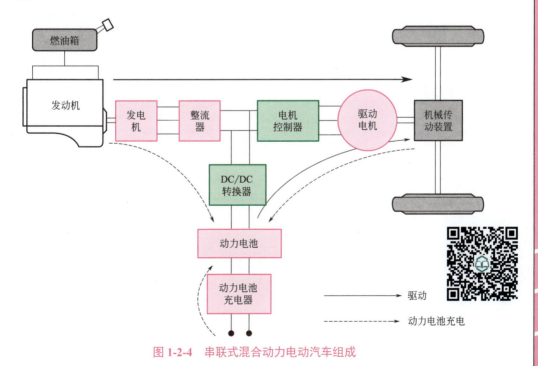

图 1-2-4　串联式混合动力电动汽车组成

图1-2-4中带箭头的实线和虚线表达了车辆在行驶过程中能量的流动情况。从燃油箱、发动机、发电机、整流器流出的能量是单向的，可以经电机控制器、牵引电机直到机械传动装置，提供车辆行驶所需要的能量，也可以经DC/DC转换器到达动力电池，提供维持动力电池SOC的能量。从动力电池、DC/DC转换器、电动机控制器、驱动电机直到机械传动装置，能量流动可以是双向的。根据路况及控制策略，驱动电机被控制为电动机或发电机：在驱动时，作为电动机使用，提供整车行驶所需要的动力；在制动减速时，作为发电机使用，将整车动能的一部分转化为电能，经DC/DC转换器给动力电池充电。这样，就实现了能量的双向流动。

（1）**串联式混合动力电动汽车的工作模式**　串联式混合动力电动汽车根据行驶负荷的不同，存在以下几种工作模式。

① 纯粹的电驱动模式：发动机关闭，车辆仅由动力电池供电、驱动。

② 纯粹的发动机驱动模式：车辆驱动功率仅源于发动机/发电机组，而动力电池既不供电也不从传动系统中获取任何能量。

③ 混合驱动模式：驱动功率由发动机/发电机组和动力电池共同提供。

④ 发动机驱动和动力电池充电模式：发动机/发电机组除提供车辆行驶所需的功率外，还向动力电池充电。

⑤ 再生制动模式：发动机/发电机组关闭，而驱动电机运行在发电机状态，通过消耗车辆的动能产生电功率。

⑥ 动力电池停车充电模式：驱动电机不接收功率，车辆停驶，发动机/发电机组仅向动力电池充电。

⑦ 动力电池混合充电模式：发动机/发电机组和运行在发电机状态下的驱动电机两者都向动力电池充电。

（2）**串联式混合动力电动汽车的运行工况**

① 启动/正常行驶/加速运行工况：发动机通过发电机和动力电池，输出电能并传递给功率转换器，然后经驱动电机，再通过机械传动装置驱动车轮。此运行工况下的能量流动如图1-2-5所示。

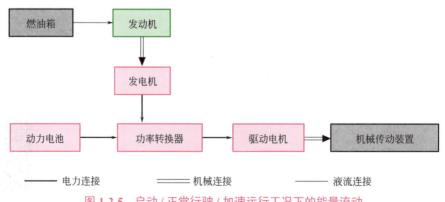

图1-2-5　启动/正常行驶/加速运行工况下的能量流动

② 低负荷工况：发动机输出的功率大于车辆所需的功率，多余的功率通过发电机给

动力电池充电，直到 SOC 达到预定的限值。此运行工况下的能量流动如图 1-2-6 所示。

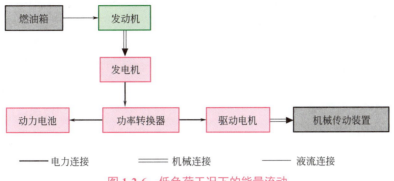

图 1-2-6　低负荷工况下的能量流动

③ 减速/制动工况：驱动电机把驱动轮的动能转化为电能，并通过功率转换器给动力电池充电。此运行工况下的能量流动如图 1-2-7 所示。

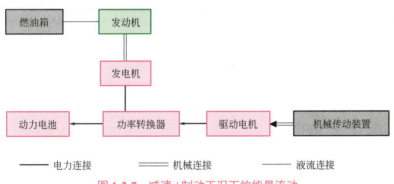

图 1-2-7　减速/制动工况下的能量流动

④ 停车充电工况：停车时，发动机可以通过发电机和功率转换器给动力电池充电。此运行工况下的能量流动如图 1-2-8 所示。

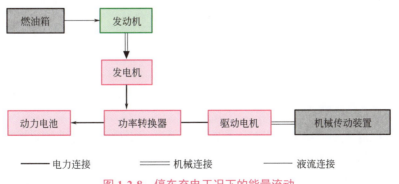

图 1-2-8　停车充电工况下的能量流动

1.2.2.2　并联式

并联式混合动力电动汽车由发动机、驱动电机、电机控制器、动力电池、动力合成器、机械传动装置等组成,如图1-2-9所示。如果动力电池可外接电网充电,则属于插电式并联混合动力电动汽车。发动机与驱动电机的输出轴分别与动力合成器输入端进行机械连接,输出动力通过动力合成器输出轴传递到机械传动装置(变速器、主减速器、差速器等),驱动车辆行驶。燃油箱与发动机之间是管路连接,驱动电机与电机控制器、电机控制器与动力电池之间均是电缆连接。并联式混合动力电动汽车与串联式混合动力电动汽车的最大区别在于发动机与机械传动装置存在机械连接,直接参与车辆的驱动。图1-2-9中带箭头的实线和虚线表达了车辆在行驶过程中能量的流动情况,与串联式混合动力汽车情况类似。

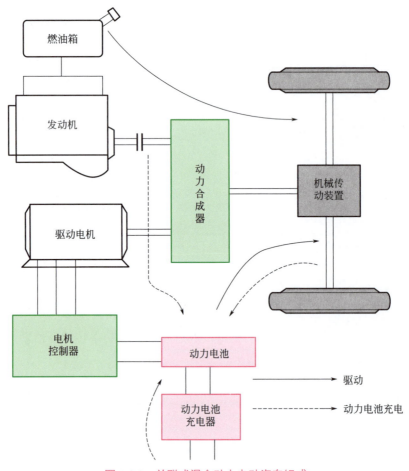

图1-2-9 并联式混合动力电动汽车组成

(1) 并联式混合动力电动汽车的工作模式 并联式混合动力电动汽车根据行驶负荷的不同,存在以下几种工作模式。

① 纯粹的电驱动模式:发动机关闭,离合器分离,驱动电机通过动力合成器提供动力,驱动汽车行驶。

② 纯粹的发动机驱动模式:车辆的驱动能量仅源于发动机,而动力电池既不供电也不从传动系统中获取任何能量,此时驱动电机关闭。

③ 混合驱动模式：驱动能量由发动机和动力电池共同提供，并通过动力合成器合成，向机械传动装置提供动力。

④ 发动机驱动和动力电池充电模式：发动机除提供车辆行驶所需的功率外，还向动力电池提供充电功率，此时发动机的功率由动力合成器分成两路，一路用于驱动汽车，另一路用于带动运行在发电机状态的驱动电机发电。

⑤ 再生制动模式：发动机关闭，而驱动电机运行在发电机状态，通过消耗车辆的动能产生电功率，用于向动力电池充电。

⑥ 停车充电模式：车辆停驶，发动机通过动力合成器带动驱动电机发电，向动力电池充电，此时，机械传动装置应备有空挡或在动力合成器与机械传动装置之间装有离合器。

在以低负荷行驶时，并联式混合动力电动汽车可采用纯粹的电驱动模式或纯粹的发动机驱动模式。纯粹的电驱动模式主要用于对排放要求较高的市区道路。在以高负荷行驶时（如超车或满载爬坡时），并联式混合动力电动汽车则采用混合驱动模式。在正常行驶时，并联式混合动力电动汽车一般采用发动机驱动和动力电池充电模式运行。此时，发动机的工作效率与工作区间随着负荷的变化而不断变化，不能像串联式混合动力电动汽车那样工作在单一工况。当发动机输出的功率有多余时，可以同时向动力电池充电。

（2）并联式混合动力汽车的运行工况

① 启动/加速工况：当车辆启动或节气门全开加速时，发动机和驱动电机同时工作，共同分担驱动车辆所需的功率，如发动机和驱动电机分别承担总功率的80%和20%。此运行工况下的能量流动如图1-2-10所示。

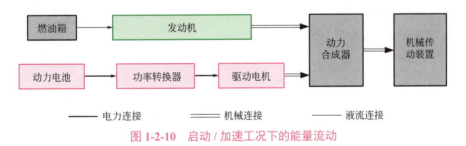

图 1-2-10　启动/加速工况下的能量流动

② 正常行驶工况：当车辆正常行驶时，驱动电机关闭，仅由发动机工作，提供车辆行驶所需的动力。此运行工况下的能量流动如图1-2-11所示。

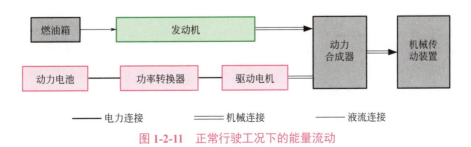

图 1-2-11　正常行驶工况下的能量流动

③ 减速/制动工况：当车辆减速行驶或制动时，驱动电机工作在发电机模式进行能量再生，通过功率转换器给动力电池充电。此运行工况下的能量流动如图1-2-12所示。

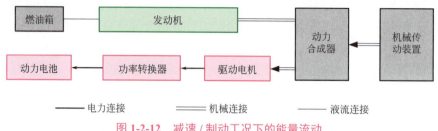

图1-2-12 减速/制动工况下的能量流动

④ 行驶中给动力电池充电工况：当车辆轻载时，发动机输出功率驱动车辆行驶，同时发动机输出的多余功率驱动工作在发电状态下的驱动电机，产生电能向动力电池充电。此运行工况下的能量流动如图1-2-13所示。

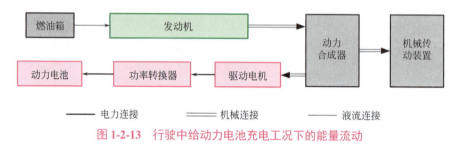

图1-2-13 行驶中给动力电池充电工况下的能量流动

1.2.2.3 混联式

混联式混合动力电动汽车是在串联式混合和并联式混合的基础上综合而成的一种混合动力形式。其结构示意如图1-2-14所示。

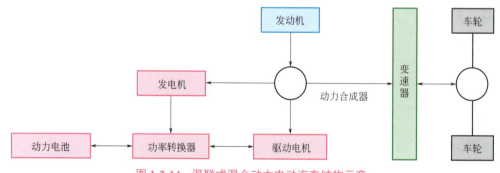

图1-2-14 混联式混合动力电动汽车结构示意

在混联式混合动力系统中，动力合成器一般也称为动力分配器或功率分配器。发动机输出的功率一部分通过动力合成器分配给传动装置，驱动汽车行驶，另一部分则分配给发电机发电。发电机输出的电能输送给驱动电机或动力电池。驱动电机从动力电池或发电机获取电能，产生驱动力，通过动力合成器传递给驱动桥。

混联式混合动力电动汽车的动力合成器一般采用行星齿轮机构。如图1-2-15所示，行星齿轮机构将发动机、发电机、驱动电机连接起来，太阳轮与发电机相连，齿圈与驱动电机及传动装置相连，行星架与发动机相连。发动机的一部分动力通过行星齿轮传给齿圈，然后通过机械传动装置传给驱动车轮，另一部分动力传给太阳轮经发电机转化为电能。驱动电机的动力直接通过与齿圈一体的齿轮传给驱动装置。

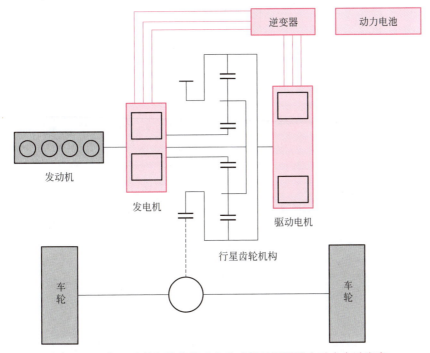

图 1-2-15　行星齿轮机构作为动力合成器的混联混合动力电动汽车

（1）混联式混合动力电动汽车的工作模式　混联式混合动力电动汽车根据行驶负荷的不同，存在以下几种工作模式。

① 纯粹的电驱动模式：发动机、发电机关闭，驱动电机通过动力合成器提供动力，驱动汽车行驶。

② 纯粹的发动机驱动模式：车辆驱动功率仅源于发动机，而动力电池既不供电也不从传动系统中获取任何能量，此时，发电机、驱动电机关闭。

③ 混合驱动模式：驱动功率由发动机和动力电池共同提供，并通过动力合成器合成，向机械传动装置提供动力。

④ 发动机驱动和动力电池充电模式：发动机除提供车辆行驶所需的功率外，还向动力电池充电，此时，发动机的功率由动力合成器分成两路，一路用于驱动汽车，一路用于带动发电机发电。

⑤ 再生制动模式：发动机关闭，而驱动电机运行在发电机状态，通过消耗车辆的动能产生电功率，用于向动力电池充电。

⑥ 停车充电模式：车辆停驶，发动机通过动力合成器带动发电机发电，向动力电池充电。

（2）混联式混合动力电动汽车的运行工况　结合汽车运行工况，根据混联式混合动力电动汽车是发动机主动型还是电力主动型,其工作模式是有区别的,具体分析如下。

发动机主动型混联式混合动力电动汽车的工作模式有以下几种。

① 启动工况:发动机关闭,由动力电池给驱动电机提供电能驱动车辆。此运行工况下的能量流动如图 1-2-16 所示。

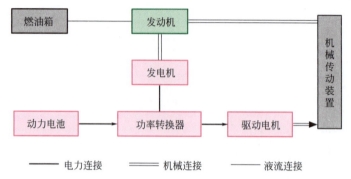

图 1-2-16　发动机主动型混联式混合动力电动汽车在启动工况下的能量流动

② 加速工况:当节气门全开,车辆加速行驶时,发动机和驱动电机同时工作,共同分担车辆行驶所需的动力。此运行工况下的能量流动如图 1-2-17 所示。

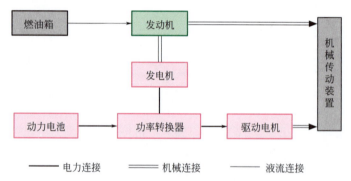

图 1-2-17　发动机主动型混联式混合动力电动汽车在加速工况下的能量流动

③ 匀速工况:驱动电机关闭,发动机工作,提供车辆所需动力。此运行工况下的能量流动如图 1-2-18 所示。

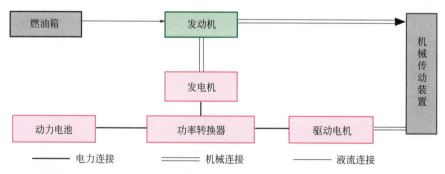

图 1-2-18　发动机主动型混联式混合动力电动汽车在匀速工况下能量流动

④ 减速/制动工况：驱动电机工作于发电模式进行再生制动，通过功率转换器给动力电池充电。此运行工况下的能量流动如图 1-2-19 所示。

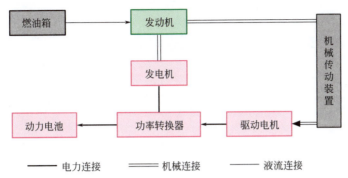

图 1-2-19　发动机主动型混联式混合动力电动汽车在减速/制动工况下能量流动

⑤ 行驶充电工况：发动机一部分动力用于驱动车辆，另一部分动力由发电机经功率转换器给动力电池充电。此运行工况下的能量流动如图 1-2-20 所示。

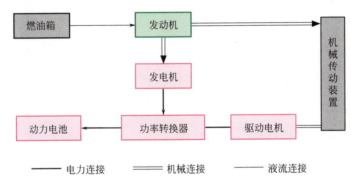

图 1-2-20　发动机主动型混联式混合动力电动汽车在行驶充电工况下的能量流动

⑥ 停车充电工况：当停车时，发动机可通过发电机给动力电池充电。此运行工况下的能量流动如图 1-2-21 所示。

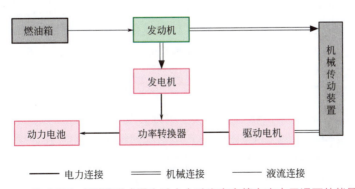

图 1-2-21　发动机主动型混联式混合动力电动汽车在停车充电工况下的能量流动

电力主动型与发动机主动型混联式混合动力电动汽车工作模式的主要区别在于加速工

况和匀速工况,其他工况下的工作模式是一样的。

在加速和匀速行驶时,电力主动型混联式混合动力电动汽车的发电机发电,提供驱动电机所需的电能,其能量流动分别如图1-2-22和图1-2-23所示。

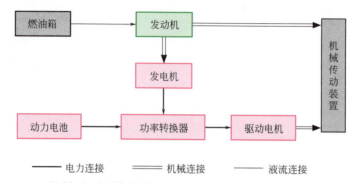

图1-2-22　发动机主动型混联式混合动力电动汽车在加速工况下的能量流动

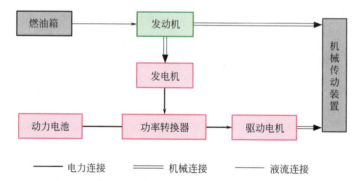

图1-2-23　发动机主动型混联式混合动力电动汽车在匀速工况下的能量流动

1.2.3　燃料电池汽车

燃料电池汽车与其他电动汽车的根本区别是所用的动力源以燃料电池为主,而对于电机驱动、传动机构以及汽车所需的各种辅助功能等基本相同,燃料电池是唯一同时兼备无污染、高效率、适用广、无噪声且能连续工作等特性的动力装置,因此燃料电池汽车被普遍认为是一种新型、高效、清洁的环保车型。随着各国对燃料电池汽车产业的不断投入,燃料电池汽车技术逐渐成熟,全球各大汽车集团均有燃料电池汽车商业化的计划。

按"多电源"配置分类,燃料电池汽车可分为纯燃料电池驱动型(PFC)、燃料电池与辅助动力电池联合驱动型(FC+B)、燃料电池与超级电容联合驱动型(F+C)以及燃料电池与辅助动力电池和超级电容联合驱动型(FC+B+C)等。

(1) 纯燃料电池驱动型(PFC)　PFC型燃料电池汽车只有燃料电池一个动力源,汽车需要的所有功率都由燃料电池提供。PFC型燃料电池汽车动力系统如图1-2-24所示。

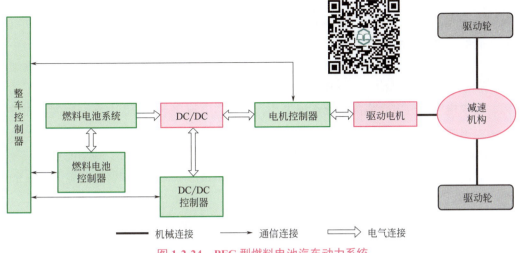

图 1-2-24　PFC 型燃料电池汽车动力系统

这种系统结构简单，系统控制和整体布置容易；系统部件少，有利于整车的轻量化；整体的能量传递效率高，从而提高了整车的燃料经济性。但燃料电池功率大、成本高；对燃料电池系统的动态性能和可靠性提出了很高的要求；不能进行制动能量回收。

这种结构的燃料电池汽车采用的是混合动力结构。它与传统意义上的混合动力结构的差别仅在于发动机是燃料电池而不是内燃机。在燃料电池混合动力结构汽车中，燃料电池和辅助能量存储装置共同向驱动电机提供电能，通过减速机构来驱动汽车。

（2）燃料电池与辅助动力电池联合驱动型（FC+B）　FC+B 型燃料电池汽车结构框架如图 1-2-25 所示，燃料电池和动力电池一起为驱动电机提供能量，驱动电机将电能转化成机械能传给传动系统，从而驱动汽车行驶；汽车制动时，驱动电机工作在发电模式下，动力电池将储存反馈的能量。因混合动力系统需与辅助动力电池等工作电压相匹配，在电源与驱动电机之间，需要通过 DC/DC 转换器进行升压和稳压调节。DC/DC 转换器也会对燃料电池的最大输出电流和功率进行控制，起到保护燃料电池系统的目的。

图 1-2-25　FC+B 型燃料电池汽车结构框架

FC+B 型混合驱动系统主要有燃料电池直接混合系统和动力电池直接混合系统之分。燃料电池直接混合系统是将燃料电池直接接入直流母线，由 DC/DC 转换器和燃料电池管理系统共同实现燃料电池和动力电池之间的功率平衡。DC/DC 转换器将燃料电池的输出电压和系统电压分开，为了充分满足动力电池的需要，高的系统电压可以降低驱动系统的电流值，有利于延长各电气元件的寿命。在燃料电池直接混合系统中，燃料电池和动力电池之间的功率平衡由 DC/DC 转换器负责，但因燃料电池的能量输出需要通过 DC/DC 转换器才能进入直流母线，导致系统效率比较低。燃料电池直接混合系统和动力电池直接混合系统的主要差别在于DC/DC转换器的使用上。DC/DC转换器的位置主要取决于驱动电机及其控制器特性。

（3）燃料电池与超级电容联合驱动型（FC+C） FC+C型燃料电池汽车结构框架如图1-2-26所示，这种结构与FC+B结构相似，只是把动力电池换成超级电容。相对于动力电池，超级电容充放电效率高，能量损失小，比动力电池功率密度大，在回收制动能量方面比动力电池有优势，循环寿命长，但是超级电容的能量密度较小。

FC+C结构比FC+B结构的优点更突出，零部件效率、动态特性、制动能量回馈等方面更好。但是由于增加了超级电容，整车的重量会加大，系统控制和整体布置更加复杂。

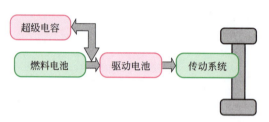

图1-2-26　FC+C型燃料电池汽车结构框架

（4）燃料电池与辅助动力电池和超级电容联合驱动型（FB+B+C） FB+B+C型燃料电池汽车动力系统与结构框架如图1-2-27所示，燃料电池、动力电池和超级电容一起为驱动电机提供能量，驱动电机将电能转化成机械能传给传动系统，驱动汽车行驶；汽车制动时，驱动电机工作在发电模式下，动力电池和超级电容储存反馈的能量。

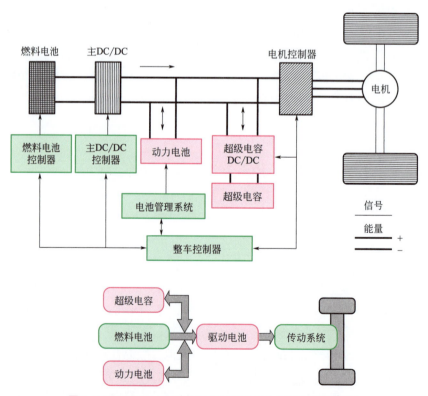

图1-2-27　FB+B+C型燃料电池汽车动力系统与结构框架

第 2 章

维修基础

2.1 高压系统认知

2.1.1 高压系统基本认知

在电动汽车中，低压系统通常指的是12V电源系统的电气线路，而高压系统主要指的是动力电池及相关线路。电动汽车的高压系统具有如下特点。

① 高压系统的电压一般设计都在200V以上。例如大多数的电动汽车或混合动力汽车的动力电池电压都在280V左右。

② 高压存在的形式既有直流，也有交流。这包括动力电池的直流电，充电时220V电网交流电，以及电机工作时的三相交流电。

③ 高压系统对绝缘的要求更高。大多数传统汽车上设计的绝缘材料，当电压超过200V时可能就变成了导体，因此在电动汽车上的绝缘材料需要具有更高的绝缘性能。

④ 高压系统对正、负极距离的要求。12V电压的情况下，正、负极之间的距离需要很近时才会有击穿空气的可能，但是当电压高达200V及以上时，正、负极之间在一个很大的距离时就会发生击穿空气而导电的现象，也就是我们常说的电弧。

2.1.2 高压线束颜色和标识

为防止意外触及高压系统，电动汽车对高压部件均采用特殊的颜色或标识，对维修人员或车主给予警示。电动汽车通常采用两种形式进行高电压的标识警示，这包括高压导线颜色和高压警示标识。

(1) 高压导线颜色 由于高压导线可能有几米长，因此在一处或两处通过警示牌标记意义不大。售后服务人员可能会忽视这些标牌。因此用橙色警示色标记出所有高压导线，高压导线的某些插接器以及高压维修开关也采用橙色设计，如图2-1-1所示。

(2) 高压警示标识 每个电动汽车的高压组件壳体上都带有一个标记，售后服务人员或每位车主均可通过标记直观看出高电压可能带来的危险，所用警示牌基于国际标准危险电压警告标志。如图2-1-2所示，高压警示标识采用黄色底色或者红色底色，图形上布置有高压接触电国家标准符号。

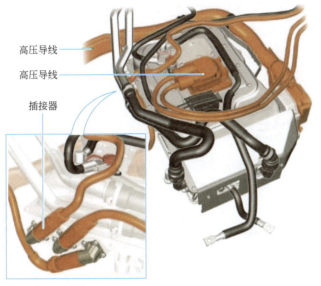

图 2-1-1 橙色高压导线和插接器

图 2-1-2 高压警示标识

2.2 高压安全防护

依据国家标准《电动汽车安全要求》(GB 18384—2020)中人员触电防护要求,根据不同电压等级可能对人体产生的伤害和危险程度不同,在电动汽车中将电压分为两种类型,见表 2-2-1。

表 2-2-1 电压的类型

电压级别	工作电压 U/V	
	DC(直流)	50～150Hz AC(交流)
A	$0<U\leqslant 60$	$0<U\leqslant 30$
B	$60<U\leqslant 1500$	$30<U\leqslant 1000$

考虑到空气的湿度和人体在不同工作环境下的电阻,基于安全考虑将车辆电压分为以下安全级别:A级,较为安全的电压等级,直流电小于或等于60V,交流电(50～150Hz)低于25V,在此电压范围内的维护人员不需要特殊的放电保护;B级,对人体会产生伤害,被认为是高压,在该电压下必须采用必要的防护设备对维护人员进行保护。

2.2.1 高压插接器三防结构

在实际使用过程中为了快速区分正、负极插座,插接器必须有防呆设计,且必须采用"三防设计"(结构防呆、颜色防呆、字母防呆)。在"三防设计"中要求任何个人或部门不得以任何理由取消。

结构防呆:正极的插接器不能与负极的插座互配,只能与对应规格的正极插座配合,负极同理。

颜色防呆:在正、负极插座及插接器的明显区域进行颜色防呆,红色表示正极,黑色表示负极,装配原则为红配红、黑配黑。

字母防呆:在正、负极插座及插接器的明显区域进行字母防呆,x表示正极;y表示负极。

2.2.2 高压安全设计原理

纯电动汽车驱动力来自驱动电机,而高压用电设备的工作电流是非常大的,一般工作电流可达数十安培甚至数百安培,瞬间短路电流更是成倍地增加。高电压和大电流对车上人员的人身安全造成巨大的威胁,同时还会影响电气组件和车辆控制器的正常工作。因而,纯电动汽车的高压电气系统不仅要满足车辆的动力驱动要求,还必须确保车辆运行安全、驾乘人员人身安全和车辆使用及维护维修安全。纯电动汽车安全管理工作是一项十分重要的工作,需要从技术手段、操作程序、保护措施、安全知识等多方面加以综合管理。

(1) 漏电保护 电动汽车采用漏电保护器是必要的,一旦有正母线或负母线与车身相连,保护器就会发出信号甚至直接切断高压供电,这就避免了电机壳体漏电成为高压正极,站在车上的人触摸负极造成电击伤。漏电保护器也可避免空调系统、DC/DC系统高压的泄漏。

(2) 高压互锁 高压系统相应的线束插接器在高压电未被断开的情况下不允许断开。但也会有工作人员疏忽和非工作人员强行拆开的情况,为防止电击伤,在高压系统线束插接器上设计有高压互锁开关,只要插接器被断开,互锁电路便会断开,控制器监测到互锁信号断开,将在极短的时间内断开系统的主继电器,切断高压供电,可以避免意外电击发生。高压互锁回路如图 2-2-1 所示。

(3) 碰撞断电 当整车发生碰撞时,碰撞传感器发出碰撞信号,触发 HVIL 信号,整车高压电源会马上自动断开,以保障驾乘人员的安全。图 2-2-2 所示为监测器与插接器一体式装置。

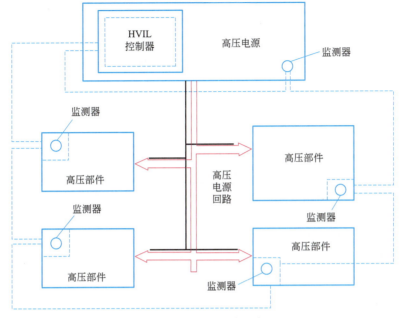

图 2-2-1 高压互锁回路

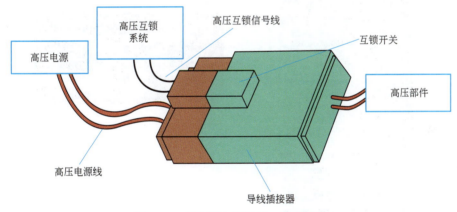

图 2-2-2 监测器与插接器一体式装置

（4）**绝缘电阻监测** 较高的供电电压对整车的电气安全提出了更高的要求，尤其是对高压系统的绝缘性能提出了更为苛刻的要求。绝缘电阻是表征电动汽车电气安全与否的重要参数，相关电动汽车安全标准均作了明确规定，目的是消除高压电对车辆和驾乘人员人身的潜在威胁，保证电动汽车电气系统的安全。对于封闭回路的高压直流电气系统，其绝缘性能通常用电气系统中电源对地漏电流的大小来表征。现在普遍使用两种漏电流检测方法：辅助电源法和电流传感法。

① 辅助电源法。在漏电检测器中，使用一个直流 110V 的检测用辅助蓄电池，蓄电池正极与待测高压直流电源的负极相连，蓄电池的负极与车辆外壳连接。在待测系统绝缘性能良好的情况下，蓄电池没有电流回路，漏电流为零；在电源线缆绝缘层老化或者环境潮湿等情况下，蓄电池通过电源线缆绝缘层形成闭合回路而产生漏电流，检测器根据漏电流

的大小进行报警，并关断待测系统电源。这种检测方法不仅需要直流 110V 电源，增加了系统结构的复杂程度，而且难以区分绝缘故障源是来自电源正极引线电缆还是负极引线电缆，故在电动汽车上较少采用。

② 电流传感法。采用霍尔式电流传感器是对高压直流系统进行漏电流检测的另一种方法。将待测系统中电源的正极和负极一起同方向穿过电流传感器，当没有漏电流时，从电源正极流出的电流等于返回到电源负极的电流，因此穿过电流传感器的总电流为零，电流传感器的输出电压为零，当发生漏电现象时，电流传感器输出的电流不为零。根据电压的正负可以进一步判断产生漏电流的来源是来自电源正极引线电缆还是电源负极引线电缆。但是，应用此方法的前提是待测电源必须处于工作状态。

(5) 开盖监测　部分电动汽车的重要高压系统组件具有开盖检测功能，当发现这些组件的盖子在整车高压回路连通的情况下打开时，会立即向控制器发送信号，控制器监测到互锁信号断开，将在极短的时间内断开系统的主继电器，切断高压供电，同时激活主动泄放，在极短的时间内将高压系统组件内的电压泄放到安全电压。开盖检测机构如图 2-2-3 所示。

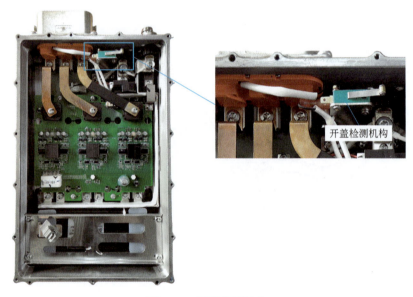

图 2-2-3　开盖检测机构

2.2.3　绝缘工具与高压监测仪器

(1) 绝缘工具认识　电动汽车存在高压电，因此在对高压系统部件进行维修时必须使用绝缘工具，如图 2-2-4 所示。绝缘工具是采用绝缘材料进行加工并适用于电气系统拆装等操作的工具。电动汽车涉及高压部分零件的拆装必须使用绝缘工具，且绝缘工具必须装有耐压 1000V 以上的绝缘柄。

绝缘工具的使用方法与普通工具相同，但是有以下特别需要注意的事项。

①应有专门的工具室存放,室内应通风良好、清洁、干燥。

②如发现绝缘工具损伤或受潮,应及时进行检修和干燥处理,试验合格后方可使用。

③绝缘工具必须按规定定期进行绝缘性能的试验,不符合要求的禁止使用。

图 2-2-4　绝缘工具

（2）**绝缘手套检查**　绝缘手套使用橡胶、乳胶、塑料等材料制成,具有防电、防水等功能。高压绝缘手套用于高压电下作业,适用于 500～3600V 的电压范围。在使用绝缘手套前按照以下步骤确认绝缘手套有无裂纹、磨损以及其他损伤,检查流程如图 2-2-5 所示。

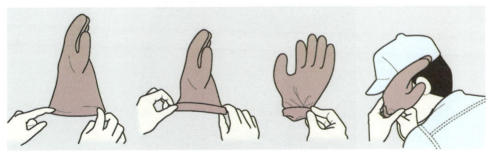

图 2-2-5　绝缘手套检查流程

①侧位放置手套。

② 卷起手套边缘，然后松开 2～3 次。
③ 折叠一半开口封住手套。
④ 确认无空气泄漏。

也可使用向绝缘手套吹气的方法检查是否泄漏，如图 2-2-6 所示。

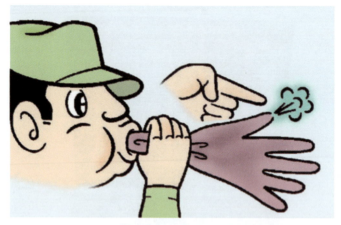

图 2-2-6　吹气法检查绝缘手套

（3）**数字电流钳的电流测量**　在电动汽车维修与诊断时，经常需要测量导线中的电流。由于驱动系统的导线（如逆变器与电机之间）存在较大的交变电流，需要使用钳型电流表进行间接测量。

钳形电流表工作部分主要由电流表和穿心式电流互感器组成。穿心式电流互感器铁芯制成活动开口，且成钳形，故名钳形电流表。钳形电流表是一种不需要断开电路就可以直接测量电路交流电流的便携式仪表。

在测量电流时，可按以下步骤进行。

① 估算电流大小，选择正确挡位与电流类型。例如，如果需要测量三相电机的一相电流，选择交流电流挡，如图 2-2-7 所示。

图 2-2-7　挡位选择

② 打开电流钳,将被测量线路放入电流钳口中。

③ 启动被测量装置,读取电流值。

④ 需测量一个变化的电流,应在第③步的基础上按下"MAX"键后再启动电流钳(或根据使用说明操作)。

⑤ 测量时电流钳应保持钳口闭合,如图 2-2-8 所示。

图 2-2-8　钳口闭合测试

2.2.4　防护操作与触电急救常识

新能源汽车的电气安全工作是一项综合性的工作,有技术的一面,也有组织管理的一面。技术和组织管理相辅相成,有着十分密切的联系。电气安全工作主要有两方面的任务:一方面是研究各种电气事故,研究电气事故的机理、原因、构成、特点、规律和防护措施;另一方面是研究用电气的方法解决各种安全问题,即研究运用电气监测、电气检查和电气控制的方法来评价系统的安全性或获得必要的安全条件。

2.2.4.1　车辆充电注意事项

交流电路和电源插座（16A 插座）不允许使用外接转换接头、插线板等,且应确保 16A 电源插座搭铁良好。专用交流电路是为了避免线路破坏或者由于给动力电池充电时的大功率导致线路跳闸保护,如果没有使用专用线路,可能影响线路上其他设备的正常工作。

为了避免对充电设备造成破坏,应注意以下事项。

① 不要在充电插座塑料口盖打开的状态下关闭充电口盖板。

② 不要用力拉拔或扭转充电电缆,不要使充电设备承受撞击。

③ 不要把充电设备放在靠近加热器或其他热源的地方。

④ 充电时，不建议人员停留在车辆内。

⑤ 充电时，建议将车辆停放在通风处。

⑥ 停止充电时应先断开交流充电连接装置的车辆插接器，再断开电源端供电插接器。

⑦ 不要将车辆搁置在高于 55℃ 或低于 -25℃ 环境中超过 24h。

2.2.4.2　电动车机舱使用注意事项

① 打开电动车机舱前，需将钥匙拧至 OFF 挡；机舱内部标有高压危险警示的器件，严禁用手直接触摸；机舱内严禁喷水、冲洗；不要在雨中打开前机舱盖，以防止漏电。

② 用户不得私自开启高压配电盒。如果高压熔断器熔断，表示汽车电气系统有较大的故障，应断开整车高压电，查明故障原因后再更换高压熔断器。

③ 在前机舱进行作业前，必须关闭启动开关。

2.2.4.3　安全工具使用注意事项

对新能源汽车高压部件维修前要首先准备必需的基本绝缘安全工具（如验电、放电工装及绝缘罩、绝缘隔板等）和辅助安全工具（如绝缘手套、绝缘靴、绝缘胶垫等）及安全围栏（网）和标示牌。在维修高压系统时必须使用电工专用绝缘工具。

安全工具使用注意事项如下。

① 安全工具要加强日常维护，防止受潮、损坏和脏污。

② 使用绝缘手套前要仔细检查，不能有破损和漏气现象。

③ 辅助安全工具不能直接接触 1kV 以上的电气设备，在进行高压工作时，需要与其他安全工具配合使用。

④ 使用验电器时应将验电器慢慢地靠近电气设备，如氖光灯发亮表示有电。验电器必须按其额定电压使用，不得将低压验电器在高压上使用，也不得将高压验电器在低压上使用。

2.2.4.4　高压断电步骤及注意事项

① 在新能源汽车全部停电或部分停电的电气设备上工作，必须完成下列措施（七步法）：停电；挂锁；放电；验电；悬挂标示牌；装设遮栏；有监护人。

② 在高压设备上的检修工作需要停电时，将检修设备停电，必须把各方面的电源完全断开，禁止在只给开关断开电源的设备上工作，工作地点各方必须有明显断开点。

③ 对电气设备验电前，应先在有电设备上进行试验，确认验电器良好；必须用电压等级合适且合格的验电器在检修设备进出线两侧各相分别验电；放电后用测量工具确认放电完成，无电压。

④ 对于大事故车辆或异常车辆（如有焦煳味、冒烟、浸水等）需在专用的场地（或工位）观测 48h，并有防爆防火设施。

⑤ 维修动力电池或更换电芯时，施工人员应做好相应的屏护和警示工作，并出示施工的内容及工作进程，离开施工现场时应将绝缘隔板或绝缘罩置于动力电池的外露部

分，并写明离开原因公示。维修或更换其他高压部件时，安全工作按照动力电池的安全措施。

2.2.4.5 新能源汽车作业十不准

① 非持证电工不准装接电动汽车高压电气设备。
② 任何人不准玩弄电气设备和开关。
③ 破损的电气设备应及时调换，不准使用绝缘损坏的电气设备。
④ 不准利用车身电源对电动汽车以外的用电设备供电。
⑤ 设备检修切断电源时，任何人不准启动挂有警告牌的电气设备，或插上拔去的熔断器。
⑥ 不准用水冲洗或擦拭电气设备。
⑦ 熔丝熔断时，不准调换容量不符的熔丝。
⑧ 不经技术部门或主管部门审批，不准私自改动和加装。
⑨ 发现有人触电，应立即切断电源进行抢救，在未脱离电源前不准直接接触触电者。
⑩ 雷雨天气，不准在室外对车辆进行充电维护。

2.2.4.6 触电急救常识

新能源汽车会有高电压，这对人体会产生伤害。无论是研发、生产，还是售后技术人员，如果没有正确认识新能源汽车具有的高压风险，并正确处理涉及的高压工作区域的防护，都会导致严重的高压伤害。

(1) 高电压与人体伤害 通常，当人体接触到25V以上的交流电，或60V以上的直流电时，人体就有可能发生触电。人体的触电并不是指人体接触到了很高的电压，是因为过高的电压通过人体这个电阻后，会在人体中形成电流，从而导致人体的伤害。因此必须注意的是，伤害人体的不是电压，而是电流。

在电网中，一直认为36V是一个人体安全电压。实际上在高电压的新能源汽车中，这个电压值并不是科学的。主要原因是：一方面，人体的电阻会存在个体的差异性，例如胖的和瘦的，男的和女的，其电阻值都不会一样；另一方面，人所处的工作环境也会导致人体的电阻值发生变化，例如在潮湿的夏天和干燥的冬天，人体表现的电阻就不一样，环境越潮湿，人体的电阻就会越小。此外，还需要注意的是每个人对电流流过身体的反应也不一样，有一部分人可能能够承受更大的电流。因此，目前国际上对安全电压通行的认识是直流60V以下，交流25V以下。

当电压高到一定值后，会有相应的电流流过人体。有约5mA的电流通过人体时，会产生麻木感，就可视作是"电气事故"。人体内通过的电流达到约10mA时，到达了导出电流的极限，肌肉开始收缩，无法再导走电流，电流的滞留时间也相应增加。30～50mA交流电的长时间滞留会导致呼吸停顿以及心室纤维性颤动。经过人体的电流达到约80mA时，被认为是"致命值"。

人体之所以导电，主要的原因是血液含有电解液成分，电解液成分导致了导电性。而人体的皮肤、肌肉也具有一定的导电能力。对于大多数人，整个身体的总电阻值是很低的，特别是有主动脉的地方（胸腔部位和躯干），而最大的危险发生在电流通过人体心脏时刺激心脏产生的异常颤振。

人体皮肤电阻值为100kΩ～1MΩ，但是阻值在有些情况下也可能降为零，尤其是当皮肤潮湿或者破损时，阻值会明显下降。

当一个288 V直流电压穿过人体后（图2-2-9），可以通过欧姆定律粗略计算出通过人体的电流：

$$I = \frac{U}{R} = \frac{288\text{V}}{1080\Omega} = 0.27\text{A}$$

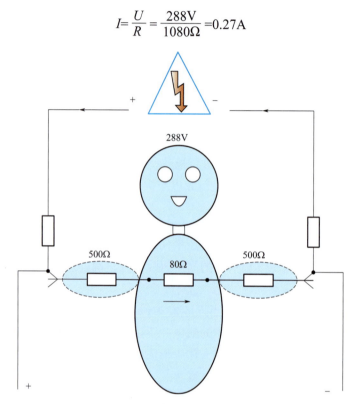

图2-2-9　288V直流电压穿过人体产生对电流

0.27A也就是270mA，这个电流如果在心脏的滞留时间达到10～15ms就会致命。

（2）**急救处理**　援救触电事故中受伤人员时，自身的安全是第一位的，绝对不要去触碰仍然与电网有接触的人员。如果可能，马上将电气系统断电，或用不导电的物体（木板、扫帚等）把事故受害者或者导电体与电网分离。基本的高压触电急救流程如图2-2-10所示。

人体触电以后，可能由于痉挛或失去知觉等原因而紧抓带电体，不能自己摆脱电源。抢救触电者的首要步骤就是使触电者尽快脱离电源。在新能源汽车中脱离电源的方法有戴上绝缘手套使触电人员脱离，或者切断高压电源。总之，要因地制宜，灵活运用各种方法，快速切断电源，防止事故扩大。

当触电者脱离电源后，应根据触电者的具体情况迅速对症救护，力争在触电后1min内进行救治。国内外一些资料表明，触电后在1min内进行救治的，90%以上有良好的效果，而超过12min再开始救治的，基本无救活的可能。现场应用的主要方法是口对口人工呼吸和体外心脏挤压法，严禁打强心针。口对口人工呼吸法是用人工的方法来代替肺的呼吸活动，使空气有节律地进入和排出肺脏，供给体内足够的氧气，充分排出二氧化碳，维持正常的通气功能。体外心脏挤压法是指有节律地对心脏挤压，用人工的方法代替心脏的自然收缩，使心脏恢复搏动功能，维持血液循环。

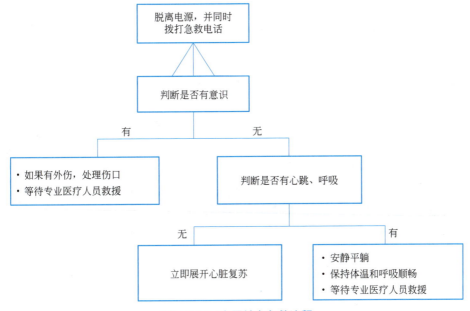

图 2-2-10　高压触电急救流程

触电者一般有以下四种症状，可分别给予正确的对症救治。

① 神志尚清醒，但心慌力乏，四肢麻木。该类人员一般只需将其扶到清凉通风之处休息，让其自然慢慢恢复。但要派专人照料护理，因为有的病人在几小时后会发生病变而突然死亡。

② 有心跳，但呼吸停止或极微弱。该类人员应该采用口对口人工呼吸法进行急救。人工呼吸法可按下述口诀进行，频率是每分钟约 12 次：清理口腔防堵塞，鼻孔朝天头后仰；贴嘴吹气胸扩张，放开口鼻换气畅。

③ 有呼吸，但心跳停止或极微弱。该类人员应该采用体外心脏挤压法来恢复病人的心跳。一般可以按下述口诀进行，频率是每分钟为 60～80 次：当胸一手掌，中指对凹腔；掌根用力向下压，压下突然收。

④ 心跳、呼吸均已停止。该类人员的危险性最大，抢救的难度也最大。应该把以上两种方法同时使用，亦即采用"人工氧合"的方法。最好是两人一起抢救，如果仅有一人抢救时，应先吹气 2～3 次，再挤压心脏 15 次，如此反复交替进行。

如果发生电池事故时，还应按以下要求进行处理：如果发生了皮肤接触，用大量的清水进行冲洗；如果吸入了气体，必须马上呼吸大量新鲜空气；如果接触到了眼睛，用大量的清水进行冲洗（至少 10min）；如果吞咽了蓄电池内溶液，喝大量清水，并避免呕吐。

2.3 高压系统上下电操作

2.3.1 上下电操作（使用诊断仪）

（1）**以大众新能源车型为例**。断电操作 将诊断仪连接车辆，进入"高压蓄电池充电管理"引导型功能界面，执行"实现高电压断电"操作（图2-3-1）。

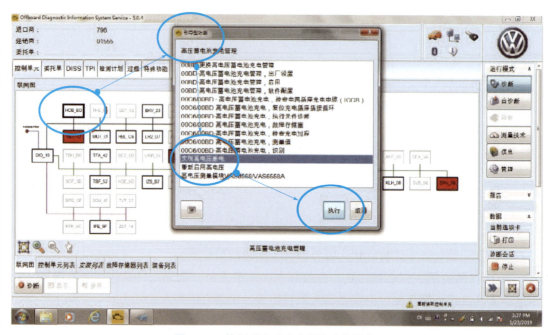

图 2-3-1 执行"实现高电压断电"操作

诊断仪高电压断电的前提条件如下。

①将诊断界面连接到汽车上。

②将变速箱换挡杆挂入 P 挡。

③打开点火开关。

④准备辅助工具：挂锁、警告牌"危险电压""禁止开关"、禁止牌"不要插入"；将"危险电压"和"禁止开关"的警告牌放在车上明显的位置，将"不要插入"的禁止牌放在充电插座的明显位置上。

⑤打开点火开关，诊断仪读取控制单元信息后，组合仪表中出现"已实现断电"指示则表示断电成功，出现"未实现断电"指示则表示断电失败，重新进行操作。

（2）**上电操作** 将诊断仪连接车辆，进入"高压蓄电池充电管理"引导型功能界面，执行"重新启用高电压"操作（图2-3-2）。

诊断仪高电压上电的前提条件如下。

① 将诊断界面连接到汽车上。
② 将变速箱换挡杆挂入 P 挡。
③ 打开点火开关。

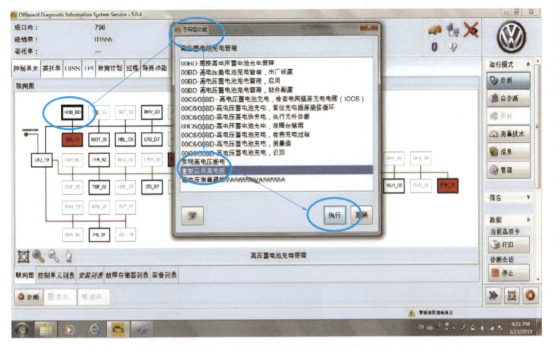

图 2-3-2 执行"重新启用高电压"操作

2.3.2　上下电操作（手动操作）

（1）比亚迪 e5/e2 手动维修开关的断开与连接

① 打开车辆内室储物盒，并取出内部物品，如图 2-3-3 所示。

图 2-3-3 打开储物盒

② 取出储物盒底部隔板，如图 2-3-4 所示。

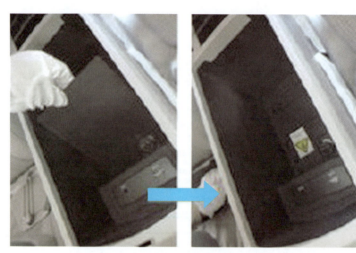

图 2-3-4　取出储物盒底部隔板

③ 如图 2-3-5 所示，使用十字旋具将安装盖板螺钉（4 个）拧下，并掀开盖板。

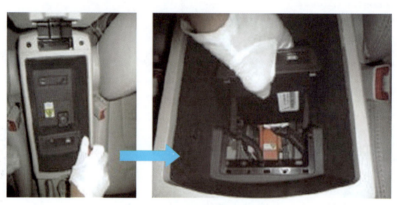

图 2-3-5　拆卸安装盖板螺钉

④ 取出手动维修开关上盖板，如图 2-3-6 所示。

图 2-3-6　取出手动维修开关上盖板

⑤ 拉动手动维修开关手柄呈竖直状态，向上提拉，取出手动维修开关，如图 2-3-7 所示。

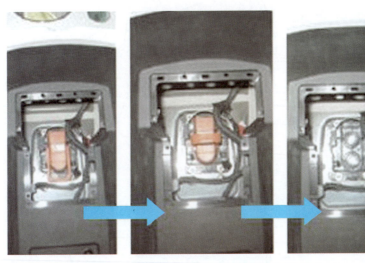

图 2-3-7　取出手动维修开关

⑥ 使用电工绝缘胶布封住手动维修开关接插器母端，如图 2-3-8 所示。

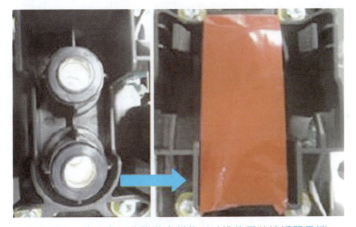

图 2-3-8　使用电工绝缘胶布封住手动维修开关接插器母端

⑦ 上电步骤与下电步骤大致相反。

（2）吉利帝豪手动维修开关的断开与连接

① 打开前机舱盖，断开蓄电池负极连接线。

② 在驾驶室内打开扶手箱盖板，如图 2-3-9 所示。

③ 如图 2-3-10 所示拆卸扶手箱底部盖板，盖板下即为手动维修开关。

④ 如图 2-3-11 所示，拇指按住手动维修开关把手卡扣，其余手指按住把手，当把手由水平位置到垂直位置时，向上垂直拔出手动维修开关。

⑤ 使用电工绝缘胶布封住插接器母端，防止异物落入维修插座，造成手动维修开关短路。最后关闭扶手箱盖板，如图 2-3-12 所示。

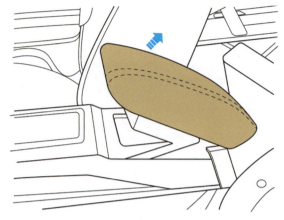

图 2-3-9　打开扶手箱盖板

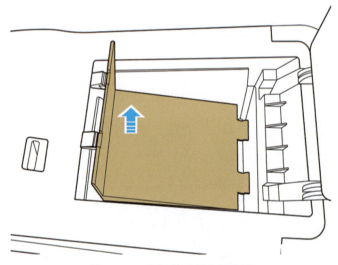

图 2-3-10　拆卸扶手箱底部盖板

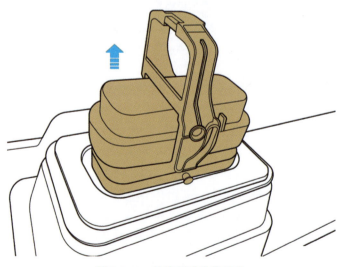

图 2-3-11　拔出手动维修开关

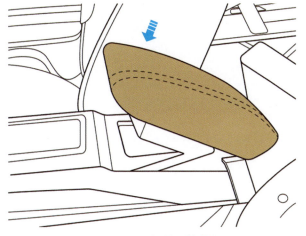

图 2-3-12　关闭扶手箱盖板

⑥ 上电步骤与下电步骤大致相反。

第 3 章

车载能源系统

3.1 动力电池

3.1.1 动力电池概念与分类

3.1.1.1 动力电池基本概念

电池的安全与续驶里程一直是电动汽车发展的瓶颈。通过技术创新与技术改进，电池技术已经有了很大的突破。电动汽车常见电池见表3-1-1。

表 3-1-1　电动汽车常见电池

一次电池 （不可充电）	金属锂电池：锂锰电池、锂亚硫酰氯电池、锂铁电池 干电池：锌锰干电池、碱性锌锰电池 储备电池：银锌电池
二次电池 （可充电）	铅酸电池、镍镉电池、镍氢电池、锌空气电池、液态锂离子电池、聚合物锂离子电池
其他电池 （只能发电，不能储电）	燃料电池：氢氧燃料电池、直接甲醇燃料电池 太阳电池：单晶硅太阳电池、多晶硅太阳电池、非晶硅太阳电池、光敏化学太阳电池

从传统的铅酸电池发展到镍氢电池、钴酸锂电池、锰酸锂电池、三元锂电池、磷酸铁锂电池等先进的绿色动力电池，动力电池在比能量、比功率、安全性、可靠性、循环寿命、成本等方面，都取得了很大的进步。当前，国际上各大电池公司纷纷投入巨资研发锂离子动力电池，在技术上取得了一系列重大突破。新能源汽车电池将朝着燃料电池方向发展。

在电动汽车上，工作电压在50～500V的电池普遍称为动力电池。电动汽车最主要的部件是动力电池、驱动电机和能量转换控制系统，而动力电池要实现快速充电、安全等高性能，对其要求很高，动力电池必须具有高比能量、高比功率、快速充电和深度放电的性能，而且要求成本尽量低、使用寿命尽量长。动力电池主要参数如下。

（1）电压

① 工作电压：接通负载后放电过程中显示的电压。

② 额定电压：在标准条件下工作时应达到的电压。

③ 终止电压：电池的最低工作电压，即放电终止时的电压，通常与负载、使用要求有关。

④ 充电电压：外电路直流电压对电池充电的电压。充电电压要大于开路电压。

⑤ 端电压：电池正极与负极之间的电位差。

⑥ 开路电压：在无负载情况下的端电压。

⑦ 电动势：组成电池的两个电极的平衡电位之差。

（2）容量 是指在充电后，在一定放电条件下所能释放出的电量，容量与放电电流有关，与充、放电截止电压有关。比容量是指单位质量或单位体积的电池所能放出的电量。额定容量是指设计与制造电池时，按照国家或相关部门颁布的标准，保证电池在一定的放电条件下能够放出的最低限度的电量。实际容量是指电池在给定的放电条件下实际放出的电量，它等于放电电流与放电时间的乘积。值得注意的是，实际电池中正、负极容量不等，多为负极容量过剩。

（3）功率与比功率 电池的功率是指电池在一定放电条件下，单位时间内输出的能量。比功率则是指单位质量或单位体积电池输出的功率。

（4）放电率 是指放电时的速率，常用时率或倍率表示。时率是指以放电时间表示的放电速率，即以一定的放电电流放完额定容量所需的时间。倍率是指电池在规定时间内放出额定容量所输出的电流。

（5）放电深度 表示放电程度的一种量度，是放电容量与总放电容量的百分比。

（6）荷电状态 是指剩余电量与额定容量或实际容量的比例。这一参数是在电动汽车使用中十分关键却不易获取的数据。

（7）自放电与存储性能 对所有化学电源，即使在与外界电路无任何接触的条件下开路放置，其容量也会自然衰减，这种现象称为自放电。电池自放电的大小用自放电率衡量，通常以单位时间内容量减少的百分比表示：

$$自放电率 = \frac{C_1 - C_2}{C_1} \times 100\%$$

式中　C_1——储存前电池容量；

　　　C_2——储存后电池容量。

（8）使用寿命 是指电池实际使用的时间长短。对于充电电池而言，电池的寿命分为充放电循环寿命和湿搁置使用寿命两种。充放电循环寿命是衡量充电电池性能的重要参数。它是指在一定的充放电条件下，电池容量降到某规定值前，电池能耐受的充放电次数。充放电循环寿命越长，电池性能越好。目前，镍镉电池的充放电循环寿命为 500 ~ 800 次，铅酸蓄电池为 200 ~ 500 次，锂离子电池为 600 ~ 1000 次。充电电池的充放电循环寿命与放电深度、温度、充放电工况等条件有关。

3.1.1.2 动力电池分类

常用的车用动力电池主要包括铅酸电池、镍氢电池、锂离子电池。

（1）铅酸电池 广泛应用于内燃机汽车的低压供电电源，是一种成熟的汽车电池，但存在比能量低、质量和体积大、续驶里程短、使用寿命短、污染严重等问题，制约了其在电动汽车上的应用。

铅酸电池工作过程就是化学能与电能的相互转化。当蓄电池将化学能转化为电能而向外供电时，称为放电过程；当蓄电池与外界直流电源相连而将电能转化为化学能储存起来时，称为充电过程。铅酸电池发展到现在比功率已经可达 800W/kg。铅酸电池的电解液由纯硫酸和蒸馏水按一定比例配制而成，其密度为 1.24～1.30g/cm³。

(2) **镍氢电池**　因其能量密度高、无镉污染、可大电流快速充放电等优点，能够满足电动汽车对动力电池的要求，因此镍氢电池目前被成熟地应用于商业化的电动汽车，如丰田普锐斯。

(3) **锂离子电池**　是目前新能源汽车研究的热点，它具备能量密度高、能量效率高、自放电率小、循环使用寿命长、可实现大电流充放电、无污染等优点。

锂离子电池的正极材料主要有钴酸锂、锰酸锂、钛酸锂、三元材料、磷酸铁锂等。三元锂电池以镍钴锰三元材料为正极材料，以石墨为负极材料，镍、钴、锰的比例可以根据实际需要调整。磷酸铁锂电池则是以磷酸铁锂为正极材料，以石墨为负极材料的电池。钛酸锂电池则分为两种，一种是钛酸锂作为负极材料，锰酸锂、三元材料及磷酸铁锂等作为正极材料的锂离子电池，另一种则是钛酸锂作为正极、金属锂或锂合金作为负极的锂离子电池。

3.1.2　动力电池技术与安全

动力电池是由很多个电池单体（电芯）通过复杂的电连接工艺和机械连接工艺组成的，为了有效地、可靠地使用，还增加了许多传感器和控制器，以及为满足恶劣使用环境的热管理系统。

3.1.2.1　动力电池技术

动力电池技术的核心的为机械系统、电子电气系统、热管理系统、电芯。

(1) **机械系统**　动力电池装载在汽车上，因此需要具有足够的强度和刚度。能在振动、冲击等机械载荷下不发生变形和功能异常，在碰撞、挤压、翻滚、跌落等事故状态下有足够的安全防护。

动力电池的结构技术最为关键的是电池模组结构技术和箱体结构技术。

电池模组结构主要考虑所选电芯型号、能量密度、电流密度、外廓尺寸、机械接口、电气接口、加热/散热、隔热、防火阻燃等因素，需要满足振动、挤压、绝缘、针刺、海水浸泡等方面的要求。

电池箱体结构主要考虑动力电池外包络尺寸、模组尺寸、结构强度、机械接口、电气接口、能量密度、功率密度、加热/散热、保温、防护、成本等方面的因素。同时，还需要满足振动、碰撞、密封、接触防护、绝缘防护、等电位、防火阻燃、泄压防爆等方面的要求。

动力电池结构如图 3-1-1 所示。

(2) **电子电气系统**　电动汽车依靠电能来驱动车辆行驶，大电流的充电和放电，以及高电压的输出，意味着对动力电池有很高的电气载荷要求，对导体截面积、连接阻抗、发热、绝缘、老化等都有非常严格的要求。此外，整个动力电池由非常多的单体电池构成，为了有效地管理这些电池，控制动力电池的充放电，以及响应整车层面的功能需求，动力电池中还有一套非常复杂的电池管理系统（BMS），由传感器、执行器、控制器（电控单元）等组件构成，采集系统的电压、电流、温度等数据，进行复杂的计算，与整车其他部件进行通信，完成特定的功能，实时判断系统的运行边界，控制系统的异常状态等。

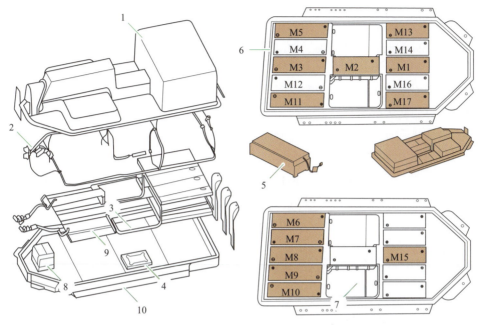

图 3-1-1　动力电池结构

1—电池箱盖；2—内部线束；3—水管连接管；4—电池管理器；5—电池模组；6—底层电池模组；7—上层电池模组；8—高压配电盒；9—水冷板；10—动力电池底板

电子技术主要指电池管理系统的技术，包含硬件技术和软件技术两个部分。电池管理系统作为动力电池系统的控制核心，可完成数据采集、计算、上下电控制、能量管理、通信、数据存储、故障诊断、报警、保护等多重功能，其常见功能如图 3-1-2 所示。

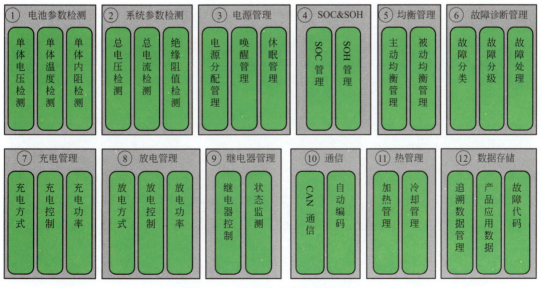

图 3-1-2　电池管理系统功能示例

电气技术主要指需要考虑高低压线束、插接器、汇流排、端子、继电器、熔丝等电气元件的载流能力、接触阻抗、耐压等级、机械特性、阻燃等级、老化特性、耐腐蚀能力、绝缘防护、接触防护、密封要求等。

(3) **热管理系统**　针对外部环境，电动汽车必须面对严寒（约-30℃）和酷暑（约50℃）这两个极端的使用环境温度要求。针对内部的热管理要求，动力电池必须及时把内部充放电产生的热量及时散出。若不及时散出，轻则影响电池的寿命，导致其使用寿命快速衰减，重则引起热失控，带来安全问题。因此热管理系统需要为动力电池解决加热、散热、保温、热均衡等问题。

动力电池热管理的两个目的：控制电芯的工作温度和控制不同电芯的温度差。前者会严重影响整个动力电池的性能和寿命，后者会严重影响动力电池内部的短板效应，导致电池组一致性变差。对于电芯而言，最佳的工作温度范围为20～30℃，动力电池内部的电芯温度差控制在5℃以内比较合理。但通常会把工作温度范围放宽到10～40℃，把动力电池内部温度差控制在5～8℃，这样可以在动力电池的性能、寿命和成本之间达到一个较好的平衡状态。

动力电池的散热方式主要有自然冷却、风冷、液冷、冷却介质直冷，如图3-1-3所示。不同冷却方式的对比见表3-1-2。

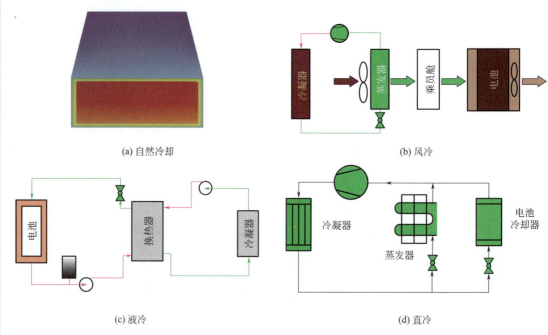

图3-1-3　散热技术

表3-1-2　不同冷却方式的对比

冷却方式	换热系数/[W/(m²·℃)]	系统复杂性	成本
自然冷却	5～25	低	低
风冷	20～100	一般	较低

续表

冷却方式	换热系数/[W/(m²·℃)]	系统复杂性	成本
液冷	500～15000	高	较高
直冷	2500～25000	高	较高

动力电池的加热方式主要有加热膜和PTC、液热，加热膜、PTC如图3-1-4所示。不同加热方式的对比见表3-1-3。

(a) 加热膜　　　　　　　　　　　(b) PTC

图 3-1-4　加热装置

表 3-1-3　不同加热方式的对比

项目	加热膜	PTC	液热
厚度/mm	0.3～2	5～8	集成在液冷中
干烧温度/℃	60～90	30～70	25～40
升温速率/(℃/min)	0.15～0.3	0.15～0.35	0.3～0.8

（4）**电芯**　指单个含有正、负极的电化学电池。以锂离子电芯为例，锂离子在正极和负极之间来回地穿梭，与正极和负极发生化学反应，改变分子结构，从而在正、负极间表现出充电和放电的物理特性（电子移动）。

常见动力电芯类型如图3-1-5所示。

电芯的选型需要匹配整车的需求，主要考虑的技术参数为电性能（能量密度及功率密度）、外形尺寸、循环寿命和单体成本等。

3.1.2.2　动力电池安全

动力电池安全主要包括化学安全、电气安全、机械安全、功能安全。

（1）**化学安全**　电芯发生热失控，可能会产生电解液泄漏、起火和燃烧等现象，造成乘员或车辆外部人员受伤。需面对和解决电芯的过充、过放、挤压、穿刺、火烧等情况。

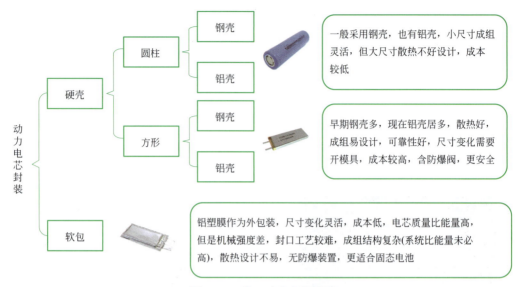

图 3-1-5 常见动力电芯类型

(2) 电气安全 针对动力电池内部的电子电气系统而言,电气安全是首要考虑的因素。电气安全不仅要做到被动防护,如各种线缆和插接器的绝缘保护,高低压插接器的闭锁装置,以及良好的电磁兼容性等,还需做到故障的自诊断和主动防护,如绝缘状态监控、高压互锁检测、接触阻抗检测等,确保在故障发生的初期就主动介入,将风险降到最低。

(3) 机械安全 主要针对整个动力电池箱体以及内部的结构件而言,确保在各种机械载荷和外部破坏性因素的作用下,动力电池的机械特性不会发生重大变化,消除产品的安全风险。需要考虑的因素包括密封防护(防尘防水)、振动、冲击、碰撞、跌落、碎石冲击、重物锤击、翻滚、金属物穿刺、燃油火烧(针对混合动力汽车)。

(4) 功能安全 是针对电池管理系统而言的,要确保电池管理系统在任何一个随机故障、系统故障或共因失效下,都不会导致安全系统的故障,从而引起人员伤亡、环境破坏、设备财产损失。也就是电池管理系统与安全相关的功能无论在其正常情况下或者异常情况下都应确保正常发挥作用。

3.2 镍氢电池

3.2.1 镍氢电池结构与原理

(1) 结构 镍氢电池(图 3-2-1)常见的有圆柱形和长方形,由活性物质构成电极片的工艺主要有烧结式、拉浆式、泡沫镍式、纤维镍式等，由不同工艺制备的电极其容量、大电流放电性能等均存在较大差异。一般依据使用条件不同，采用不同工艺制备电池。

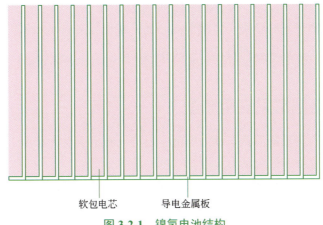

图 3-2-1 镍氢电池结构

（2）**原理** 电动汽车用镍氢电池的基本组成有氢氧化镍正极、储氢合金负极及碱性电解液（如质量分数为 30% 的氢氧化钾水溶液）。其工作原理如图 3-2-2 所示。

$$2NiOOH + KOH + H_2 \underset{充电}{\overset{放电}{\rightleftharpoons}} Ni(OH)_2 + KOH + Ni(OH)_2$$

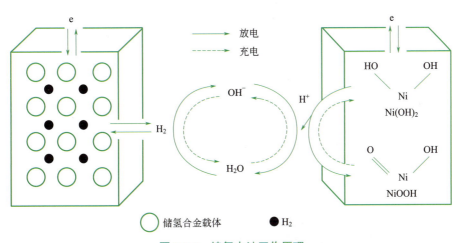

图 3-2-2 镍氢电池工作原理

镍氢电池正极的活性物质为 NiOOH（放电时）和 $Ni(OH)_2$（充电时），负极的活性物质是 H_2（放电时）和 H_2O（充电时），在电解液 KOH 水溶液的作用下，进行电化学反应，完成充电和放电过程。

充电时正、负极的电化学反应为

$$Ni(OH)_2 + OH^- - e \longrightarrow NiOOH + H_2O$$

$$2MH + 2e \longrightarrow 2M^- + H_2\uparrow$$

在充电时，电解液中的水被分解为氢离子和氢氧根离子，氢离子被负极吸收，负极的金属转化为金属氧化物。

放电时正、负极的电化学反应为

$$NiOOH + H_2O + e \longrightarrow Ni(OH)_2 + OH^-$$
$$2M^- + H_2 \longrightarrow 2MH + 2e$$

在放电时，氢离子离开负极，氢氧根离子离开正极，氢离子和氢氧根离子在电解液中结合生成水，而在正、负极之间通过外电路释放电能。

3.2.2 镍氢电池常见应用车型

使用镍氢电池作为新能源汽车动力电池主要应用在混合动力车型上，常见的有丰田普锐斯、凯美瑞、雷克萨斯混合动力车型。

（1）丰田普锐斯 普锐斯混合动力汽车的动力电池安装在后排座椅后方行李厢内（图3-2-3），采用镍氢电池作为电芯，6个电压为1.2V的镍氢蓄电池电芯组成一个单体电池。动力电池共有28个单体电池串联而成，标称电压为201.6V，主熔丝规格为125A，动力电池采用风冷方式。动力电池结构如图3-2-4所示。

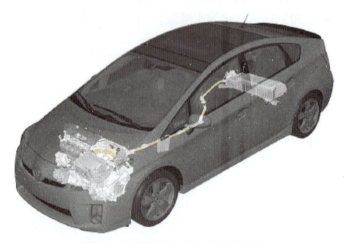

图 3-2-3 普锐斯动力电池安装位置

图 3-2-4 动力电池结构

动力电池在充放电过程中会产生热量，为了保证动力电池的工作性能，专门为动力电池设计了一套风冷系统。冷却系统的鼓风机采用高功率无刷型电机，并优化了内部结构，降低了运转时的噪声。动力电池冷却系统示意如图3-2-5所示。

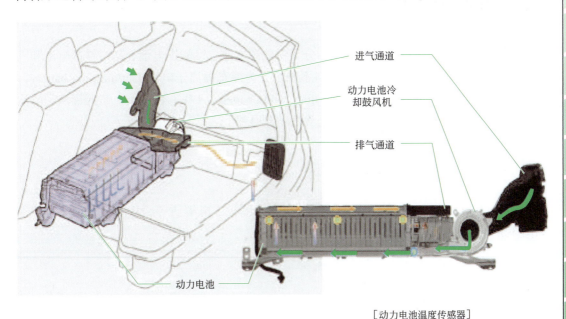

图 3-2-5　动力电池冷却系统示意

（2）丰田凯美瑞　凯美瑞与普锐斯的动力电池位置一样，安装在后排座椅后方的行李厢内，使用镍氢电池电芯，6个1.2V的镍氢电池电芯串联组成一个单体电池，动力电池共由34个单体电池组成，并通过母线将这些单体电池串联在一起。动力电池共有204个1.2V的镍氢蓄电池电芯，标称电压为224.8V。动力电池连接示意如图3-2-6所示。

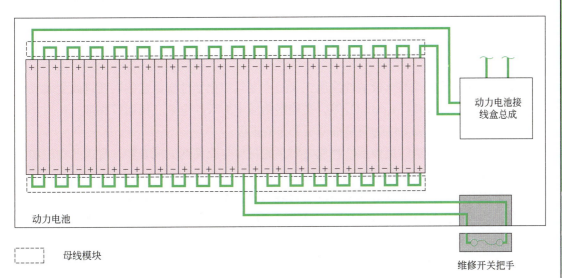

图 3-2-6　动力电池连接示意

3.3 锂离子电池

锂离子电池根据正极材料的不同，分为钴酸锂电池、锰酸锂电池、磷酸铁锂电池和三元锂离子电池等。根据所用电解质材料不同，分为液态锂离子电池（lithium-ion battery，LIB）和聚合物锂离子电池（poly-mer lithium-ion battery，LIP）两大类。三元锂离子电池以其能量密度高、安全性好等优点在电动汽车上得到了广泛的应用。

3.3.1 锂离子电池结构与原理

(1) 结构 锂离子电池主要由正极、负极、隔板、电解质等组成。锂离子电池结构如图3-3-1所示。

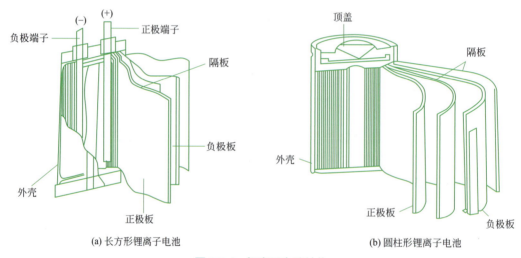

(a) 长方形锂离子电池　　　　(b) 圆柱形锂离子电池

图 3-3-1　锂离子电池结构

正极：锂离子电池的正极活性物质主要是在空气中化学性质稳定的嵌锂过渡金属氧化物，如 $LiCoO_2$、$LiNiO_2$、$LiMn_2O_4$ 等，在这些物质中加入导电剂、树脂胶黏剂，并均匀地涂覆在铝基体上，形成活性物质呈细薄层分布的正极。

负极：锂离子电池的负极活性物质主要是磁材料与胶黏剂的混合物，将这些物质加入有机溶剂调成膏状，并涂覆于铜基上形成负极。

电解质与隔膜：锂离子电池采用以混合溶剂为主体的有机电解质或聚合物。隔膜一般使用聚乙烯或聚丙烯材料的多微孔膜。隔膜熔点较低，具有较高的抗穿刺强度，可起到热保护作用。

(2) 原理 锂离子电池负极活性物质是可嵌入锂离子（Li^+）的碳，正极活性物质是金属锂化物，如 $LiNiO_2$、$LiCoO_2$ 等，电解质是非水性的有机溶液或聚合物。

锂离子电池在充电时，加在电池两极的充电电场力使正极化合物释放出 Li^+，并经电解质嵌入负极分子排列呈片层结构的碳中；锂离子电池在放电时，则是从呈片层结构的碳中析出 Li^+，并通过电解质嵌回到正极。以 $LiCoO_2$ 作正极的锂离子电池为例，其充电和放电过程正、负极的电化学反应方程式为

$$CoO_2 + Li^+ + e \longrightarrow LiCoO_2 \text{（正极）}$$

$$C_6Li \longrightarrow 6C + Li^+ + e \text{（负极）}$$

充电时电化学反应从右向左，放电时则从左向右。锂离子电池的充电和放电过程实际上就是 Li^+ 在正、负极之间来回地嵌入和脱出的过程，因而锂离子电池也被称为"摇椅式电池"。锂离子电池就是因锂离子在充电和放电时来回迁移而命名的。

3.3.2 磷酸铁锂电池

(1) 结构 磷酸铁锂（$LiFePO_4$，简称 LFP）为近年来新开发的锂离子电池电极材料，它作为正极活性物质使用，主要用于锂离子动力电池，凭借良好的性能，在电动汽车领域具有较好的发展前景。

橄榄石结构的磷酸铁锂作为电池的正极，由铝箔与电池正极连接，中间是聚合物的隔膜，它把正极与负极隔开，但 Li+ 可以通过而电子不能通过，碳（石墨）组成电池负极，由铜箔与电池的负极连接，电池的上下端之间是电池的电解质，电池由金属外壳密闭封装，磷酸铁锂电池外观如图 3-3-2 所示，内部结构如图 3-3-3 所示。

图 3-3-2 磷酸铁锂电池外观

磷酸铁锂电池在充电时，正极中的 Li+ 通过聚合物隔膜向负极迁移；在放电过程中，负极中的 Li+ 通过隔膜向正极迁移。

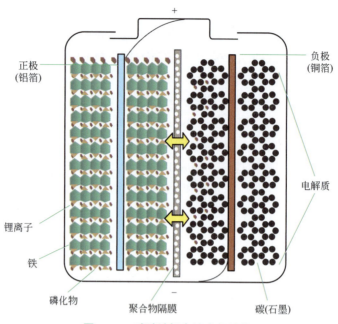

图 3-3-3 磷酸铁锂电池内部结构

（2）优点

① 优良的安全性。无论是高温性能，还是热稳定性，磷酸铁锂均是目前锂离子电池正极材料中最安全的。

② 对环境友好。磷酸铁锂不含任何对人体有害的重金属元素，为真正的绿色材料。磷酸铁锂电池（除锂外）不含任何重金属或者稀有金属，无毒（SGS 认证通过），无污染，符合欧洲 RoHS 规定，为环保电池。

③ 耐过充性能优良。

④ 高可逆容量。理论值为 170mA·h/g，实际值已超过 150mA·h/g（0.2C、25℃）。

⑤ 工作电压适中。相对于金属锂而言为 3.45V。

⑥ 电压平台特性好，非常平稳。

⑦ 与大多数电解液系统兼容性好，储存性能好。

⑧ 无记忆效应。

⑨ 结构稳定，循环寿命长。在 100%DOD 条件下，可以充放电 3000 次以上，是铅酸电池的 5 倍，镍氢电池的 4 倍，钴酸锂电池的 4 倍，锰酸锂电池的 4～5 倍。

⑩ 可以大电流充电，最快可在 30min 内充满。

⑪ 充电时体积略有减小，与碳基负极材料配合时的体积效应好。商品设计可实现轻量化，体积是相同容量铅酸电池的 2/3，也比镍氢电池体积小。重量是相同容量铅酸电池的 1/3、镍氢电池的 2/3 左右。

3.3.3 三元锂离子电池

三元锂离子电池是指正极材料使用镍钴锰酸锂或者镍钴铝酸锂的三元正极材料的

锂电池。从形状上区分，可分为软包电池及圆柱形和长方形硬壳电池。其标称电压可达 3.6～3.8V，能量密度比较高，电压平台高，振实密度高，续驶里程长，输出功率较大，低温性能优异，高温稳定性差，造价也比较高。

镍钴锰酸锂、镍钴铝酸锂等三元材料高温结构不稳定，在 200℃左右发生分解，导致电池高温安全性差，且 pH 值过高易使单体胀气，进而引发危险。三元锂材料的化学反应剧烈，会释放氧分子，在高温作用下电解液迅速燃烧，发生连锁反应，易着火。近年来，随着三元锂离子电池技术和控制技术的发展，三元锂离子电池的安全性能得到一定程度的改善和提高。加上其能量密度的优势，三元锂离子电池也得到了广泛的应用。

3.3.4 三元锂离子电池应用车型

3.3.4.1 吉利帝豪 EV450/500

吉利帝豪 EV450/500 采用三元锂离子动力电池。电池组的额定电压为 346 V，额定功率为 50kW，电池容量为 126A·h。动力电池采用水冷方式。

动力电池安装在车体下部，如图 3-3-4 所示。动力电池的组成部件包括各模组总成、CSC 采集系统、电池控制单元（BMU）、电池高压分配单元（B-BOX）、维修开关等。除维修开关安装在动力电池外部，其余组件均封装在动力电池内部。

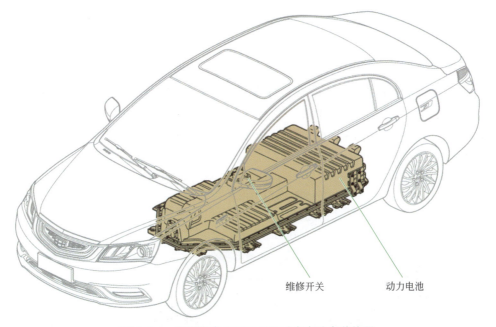

图 3-3-4　吉利帝豪 EV450/500 动力电池安装位置

3.3.4.2 吉利帝豪 PHEV（插电混合）

吉利帝豪 PHEV 采用三元锂离子动力电池，锰酸锂（LMO）、镍钴锰酸锂（NCM）、镍钴铝酸锂（NCA）、磷酸铁锂（LFP）等材料为正极，以可嵌入锂离子的碳材料为负极，使用有机电解质。动力电池安装在车体下部,动力电池包括各模块总成、CSC采集系统、电池控制单元、维修开关等部件。吉利帝豪PHEV动力电池安装位置如图3-3-5所示。动力电池额定电压为308V,额定容量为37A·h,总能量为11.4kW·h,放电电流为97.4A,充电电流为16A,冷却方式为水冷。

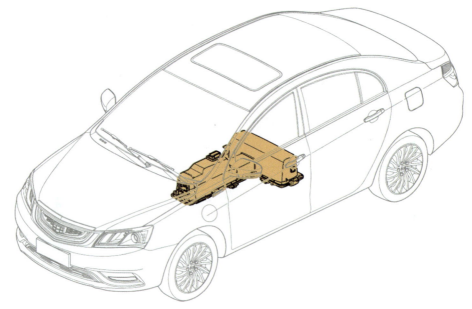

图3-3-5　吉利帝豪PHEV动力电池安装位置

3.3.4.3　比亚迪e2(305km续航版)

比亚迪e2(305km续航版)的动力电池(图3-3-6、图3-3-7)是三元锂电池,系统由8个电池模组、3个电池信息采集器、电池串联线、电池托盘、电池密封罩、电池采样线等组成。8个电池模组中各有10~12节数量不等的电池单体,总共92节串联。额定电压为335.8V,总能量为35kW·h。

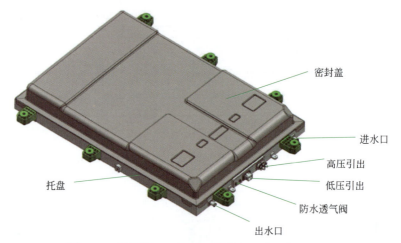

图3-3-6　比亚迪e2(305km续航版)动力电池外观

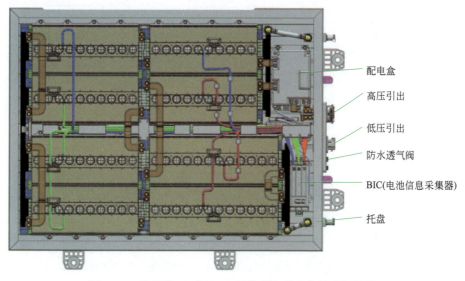

图 3-3-7　比亚迪 e2（305km 续航版）动力电池内部结构

比亚迪 e2（305km 续航版）动力电池基本性能见表 3-3-1。

表 3-3-1　比亚迪 e2（305km 续航版）动力电池基本性能

指标	规格	备注
标准容量	≥105A·h	（25±2）℃，1C 充、1C 放
额定电压	335.8V	3.65V（单体）
充电截止电压	4.2V	单体电池截止
放电截止电压	2.5V	单体电池截止
标准充电功率/电流	40kW/119A	
	7kW/20.8A（车载充电器）	
峰值功率（＞20℃）	≥74kW，15s	
持续放电功率	≥43kW	
充电温度	-20～65℃	与配套 BMS 使用
放电温度	-30～65℃	与配套 BMS 使用
动力电池质量	≤230kg	

比亚迪 e2（305km 续航版）动力电池内部高压连接如图 3-3-8 所示，整车 BIC 布局及信号连接如图 3-3-9 所示。

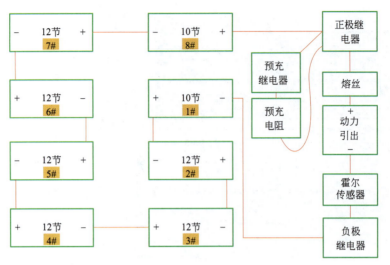

图 3-3-8 比亚迪 e2（305km 续航版）动力电池内部高压连接

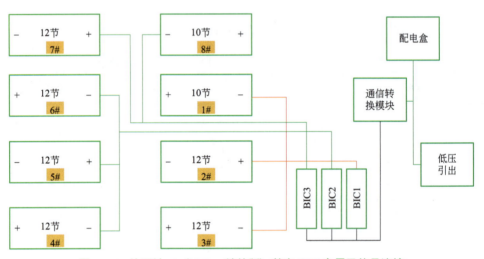

图 3-3-9 比亚迪 e2（305km 续航版）整车 BIC 布局及信号连接

3.3.4.4 比亚迪 e2（405km 续航版）

比亚迪 e2（405km 续航版）的动力电池（图 3-3-10）是三元锂电池，系统由 7 个电池模组、4 个电池信息采集器、电池串联线、电池托盘、电池密封罩、电池采样线等组成。7 个电池模组中有 6 个模组有 14 节单体，一个模组有 12 节单体，总共 96 节串联。额定电压为 350.4V，总能量为 47kW·h。

比亚迪 e2（405km 续航版）动力电池基本性能见表 3-3-2。

表 3-3-2 比亚迪 e2（405km 续航版）动力电池基本性能

指标	规格	备注
标准容量	≥135A·h	(25±2)℃，1C 充、1C 放

续表

指标	规格	备注
额定电压	350.4V	3.65V（单体）
充电截止电压	4.2V	单体电池截止
放电截止电压	2.5V	单体电池截止
标准充电功率/电流	40kW/119A	
	7kW/20.8A（车载充电器）	
峰值功率（＞20℃）	≥74kW，15s	
持续放电功率	≥43kW	
充电温度	−20～65℃	与配套BMS使用
放电温度	−30～65℃	与配套BMS使用
动力电池质量	300×(1±3%)kg	

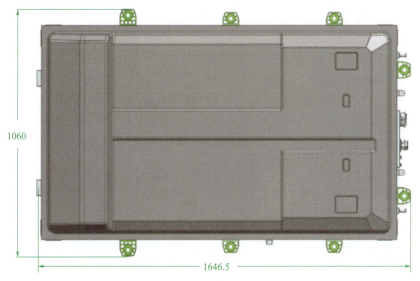

图3-3-10　比亚迪e2（405km续航版）动力电池外形尺寸

比亚迪e2（405km续航版）动力电池内部高压连接如图3-3-11所示，整车BIC布局及信号连接如图3-3-12所示。

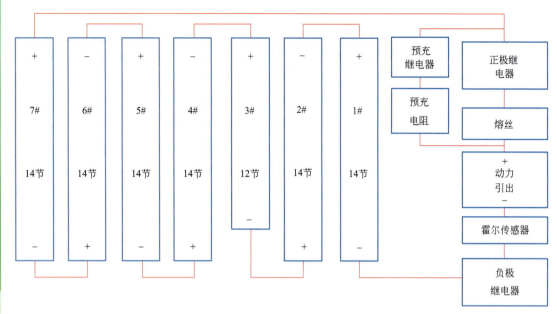

图 3-3-11　比亚迪 e2（405km 续航版）动力电池内部高压连接

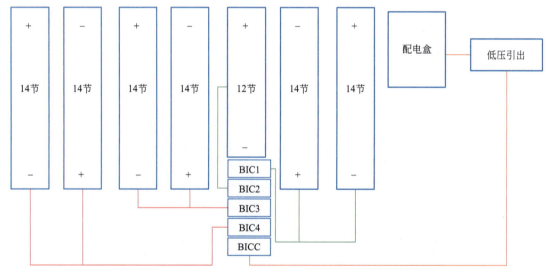

图 3-3-12　比亚迪 e2（405km 续航版）整车 BIC 布局及信号连接
注：BIC2 为单芯，BIC1、BIC3、BIC4 为三芯。

3.4　动力电池管理系统

动力电池管理系统（battery management system，BMS）是用来对动力电池进行安全监控及有效管理、提高动力电池使用效率的装置。对于电动汽车而言，通过该系统对动力电池充放电的有效控制，可以达到增加续驶里程、延长使用寿命、降低运行成本的目的，并保证动力电池应用的安全性和可靠性。动力电池管理系统已经成为电动汽车必不可少的核心部件之一。

3.4.1 动力电池管理系统组成及原理

动力电池管理系统主要由以下三部分构成：电池终端模块，通过传感器进行数据采集，如电压、电流、温度等；电池管理器，主要监控动力电池工作状态，并与整车控制系统进行通信，协调控制充放电过程；人机交互模块及输入输出接口，主要进行数据呈现，数据、信息输入输出，实现人机交互。

电池管理器外观如图 3-4-1 所示。

图 3-4-1　电池管理器外观

人们对动力电池管理系统功能和用途的理解是随着电动汽车技术的发展逐步丰富起来的。最早的电池管理系统仅仅进行电池一次测量参数（电压、电流、温度等）的采集，之后发展到二次参数（SOC、内阻）的测量和预测，并根据极端参数进行电池状态预警。现阶段电池管理系统除完成数据测量和电池状态估算外，还通过数据总线直接参与车辆状态的控制。

主从式电池管理系统采用一个主控单元、多个从控单元（HMU）的拓扑结构（图 3-4-2）。电池管理系统的主要工作原理可简单归纳为，数据采集电路采集电池状态信息（电压、电流、温度等）数据后，通过 CAN 总线将数据传送给电子控制单元进行数据处理和分析，然后电池管理系统根据分析结果对系统内的相关功能模块发出控制指令（如控制风机开和关等），并向外界传递参数信息；同时，电池管理系统也能通过 CAN 总线与组合仪表及充电器等进行通信，实现参数显示、充电监控等功能。动力电池管理系统电气连接如图 3-4-3 所示。

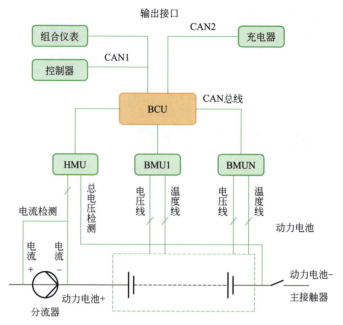

图 3-4-2 动力电池管理系统拓扑结构

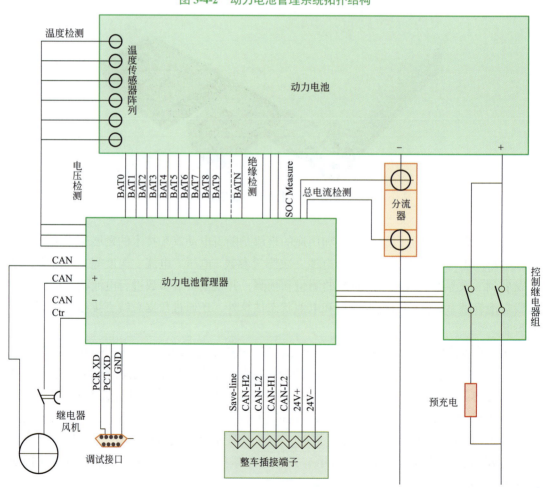

图 3-4-3 动力电池管理系统电气连接

3.4.2 动力电池管理系统主要功能

动力电池管理系统的主要功能包括数据采集、电池状态计算、能量管理、安全管理、热管理和通信等,如图 3-4-4 所示。

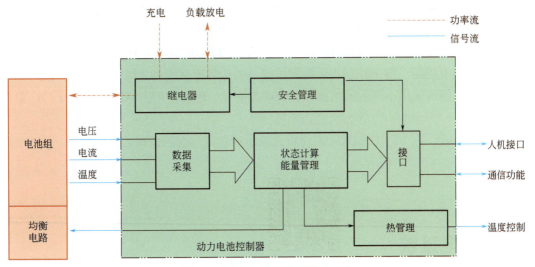

图 3-4-4 动力电池管理系统功能

(1) **数据采集** 电池管理系统的所有算法均以采集的动力电池数据作为输入,采样速率、精度和前置滤波特性是影响电池系统性能的重要指标。电动汽车动力电池管理系统的采样速率一般要求大于 20Hz(50ms)。

(2) **电池状态计算** 主要包括荷电状态(state of charge,SOC)和健康状态(state of heath,SOH)两方面。SOC 用来提示动力电池剩余电量,是计算和估计电动汽车续驶里程的基础。SOH 用来提示电池技术状态、预计可用寿命等参数。

SOC 是防止动力电池过充电和过放电的主要依据,只有准确估算电池组的 SOC,才能有效提高动力电池的利用效率,保证动力电池的使用寿命。在电动汽车中,准确估算动力电池 SOH,可以保护电池,提高整车性能,降低对动力电池的要求以及提高经济性等。

(3) **能量管理** 主要包括以电压、电流、温度、SOC 和 SOH 作为输入进行充电过程控制,以 SOC、SOH 和温度等参数为条件进行放电功率控制两个部分。

(4) **安全管理** 主要用于监视电池电压、电流、温度等是否超过正常范围,防止电池组过充电、过放电。在对电池组进行整组监控的同时,多数电池管理系统已发展到对极端单体电池进行过充电、过放电、温度过高等安全状态管理。

安全管理系统主要有以下功能:烟雾报警、绝缘检测、自动灭火、过电压和过电流控制、过放电控制、防止温度过高及在发生碰撞情况下的电池组裂解等。

(5) **热管理** 主要用于电池工作温度高于适宜工作温度上限时对动力电池进行冷却,低于适宜工作温度下限时对动力电池进行加热,使电池处于适宜的工作温度范围内,并在电池工作过程中保持电池单体间温度的均衡。对于大功率放电和高温条件下使用的电池,电池的热管理尤为必要。

热管理主要有以下功能：电池温度的准确测量和监控、电池组温度过高时的有效散热和通风、低温条件下的快速加热、有害气体产生时的有效通风及保证电池组温度场的均匀分布。

(6) 均衡控制　电池的一致性差异导致电池组的工作状态是由最差电池单体决定的。在电池组各个电池之间设置均衡电路，实施均衡控制是为了使各单体电池充放电的工作情况尽量一致，提高整体电池组的工作性能。

(7) 通信功能　通过电池管理系统实现电池参数和信息与车载设备或非车载设备的通信，为充放电控制、整车控制提供数据依据是电池管理系统的重要功能之一。根据应用需要，数据交换可采用不同的通信接口，如模拟信号、PWM信号、CAN总线或12C串行接口。

(8) 人机接口　用于根据设计需要设置显示信息以及控制按键、旋钮等。

3.5 充电系统

动力电池充电系统是维持电动汽车运行的能量补给设施，是从供电电源提供能量对动力电池充电时使用的有特定功能的电力转换装置，主要包括交流慢充和直流快充。特别是纯电动汽车的充电技术最关键的问题是如何实现高效快捷充电，这关系到充电器的容量和性能、电网承载能力和动力电池的承受能力等。随着动力电池本身充放电速度的不断提高，充电系统的性能也在不断改进，以满足多种不同应用情况下的快速充电需求。由于电力的储运和使用比汽油方便得多，充电设备的建造也呈现出多样性和灵活性，既可以是集中式的充电站，也可以设置在路边、停车场、购物中心等任何方便停车的地方，除了固定装置以外电动汽车还带有车载充电器，可以在夜间利用家里的市电插座进行充电，甚至还可以在用电高峰期把电力逆变后反送给电网。充电快慢直接影响着电动汽车使用者的出行效率。根据电动汽车动力电池的技术特性和使用性质，存在着不同充电模式。目前纯电动汽车的充电方式主要分为常规充电（慢充）、快速充电（快充）。

3.5.1 分类组成及原理

3.5.1.1 慢充

通过慢速充电线束与220V家用交流插座或交流充电桩相连为动力电池进行充电，慢速充电系统将220V交流电转化为直流电，通过电源→车载充电器→动力电池，以实现动力电池的能量补给。充电桩成本低、安装方便，可以利用电网夜间的低谷电进行充电，降低充电成本，充电时段充电电流较小、电压相对稳定，能保证动力电池安全并能延长电池的使用寿命。

慢充系统由供电设备（交流充电桩或家用交流电源）车载充电器、慢充接口、充电枪、高压线束、低压线束、高压配电盒、动力电池和VCU等组成。

交流充电桩固定安装在电动汽车外，如图3-5-1所示，与交流电网连接，为电动汽车车载充电器提供交流电源。交流充电桩只提供电力输出，没有充电功能，需连接车载充电器为电动汽车充电，相当于仅起到一个控制电源的作用。交流充电桩应用在各大、中、小型电动汽车充电站。

慢充系统对充电条件的要求如下。

① 充电线连接确认信号正常。

② 充电供电电源正常（包括220V和12V）及充电器工作正常。

③ 动力电池电芯温度为0～45℃。

④ 单体电池最高电压与最低电压之差小于0.3V。

⑤ 单体电池最高温度与最低温度之差小于15℃。

⑥ 绝缘性能大于20MΩ。

⑦ 实际单体电池最高电压不大于额定单体电池电压0.4V。

⑧ 高压电路连接正常。

慢充系统的工作过程：交流充电桩（或家用16A供电插座）提供的交流电经车载充电器整流、滤波、升压后转换为高压直流电，通过高压配电盒连接到动力电池。慢充系统工作过程如图3-5-2所示。

图3-5-1 交流充电桩

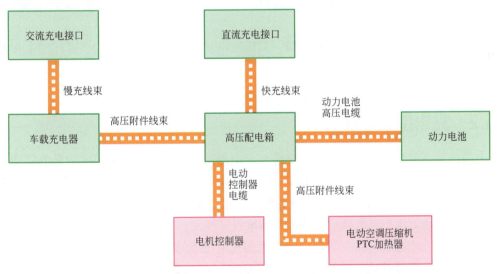

图3-5-2 慢充系统工作过程

3.5.1.2 快充

快充系统通过直流充电桩，为动力电池进行快速充电，从电源→动力电池，实现对动力电池快速、高效、安全、合理的电量补给，如图3-5-3所示。快速充电电流要大一些，它并不要求把电池完全充满，只满足继续行驶的需要就可以了，这种充电模式下，在20～30min的时间里，只为电池充电50%～80%即可。这种充电方式为直流充电，地面充电器直接输出直流电给动力电池充电，电动汽车只需提供充电及相关通信接口。快速充电的优点：充电时间短，充电车辆流动快，节省充电站停车场面积。快速充电的缺点：充电效率低，安装成本较高，充电电流太大对充电技术和方法要求高，对电池的寿命有负面影响，易造成电池异常，存在安全隐患，且大电流充电会对公用电网产生冲击，会影响电网的供电质量安全。直流充电桩如图3-5-4所示。

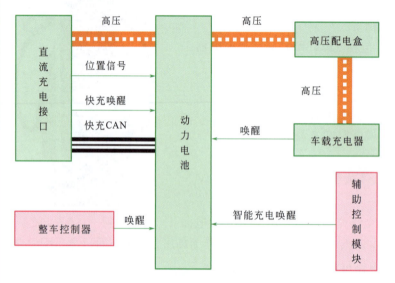

图3-5-3　快充系统工作原理

图3-5-4　直流充电桩

快充系统由直流充电桩、快充接口、高压配电盒、动力电池、VCU、高压线束和低压线束等组成。

3.5.2　充电接口标准

电动汽车充电接口是指提供活动电缆与充电外部设备和电动汽车连接的充电部件，包括充电插头和充电插座两部分。GB/T 20234—2015（《电动汽车传导充电用连接装置》）第2、3部分规定了交、直流充电接口的形状、端子定义等。在我国境内销售的电动汽车和插电式混合动力汽车充电接口都按照此标准设计开发。

（1）交流充电接口与连接界面　考虑民用充电设施的安全、能源供给端的合理规划及乘用车辆的实际能源补给需求等问题，根据GB/T 20234.2—2015（《电动汽车传导充电用连接装置 第2部分：交流充电接口》）规定，电动汽车传导充电用交流充电接口，其额定电压不超过440V（AC），频率为50Hz，额定电流不超过63A（AC）。

标准规定，在国内生产和销售的电动汽车交流充电接口端子如图3-5-5所示，其电气参数及端子定义见表3-5-1和表3-5-2。

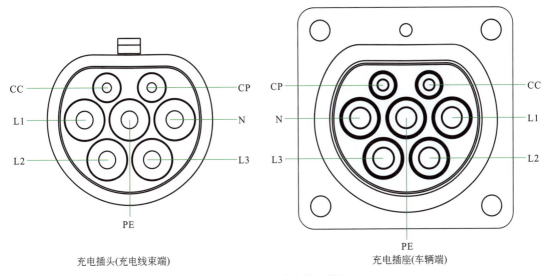

图 3-5-5 交流充电接口端子

表 3-5-1 交流充电接口电气参数

额定电压 /V	额定电流 /A
250	10/16/32
440	16/32/63

表 3-5-2 交流充电接口端子定义

端子	额定电压和额定电流	端子定义
L1	250V 10A/16A/32A	交流电源（单相）
	440V 16A/32A/63A	交流电源（三相）
L2	440V 16A/32A/63A	交流电源（三相）
L3	440V 16A/32A/63A	交流电源（三相）
N	250V 10A/16A/32A	中线（单相）
	440V 16A/32 A/63 A	中线（三相）
PE		保护接地，连接供电设备地线和车辆电平台
CC	0～30V 2A	充电连接确认
CP	0～30V 2 A	控制导引

　　在充电连接过程中，首先接通保护接地端子，最后接通控制导引端子与充电连接确认端子。在脱开的过程中，首先断开控制导引端子与充电连接确认端子，最后断开保护接地端子。交流充电连接界面如图 3-5-6 所示。

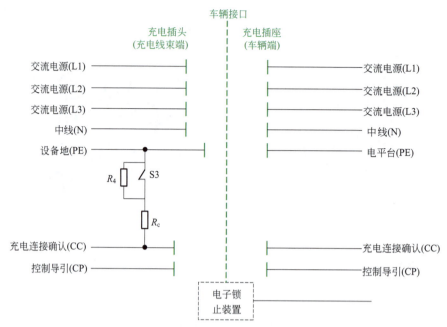

图 3-5-6 交流充电连接界面

（2）直流充电接口与连接界面

为了实现对商用车辆及乘用车辆的快速能源补给，可利用非车载充电器将交流电转换成直流电，通过直流充电接口完成充电过程。直流充电接口一般情况下承载的电流远高于交流充电接口，同时在充电过程中需通过直流充电接口中的通信端子（CAN）连接车载电池管理系统（BMS）与非车载充电器的控制器，完成对充电过程的控制及其他相关信息的交互。此外，由于商用车辆在充电过程中需要外部提供低压直流电源，以供其内部电气控制及环境控制设备使用，因此采用直流充电的车辆需要充电设施提供辅助电源，根据GB/T 20234.3—2015（《电动汽车传导充电用连接装置 第3部分：直流充电接口》）规定，电动汽车传导用直流充电接口额定电压不超过1000V（DC）、额定电流不超过250A（DC）。

标准规定，直流充电接口端子如图3-5-7所示，其电气参数及端子定义见表3-5-3和表3-5-4。

表 3-5-3 直流充电接口电气参数

额定电压 /V	额定电流 /A
750/1000	80
	125
	200
	250

表 3-5-4 直流充电接口端子定义

端子	额定电压和额定电流	端子定义
DC+	750V/1 000V 80A /125 A/200A/250A	直流电源正，连接直流电源正与电池正极
DC-	750V/1000V 80A /125A/200A/250A	直流电源负，连接直流电源负与电池负极
PE		保护接地，连接供电设备地线和车辆电平台
S+	0～30V 2A	充电通信 CAN-H，连接非车载充电器与电动汽车的通信线
S-	0～30V 2A	充电通信 CAN-L，连接非车载充电器与电动汽车的通信线
CC1	0～30V 2A	充电连接确认
CC2	0～30V 2A	充电连接确认
A+	0～30V 2A	低压辅助电源正，连接非车载充电器为电动汽车提供的低压辅助电源
A-	0～30V 2A	低压辅助电源负，连接非车载充电器为电动汽车提供的低压辅助电源

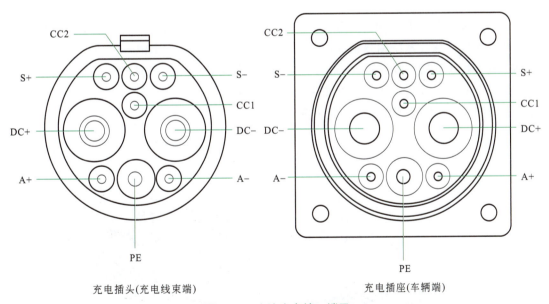

图 3-5-7 直流充电接口端子

插头和插座在连接过程中端子接通的顺序为保护接地，充电连接确认（CC2），直流电源正与直流电源负，低压辅助电源正与低压辅助电源负，充电通信，充电连接确认（CC1）；在脱开的过程中则顺序相反。直流充电连接界面如图 3-5-8 所示。

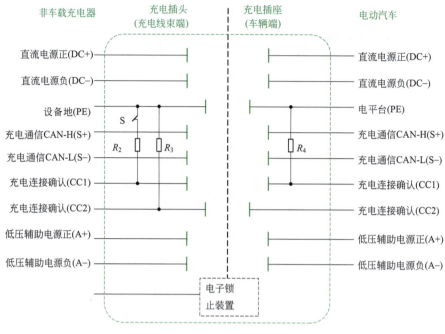

图 3-5-8 直流充电连接界面

3.5.3 常见车型充电系统结构原理

3.5.3.1 吉利新能源

吉利帝豪 EV300/EV350/EV450 充电系统从功能上分为快充、慢充、低压充电和制动能量回收四项。快充系统由直流充电接口（带高压线束）、动力电池等组成；慢充系统由交流充电接口（带高压线束）、车载充电器、动力电池等组成。车载充电器、交流充电接口、直流充电接口及高压线束参见图 3-5-9。充电系统组成原理框图如图 3-5-10 所示，车载充电器低压线束插接器端子及定义见表 3-5-5。

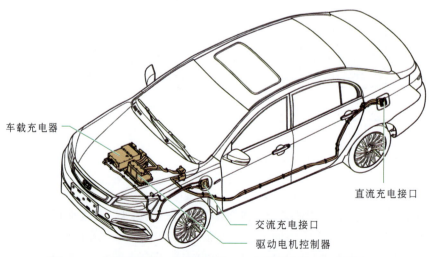

图 3-5-9 车载充电器、交流充电接口、直流充电接口及高压线束

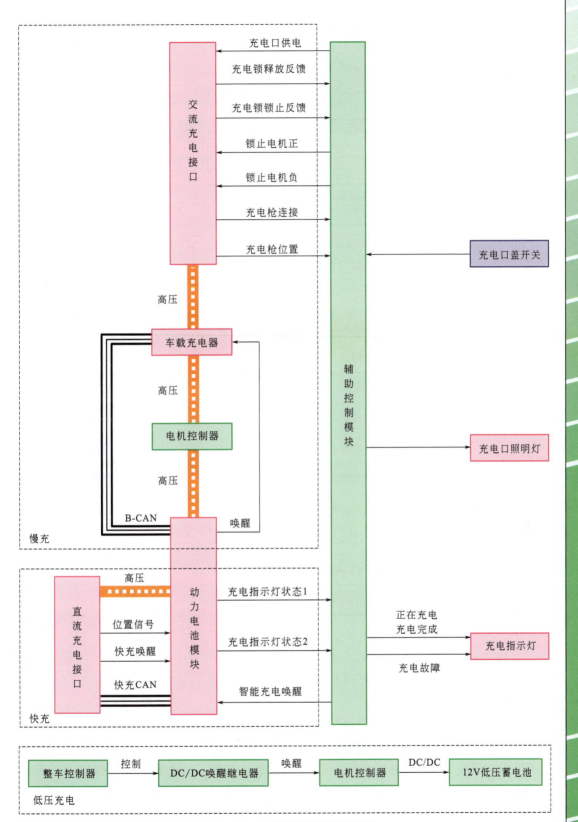

图 3-5-10 充电系统组成原理框图

表 3-5-5　车载充电器低压线束插接器端子及定义

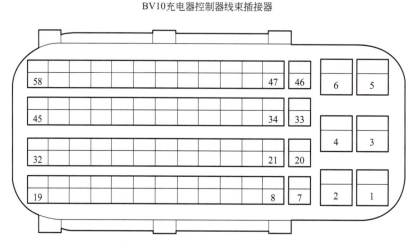

端子号	端子定义	端子号	端子定义
4	KL30	41	对应灯具端子 2
6	接地	44	电子锁正极
17	充电接口温度检测 1 地	47	对应灯具端子 3
19	唤醒	49	对应灯具端子 4
26	高压互锁输入	50	CP 信号检测
27	高压互锁输出	54	CAN-L
30	电子锁状态	55	CAN-H
34	充电接口温度检测 1	57	电子锁负极
39	CC 信号检测		

注：未列出的端子为空。

吉利帝豪 GSe 电动汽车充电系统从类型上可分为外接充电系统和内部充电系统。外接充电系统包括直流快充充电系统和交流慢充充电系统。内部充电系统包括低压电源充电、智能充电及制动能量回收。

吉利帝豪 GSe 外部充电系统由车载充电器、交流充电接口、直流充电接口、高压导线等组成，如图 3-5-11 所示，充电系统组成原理框图如图 3-5-12 所示。交流充电接口安装在车身右前侧；直流充电接口安装在车身左后侧。充电时，根据选择的充电类型，连接交流充电插头或直流充电插头到相应的充电插座，连接正确后开始充电。充电接口连接后形成回路，当出现连接故障时，系统可以检测该故障。车载充电器低压线束插接器端子及定义见表 3-5-6。

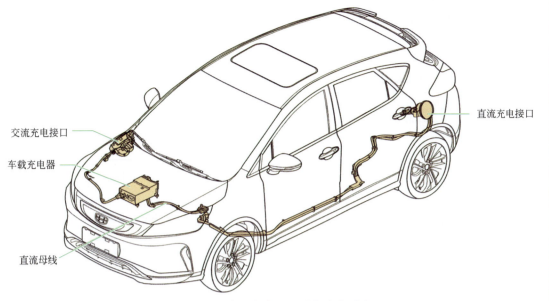

图 3-5-11　吉利帝豪 GSe 外部充电系统

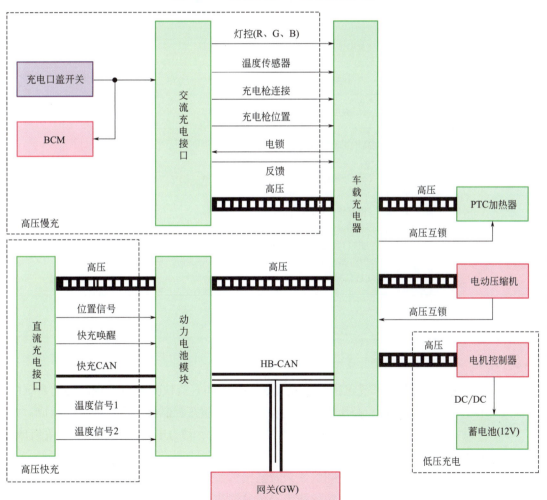

图 3-5-12　充电系统组成原理框图

表 3-5-6 车载充电器低压线束插接器端子及定义

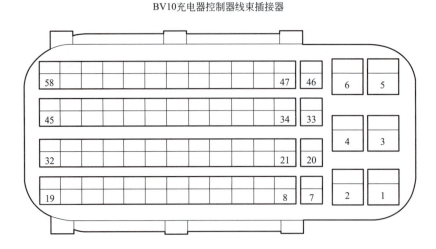

端子号	端子定义	端子号	端子定义
4	蓄电池电源	41	对应灯具端子 2
6	接地	44	电子锁正极
17	充电接口温度检测接地	47	对应灯具端子 3
26	高压互锁输入	49	对应灯具端子 4
27	高压互锁输出	50	交流充电控制输出
30	电子锁状态	54	接总线低
34	充电接口温度检测	55	接总线高
39	CC 信号检测	57	电子锁负极

注：未列出的端子为空。

3.5.3.2 北汽新能源

北汽 EV200 车系充电系统包括交流慢充充电系统和直流快充充电系统。慢充系统由交流充电接口、车载充电器、高压配电盒、动力电池、整车控制器、慢充线束等组成，如图 3-5-13 所示。快充系统由直流充电接口、高压配电盒、动力电池以及快充线束等组成，如图 3-5-14 所示。

直流充电接口与高压配电盒之间的线束及插接器如图 3-5-15 所示。

交流充电接口与车载充电器之间的线束及插接器如图 3-5-16 所示。

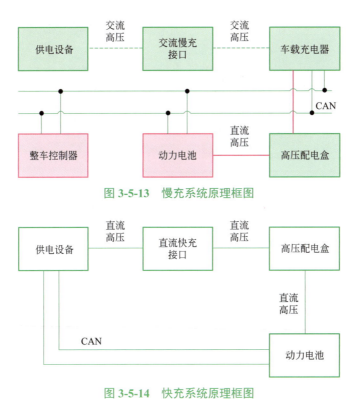

图 3-5-13　慢充系统原理框图

图 3-5-14　快充系统原理框图

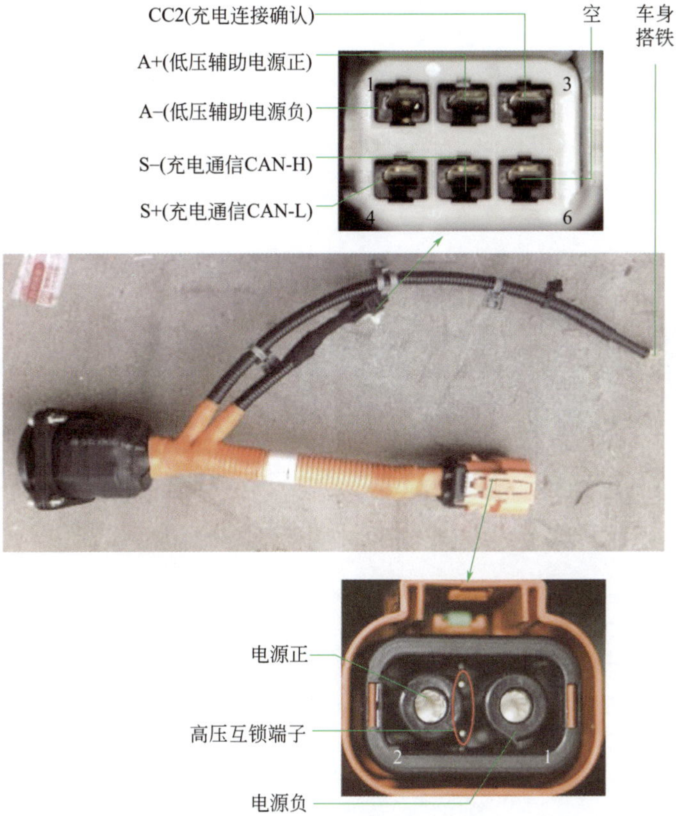

图 3-5-15　直流充电接口与高压配电盒之间的线束及插接器

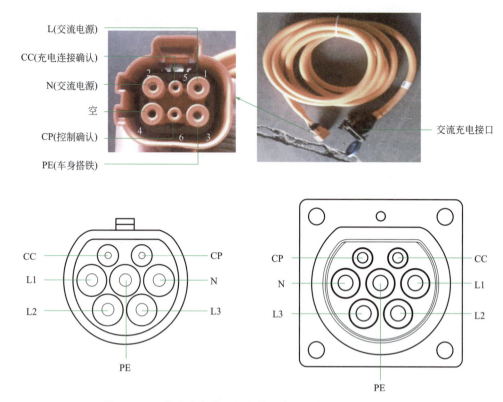

图 3-5-16　交流充电接口与车载充电器之间的线束及插接器

3.5.3.3　江淮新能源

江淮 iEV6 电动汽车充电系统由直流快充接口、车载充电器、交流慢充接口、充电指示灯等组成，如图 3-5-17 所示。

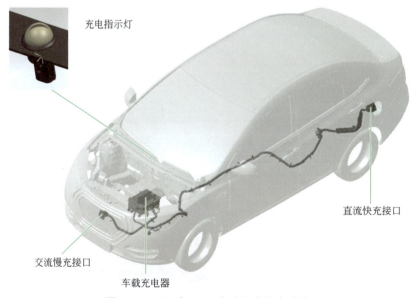

图 3-5-17　江淮 iEV6 电动汽车充电系统

交流慢充接口安装在车辆LOGO处，直流快充接口安装在车身左后侧。充电时，根据选择的充电类型，连接交流充电枪或者直流充电枪到相应的充电接口，连接正确后开始充电。充电接口连接后形成检测回路，当出现连接故障时，整车控制单元（VCU）可以检测该故障。

车载充电器将外部交流电转换成直流电给动力电池充电。充电时，车载充电器根据VCU的指令确定充电模式。车载充电器内部有滤波装置，可以抑制交流电网波动对车载充电器的干扰。

车载充电器应用Inrush电流限制电路以及EMI滤波电路，防止交流电网波动对设备的冲击以及抑制交流电网中的高频干扰对设备的影响；整流电路将交流电转化为直流电；PFC（功率因数校正电路）是一个功率因数提高电路，提高交流电转换为直流电的效率；直流电通过全桥转换隔离电路转换后输出给动力电池。车载充电器工作原理如图3-5-18所示。

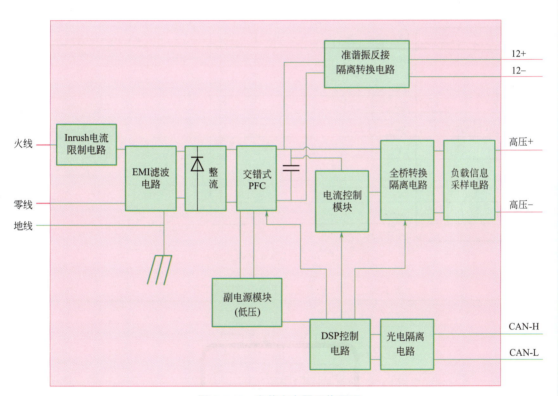

图3-5-18 车载充电器工作原理

江淮iEV6充电系统原理如图3-5-19所示。充电时动力电池唤醒整车控制单元（VCU）控制充电器进行交流高压充电。高压直流充电时车载充电器不工作，VCU与安装于动力电池内部的电池管理器配合，直流高压电直接通过高压配电盒为动力电池充电。电池管理器检测到动力电池已充满，通过CAN总线与VCU通信，VCU控制车载充电器关闭，停止充电。

车载充电器低压线束插接器端子及定义见表3-5-7。

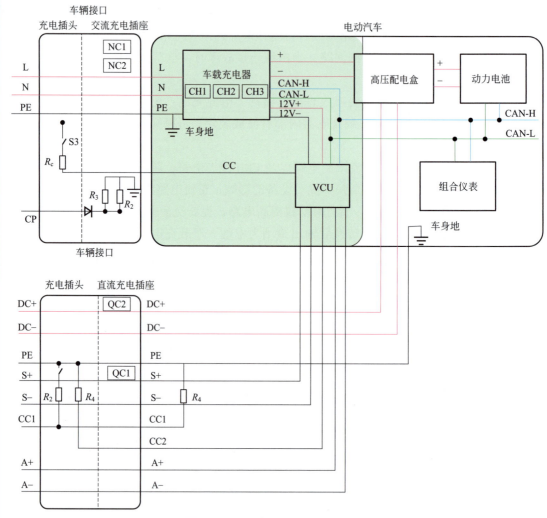

图 3-5-19 江淮 iEV6 充电系统原理

表 3-5-7 车载充电器低压线束插接器端子及定义

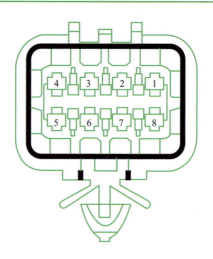

端子号	端子定义	端子号	端子定义
1	NC1（备用1）	5	GND
2	NC2（备用2）	6	12V+
3	NC3（备用3）	7	CANL
4	NC4（备用4）	8	CAN1-1

3.5.3.4 广汽新能源

GA3S PHEV/GS4 PHEV 配备最大输出功率 3.3kW 的车载充电器，使用标准充电桩或者家庭 220V 电源进行充电，备用充电线束会自动根据允许电流值选择充电功率曲线进行充电，5～6h 可充满电量。车载充电器安装在车辆左前部，采用水冷方式。车载充电器安装位置如图 3-5-20 所示。因 GA3S PHEV/GS4 PHEV 车型无需担心续驶里程，所以两款车型仅配备交流慢充系统。

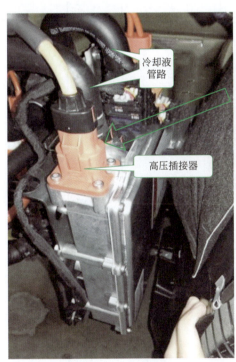
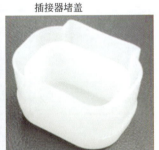

车载充电器技术参数	
项目	数值
输出电压	170～410V
最大输出功率	3.3kW
效率	95%
最大输出电流	12A
质量	4.2kg
冷却方式	水冷

图 3-5-20　车载充电器安装位置

车载充电器包括主功率和弱电控制两部分。主功率部分包括 EMI 滤波、软启动、功率因数校正变换器、DC/DC 转换器及负载；弱电控制部分包括弱电辅助电源、功率因数控制电路、DC/DC 转换器控制电路及通信模块。功率因数控制电路由电压电流检测电路、驱动保护电路和控制器组成，DC/DC 转换器控制电路由电流电压检测电路和驱动保护电路组成。车载充电器通过 DC/DC 转换器将电网的交流电转换为满足动力电池充电要求的直流电。

GA3S PHEV/GS4 PHEV 充电系统电路如图 3-5-21 所示。

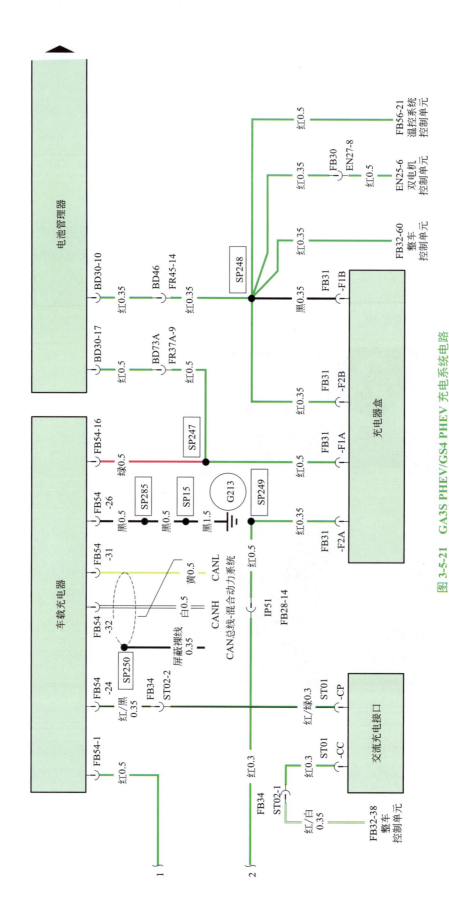

图 3-5-21　GA3S PHEV/GS4 PHEV 充电系统电路

广汽传祺 GE3 充电系统由车载充电器、直流快充接口、直流快充线束、交流慢充接口、交流慢充线束等组成，如图 3-5-22 所示。

图 3-5-22　广汽传祺 GE3 充电系统

车载充电器的主要功能是通过普通家庭单相交流电（220V）或者交流充电桩取电，将交流电转化为高压直流电给动力电池充电；支持高功率等级，最大 6.5kW 输出能力。慢速充电充满仅需 8h；快速充电 30min 即可充至 80%，60min 即可充满。

充电器散热系统与电机控制器、驱动电机、DC/DC 转换器共用一个散热系统。散热系统采用水冷方式：利用冷却液吸热、散热原理将充电器散发的热量传递给冷却液，再通过电动冷却液泵的反复循环将冷却液的热量传递到散热器内，当系统检测到温度较低时电子风扇不启动，利用散热器大面积的散热片进行自然散热，当系统检测到温度过高时，启动电子风扇加速散热器周围的空气循环，将其快速冷却。

3.6 高压配电盒

3.6.1　高压配电盒结构组成与系统部件

纯电动汽车高压配电盒，是纯电动汽车高电压、大电流配电控制单元（PDU），采用集中配电方案，结构设计紧凑，接线布局合理，检修方便。根据不同车型系统的架构需求，高压配电盒还可以集成部分电池管理系统智能控制管理单元，从而更进一步优化整车高压配电系统结构。图 3-6-1 所示为高压配电盒安装位置。

图 3-6-1　高压配电盒安装位置

纯电动汽车高压配电盒主要由高压接触器、传感器、电阻、保险装置等组成。高压配电盒基本结构如图 3-6-2 所示。

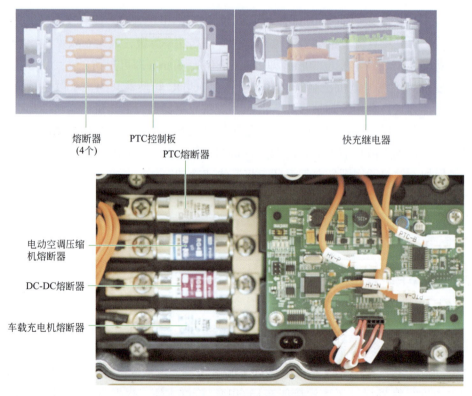

图 3-6-2　高压配电盒基本结构

纯电动汽车驱动电机额定功率较大，配置的动力电池额定电压较高，输出的电流也很大，一般高压回路电压可高达700V（DC）以上，电流高达400 A，对高压配电系统的结构与安全有着重要的影响。从纯电动汽车的工作状况、使用要求及安全管理方面考虑，目前广泛采用集中式高压电气系统架构配电。高压电力电源直接进入高压配电盒，车辆高压配电盒根据车辆高、低压电气设备配置需要合理配置供电，保证满足整个高压系统及其各个电气设备供电需求。高压配电盒高压连接回路如图3-6-3所示。高压配电盒负责控制高压系统回路的接通、断开，监控高压系统工作状况，检测高压系统的工作状况，检测高压系统的绝缘阻值及漏电状况，并在必要时及时切断高压回路，保证高压系统安全。电动汽车对高压配电盒及高压系统的绝缘、抗电磁干扰及屏蔽、密封及耐振动等性能也有很高的要求。高压配电盒的高电压特性和大电流特性，对高压配电技术有一定影响，为减轻大功率输入、输出电流的冲击影响，现在普遍采用预充电技术，较好地解决了高电压、大电流带来的充电过程对高压电气设备的冲击。

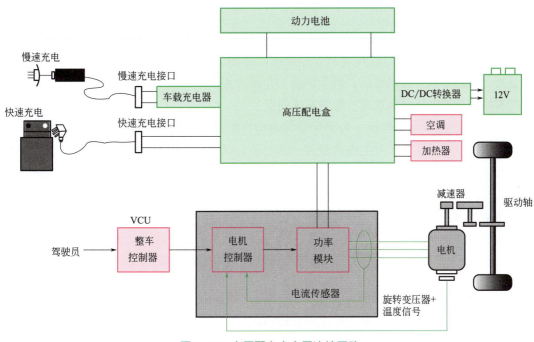

图 3-6-3　高压配电盒高压连接回路

3.6.2　高压配电盒功能

高压配电盒基本功能是实现高压电源的管理配置、高压电力的输入和输出控制、高压回路系统安全监控。高压配电盒通过CAN总线与车载充电器、电池管理系统（BMS）、动力电池等通信，并反馈控制信息，对高压回路管理控制（图3-6-4）。

（1）高压配电功能　充电设备通过高压配电盒的充电回路传输电力到动力电池，对电池充电。动力电池将储存的电能通过高压配电盒分配给纯电动汽车的高压电气设备和低压辅助系统。主要设备有驱动电机控制器、功率变换器、驱动电机、电动空调、辅助电源、车辆制动辅助系统、助力转向系统等。

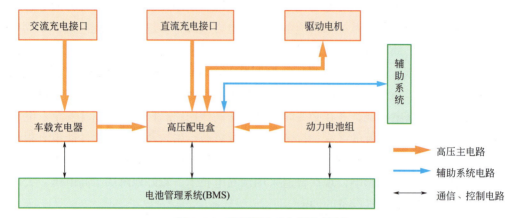

图 3-6-4　高压配电盒与配电控制

高压配电盒电压通常为 300～700V，电流从几十安培到几百安培，甚至达 400A，高压电气设备的工况、稳定性及寿命，需要加以考虑。整车控制器可通过 CAN 网络系统，测量配电回路输入、输出电压，判断回路工作是否正常，以控制紧急情况下电气设备停机保护和故障处理，从而实现高压配电系统的安全。

(2) **高压断电保护功能**　为了保证纯电动汽车高压配电回路安全，要求纯电动汽车驾驶员可通过手动装置断开主电源至少一个电极，以实现紧急情况下整车高压电源输出侧的断开保护功能。手动断电的方法有以下几种。

① 直接断开高压回路：引电池电源线至所配置的空气断路器开关箱，直接手动切断电池高压回路。

② 间接断开高压主回路：通过切断高压主回路继电器控制电源，从而断开主回路。

③ 间接手动切断高压主回路：通过机械连接的拉锁和锁扣的作用，直接断开高压配电箱开关手柄，从而达到断开主回路的目的。

(3) **电路过电流保护**　在高压电气系统中，当高压电气设备或高压回路出现设备短路或过电流等情况时，高压配电盒通过所设置的电流熔断器及时切断主电路，保护高压电气系统安全。根据高压系统的额定电压和额定电流选定熔断器的规格型号。额定电流应该考虑系统额定电压和系统负载功率以及一定的过载能力。

(4) **预充电功能**　充电器对动力电池进行充电的瞬间，由于高电压、大电流的冲击，易造成对接触器、继电器和动力电池的损害，特别是接触器触点易产生电弧而烧蚀，从而影响触点接触；或者触点局部熔化，产生粘连现象，从而影响接触器断开。对高压回路造成较大的危害。为了减少或避免这些情况的发生，高压配电盒设置了预充电路。当充电电路接通的瞬间，首先是预充电路接通，先进行小电流导通，然后在延时开关的作用下，充电主电路延时接通，这样就避免了冲击电流产生的不利影响。

(5) **电压动力检测**　高压配电盒不仅有高压配电的功能，还具有对高压动力的检测功能。通过增设内部集成分流器或霍尔电流互感器，测量高压回路的输入或输出电压、电流,实时对高压回路的电压、电流监控。并将检测的数据通过 CAN 总线实现与整车控制单元(VCU)、电池管理系统(BMS)以及电机控制单元(MCU)通信和控制。检测的数据还可以通过仪表加以显示,以便于驾驶员监控。

(6)绝缘性能检测 根据电动汽车国家标准要求,纯电动汽车需要具备绝缘电阻检测系统,对动力电池及高压系统与汽车车身和底盘之间的绝缘电阻进行检测,同时负责高压系统的漏电检测。当漏电检测系统检测到高压系统绝缘电阻阻值没有达到安全绝缘电阻阻值要求,产生漏电状况,保护系统立刻断开主电路及相应回路接触器(或继电器),从而起到安全保护作用。

第 4 章

动力驱动及控制系统

4.1 动力驱动系统基础

4.1.1 驱动电机分类

电机是实现电能与机械能相互转换的装置,分为电动机和发电机。电动机是将电能转换为机械能,发电机是将机械能转换为电能。电机按电流性质又可分为直流电机和交流电机两大类:直流电机是指通入定子绕组中的电流是直流电;交流电机是指通入定子绕组中的电流是交流电。电机的分类如图4-1-1所示。

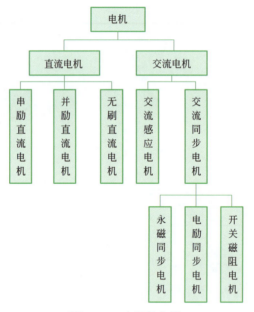

图 4-1-1 电机的分类

永磁同步交流电机具有功率密度高、转矩转速特性好、转速范围大、控制简单等优点,在新能源汽车中被广泛使用。目前北汽、吉利、荣威、江淮、长安、宝马、大众等品牌新能源车型普遍采用永磁同步交流电机。

4.1.2 驱动系统特点

纯电动汽车按照驱动电机的安装位置可分为车轮电机驱动和中央传动系电机驱动两种形式。车轮电机驱动包括轮毂电机驱动和轮边电机驱动,有前桥驱动、后桥驱动和四轮驱动三种形式,如图4-1-2所示。车轮电机驱动能进一步减少驱动系统的部件,但由于轮毂电机和轮边电机的控制协调难度大,成本较高,在现代电动汽车中基本不再采用,未来可能成为发展趋势。

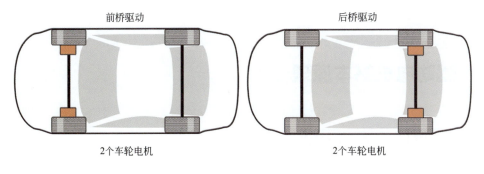
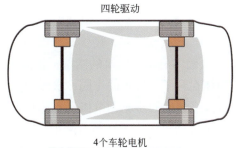

图 4-1-2　车轮电机驱动

中央传动系电机驱动与传统汽车的驱动布置形式相同。在纯电动汽车中，只需配备减速器。四轮驱动汽车则只需配备一根前桥驱动的驱动轴，或者使用第二台电机。中央传动系电机驱动如图 4-1-3 所示。

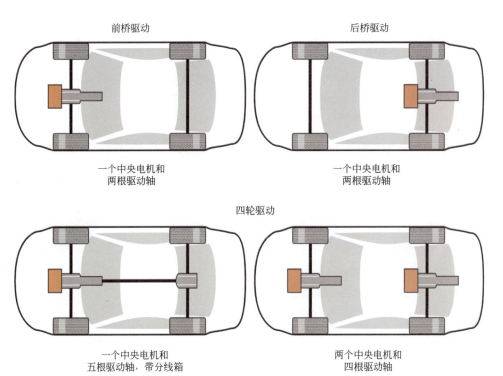

图 4-1-3　中央传动系电机驱动

4.2 驱动电机基本原理

4.2.1 永磁同步驱动电机

永磁同步驱动电机主要由定子、转子及机体三部分构成,如图4-2-1所示。定子绕组一般制成多相(三、四、五相不等),通常为三相绕组。三相绕组沿定子铁芯对称分布,在空间互差120°电角度,通入三相交流电时,产生旋转磁场。

转子采用永磁体,采用永磁体简化了电机的结构,提高了可靠性,又没有转子铜耗,提高了电机的效率。按永磁体在转子上位置的不同,永磁同步驱动电机的转子磁极结构主要分为两种:表面式和内置式。永磁同步驱动电机具有体积小和重量轻等优势,故得到广泛应用,目前国内外大多数纯电动汽车、混合动力汽车(包含插电式混合动力汽车)以及燃料电池汽车均采用永磁同步驱动电机。

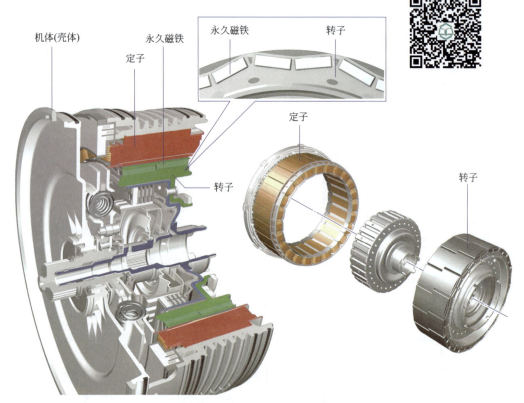

图 4-2-1　永磁同步驱动电机的组成

永磁同步驱动电机具有高功率密度、高效率、易散热、高可靠性和较好的动态性能等优点,是当前电动车辆用驱动电机的热点。永磁同步驱动电机分为交流永磁同步电机、直流无刷永磁电机、新型永磁电机三大类,目前在电动汽车中主要采用的是交流永磁同步电机。

典型的驱动电机结构如图4-2-2所示。该电机为永磁同步电机,具有效率高、体积小、重量轻及可靠性高等优点。永磁同步电机是电驱系统的重要执行机构,是电能与机械能转化的部件,依靠内置传感器来提供电机的工作信息,并将这些信息发送给电机控制器。

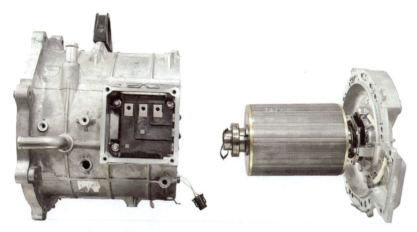

图 4-2-2 北汽 EV160 驱动电机

电机具有电动机和发电机的双重功能。电动机工作原理是电机控制器分别控制U相、V相和W相绕组,或者相邻绕组的通电、断电,在相应的绕组或相邻的绕组中产生磁场,永磁转子在磁场的作用下同步旋转,如图4-2-3所示。车辆减速时,永磁同步驱动电机起到发电机的作用。交流发电机的工作原理是车辆减速时,驱动轮通过传动装置反拖永磁同步驱动电机转子运转,旋转的永久转子磁场,分别切割U、V、W三相定子绕组,产生三相交流电,如图4-2-4所示。

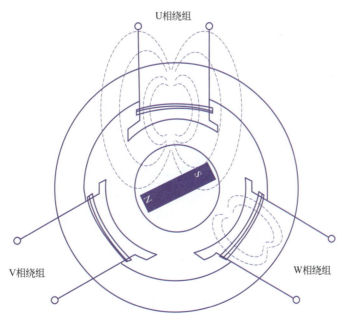

图 4-2-3 永磁同步驱动电机(电动机)工作原理

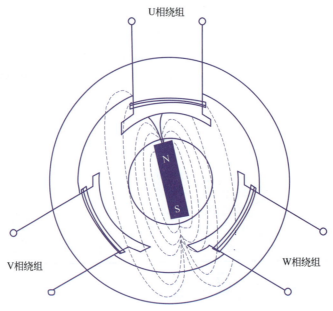

图 4-2-4 永磁同步驱动电机（发电机）工作原理

4.2.2 交流异步驱动电机

交流异步电机（交流感应电机）的种类很多，但各类三相异步电机的基本结构是相同的，它们都由定子和转子这两大基本部分组成。在定子和转子之间具有一定的气隙。此外，还有端盖、轴承、接线盒、吊环等附件。

交流异步驱动电机如图 4-2-5 所示。随着微电子技术、电力电子技术和自动化控制技术的快速发展，电动汽车的驱动电机采用交流感应电机的情况日益增多。国外对交流异步铸铜转子感应电机作为牵引驱动电机使用非常重视，它与直流电机相比，具有结构简单、坚固、体积小、质量轻、成本低、效率高且价格低廉等优势。电机的定子输入频率可在较大范围内变化，调速范围宽，是电动汽车用驱动电机较理想的选择，尤其是对驱动系统功率需求较大的电动客车。但交流感应电机在低速运行时，也存在效率低、发热严重、控制系统复杂等有待解决的技术问题。

交流感应电机有笼型转子式和绕线转子式两种。绕线转子式交流感应电机可通过改变外电路参数来改善其运行性能，但成本高、需要维护、耐久性能不足，因而没有笼型转子式交流感应电机应用那么广泛。特别是在纯电动汽车和混合动力汽车上，笼型转子式交流感应电机得到了广泛应用。电动汽车使用的交流感应驱动电机的额定电压一般为380V，其功率电动乘用车为20～80kW，电动商用车为100～150kW。电动汽车采用交流感应电机时，应合理选定电机的容量，尽可能地避免出现"大马拉小车"的现象。根据有关动力性能参数正确地予以选择，以尽量缩短电机空载运行时间。

目前国内外高性能电动汽车交流感应电机控制，主要有矢量控制和直接转矩控制两种控制方法。矢量控制方法已比较成熟，应用普遍，直接转矩控制方法有待于进一步完善。

特斯拉 Model S 的双电机驱动系统中后桥驱动电机采用交流异步驱动电机。北汽 EC180、幻速 206EV 物流车等也采用了交流异步驱动电机。

图 4-2-5　交流异步驱动电机

4.3 驱动电机控制系统

4.3.1　基本功能

电机控制器控制着动力电池到驱动电机之间的能量传递，采用 CAN 通信控制，同时采集电机位置信号和三相电流检测信号，精确地控制驱动电机运行。纯电动汽车电机控制器内部包含 DC/AC 逆变器、DC/DC 直流转换器（图 4-3-1），部分车型电机控制器还将车载充电器、高压配电装置、PTC 加热器控制器等集成在一起。其主要功能包括车辆怠速控制、车辆前进控制（电机正转）、车辆后退控制（电机反转）、DC/AC 控制等。

电机控制器是动力电机驱动系统的控制中心，又称智能功率模块，由外界控制信号接口电路、电机控制电路和驱动电路组成，包括 DSP 电机控制板、IGBT 驱动电路板、IGBT（IPM）模块、控制电源、散热系统等，一般安装在前机舱电机的上方。

IGBT 是电动汽车中的核心器件之一，是动力系统的重要组成部分。IGBT 主要应用于以下两个子系统：电机控制系统，大功率直流/交流（DC/AC）逆变后驱动汽车电机；车载空调控制系统，小功率直流/交流（DC/AC）逆变，使用电流较小的IGBT元件。

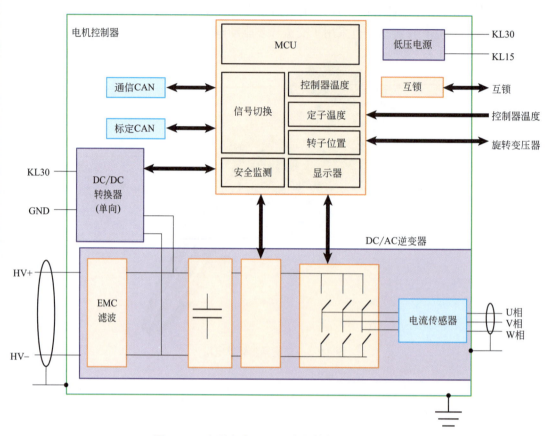

图 4-3-1　吉利帝豪 EV450 电机控制器结构原理

4.3.2　控制技术

（1）变流技术　电机控制器实际是电力电子变流器技术的应用，是电能的变换与控制技术。当纯电动汽车或混合动力汽车处于再生制动工况时将交流电变换为直流电为动力电池充电，称为整流技术；将动力电池的高压电转换成低压电（12V），为低压电路系统提供工作电源和为辅助电池充电；一种直流电，变换为另一种直流电，称为直流斩波或者直流/直流变换；车辆正常行驶时动力电池高压直流电转换成可供驱动电机工作的高压交流电，即直流电变换为交流电，称为逆变；将一种交流电变换为另一种交流电，称为交/交变流技术。

用于新能源汽车中的动力电力电子装置主要由大功率 DC/AC 逆变器构成，在燃料电池汽车中通常还有大功率 DC/DC 转换器，在深度混合动力轿车中也常常采用大功率双向 DC/DC 转换器，此外在各种电动汽车中还有小功率的 DC/DC 转换器，用于进行低压蓄电池的充电，或者采用中小功率 AC/DC 对动力高压蓄电池进行充电，AC/AC 交/交变流技术在电动汽车应用领域中相对较少采用。

（2）逆变技术　将直流电转换为交流电，向驱动电机提供工作电源，逆变电路输出的频率和电压的大小，取决于负载的实际需要，可以是定压定频的负载，也可以是调压调频的负载。

（3）再生制动技术　电动汽车在滑行或下坡时，利用汽车的惯性力，来带动电机从驱动状态转换为电机制动状态或转换为发电状态，将汽车滑行或下坡时的动能或者位能，在转换为电能的同时对汽车起电制动作用（相当于发动机制动），这其中有一部分能量是可以回收的。这是发动机汽车所不能实现的。电动汽车的重要节能措施之一即为能量的可回收。

图 4-3-2 所示为电动汽车的再生制动发电系统的组成。电动汽车安装此能量回收系统，能够有效发挥电动汽车的特点，回收车轮制动、下坡滑行、高速运行及减速运行等状态下的部分能量，将其转化为电能并给蓄电池充电，充分地使用能源，从而提高电动汽车的续驶里程。

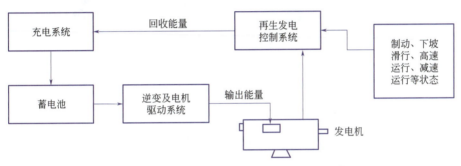

图 4-3-2　电动汽车再生制动发电系统的组成

（4）DC/DC 技术　在常规车辆中，交流发电机（使用发动机电源）用于为 12V 蓄电池充电并为电气设备供电，然而在纯电动汽车中没有发动机带动发电机，因此需要 DC/DC 转换器降低动力电池电压并为 12V 供电系统供电。

4.4 插电式混合动力汽车动力驱动系统

4.4.1 简介

插电式混合动力驱动系统要求需兼顾发动机、电机驱动系统功能，合理协调两者驱动形式。这里以比亚迪典型的 DM 双电机双模驱动系统为例介绍插电式混合动力汽车驱动系统。DM（dual mode）系统指双模驱动系统。比亚迪 DM 系统采用插电式混合动力，整车拥有发动机、前电机和后电机三个动力源，其中任意一个可以正常工作，均可驱动整车。当在混动工作模式下,发动机和电机共同驱动。比亚迪典型的DM双模驱动系统组成如图4-4-1所示。

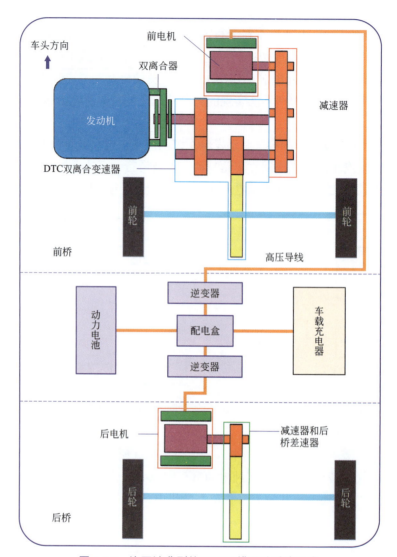

图4-4-1 比亚迪典型的DM双模驱动系统组成

比亚迪DM双模驱动系统有EV纯电动模式、HEV混动模式、HEV稳定发电模式和发动机单独驱动模式四种运行模式。

4.4.2 工作原理

(1) EV 纯电动模式 如图4-4-2所示,动力电池提供电能供电机驱动车辆,可以满足各种工况行驶,如起步、倒车、怠速、急加速及匀速行驶等,但在急加速、车速过高、爬坡、温度高、温度低、电量低等情况下,车辆可能会自动切换到HEV模式,如果继续使用EV模式行驶,可手动切换回EV模式。在温度高或温度低时建议继续使用HEV模式。

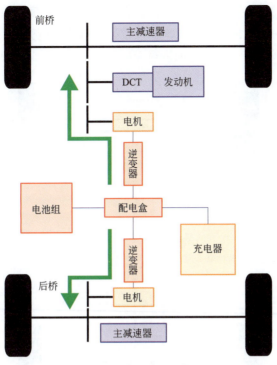

图 4-4-2　EV 纯电动模式

（2）HEV 混动模式　当驾驶员从 EV 模式切换到 HEV 模式后，车辆由发动机和电机共同驱动，实现了最佳的动力性，同时仍能保证混合动力系统具有良好的经济性。HEV 混动模式如图 4-4-3 所示。

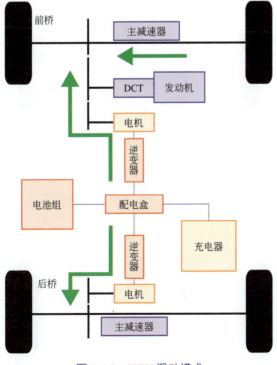

图 4-4-3　HEV 混动模式

（3）**HEV 稳定发电模式** 当电量不足时，系统从 EV 模式自行切换到 HEV 模式，如图 4-4-4 所示。使用发动机驱动，在车辆以较稳定的速度行驶时，发动机输出的一部分转矩会驱动电机进行发电，对动力电池进行充电。

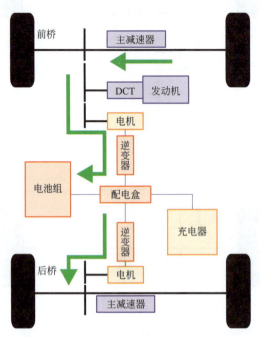

图 4-4-4　HEV 稳定发电模式

（4）**发动机单独驱动模式** 当高压系统故障时，可单独使用发动机驱动，实现了高压系统的独立性，如图 4-4-5 所示。如果在低温环境中行驶，最好单独使用发动机驱动车

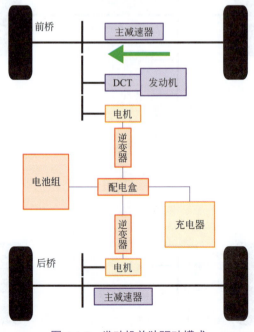

图 4-4-5　发动机单独驱动模式

辆，因为动力电池在低温环境下的性能会下降。为防止动力电池损坏，会出现如下情况：温度在 -30℃以下时，动力电池将无法进行充放电；温度在 -20 ～ -30℃之间时，动力电池可以放电但无法充电；温度在 -20℃以上时，动力电池可以充放电。

4.5 常见车型驱动电机结构原理

4.5.1 吉利新能源

吉利帝豪 EV300/EV350/EV450、吉利帝豪 GSe 车型驱动电机采用永磁同步驱动电机，电机型号相同，调校参数略有不同，见表 4-5-1。

表 4-5-1 吉利新能源汽车驱动电机参数

车型	项目	参数
EV300/EV350/EV450、帝豪 GSe	额定功率	42kW
	峰值功率	95kW（EV300）120kW（EV350/EV450、帝豪 GSe）
	额定转矩	105N·m
	峰值转矩	240N·m（EV300）250N·m（EV350/EV450、帝豪 GSe）
	额定转速	4000r/min（EV300）4200r/min（EV350/EV450、帝豪 GSe）
	峰值转速	11000r/min（EV300）12000r/min（EV350/EV450、帝豪 GSe）
	电机旋转方向	从轴伸端看电机逆时针旋转
	温度传感器类型	NTC

吉利帝豪 EV300/EV350/EV450 驱动电机与电机控制器一起安装在前机舱靠右的位置，如图 4-5-1 所示。

驱动电机由转子总成、旋转变压器转子、定子壳体总成、后端盖总成以及轴承、挡圈等组成，如图 4-5-2 所示。

吉利帝豪 PHEV 车型驱动系统采用了双电机耦合式动力合成箱。双电机（E1、E2）布置在动力合成箱的同一侧，均为内置式交流永磁同步电机。电机采用独特的冷却方式，定子端部绕组油冷喷淋，同时通过转子支架内部油道对转子直接冷却。电机 E1、E2 外观如图 4-5-3 所示。动力合成箱结构如图 4-5-4 所示。

图 4-5-1　吉利帝豪 EV300/EV350/EV450 驱动电机安装位置

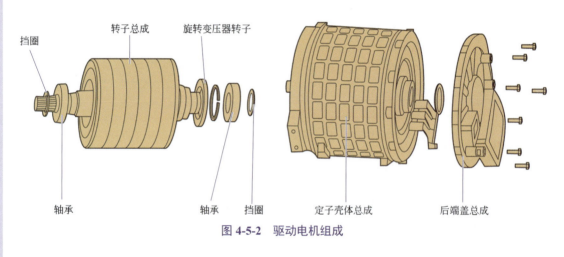

图 4-5-2　驱动电机组成

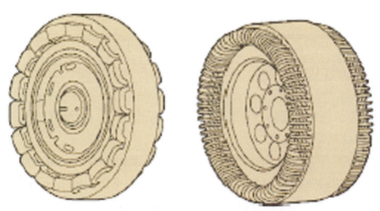

图 4-5-3　电机 E1、E2 外观

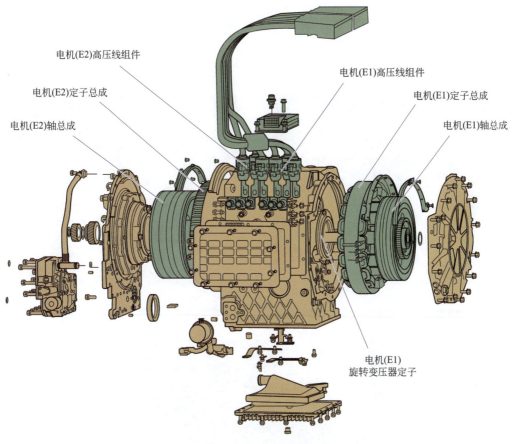

图 4-5-4　吉利帝豪 PHEV 动力合成箱结构

4.5.2　比亚迪新能源

比亚迪 e5、秦 EV 永磁同步驱动电机安装在前机舱内，电机参数见表 4-5-2。

表 4-5-2　比亚迪 e5、秦 EV 驱动电机参数

项目	参数
额定转矩	160N·m（0～4929r/min 时）
最大输出转矩	310N·m（0～4775r/min 时）
额定功率	80kW（4775～12000r/min 时）
最大输出功率	160kW（4929～12000r/min 时）
最大输出转速	12000r/min
总成总质量	103kg

驱动电机采用水冷方式，由转子和定子、温度传感器、旋转变压器及壳体等组成，如图 4-5-5 所示。

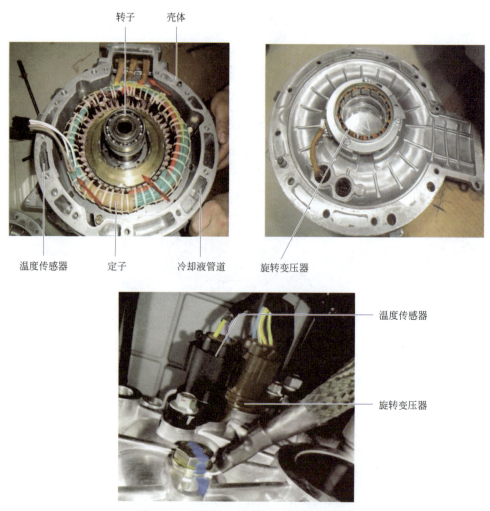

图 4-5-5　比亚迪 e5、秦 EV 驱动电机结构

4.5.3　广汽新能源

广汽传祺 GE3 及 GA3S PHEV、GS4 PHEV 车型驱动电机均采用了永磁同步电机，主要区别在于传祺 GE3 为纯电动汽车，驱动电机是车辆的唯一动力源，GA3S PHEV 和 GS4 PHEV 为混合动力汽车，带有机电耦合变速器，电机的控制更加复杂。驱动电机参数见表 4-5-3。

GA3S PHEV、GS4 PHEV 车型机电耦合系统将驱动电机、发电机、离合器、传动齿轮及差速器集成为一体。发动机与发电机（ISG）同轴，双电机并排布置，单速比传动，通过离合器/制动器的控制实现纯电动、增程、混动等多种模式。GA3S PHEV、GS4 PHEV 车型的机电耦合系统如图 4-5-6 所示。

表 4-5-3 广汽新能源汽车驱动电机参数

项目	参数				
	GE3	GA3S PHEV		GS4 PHEV	
	驱动电机	驱动电机	发动机	驱动电机	发动机
额定功率/kW	50	55	50	55	50
转矩/（N·m）	120	120	100	120	100
峰值功率/kW	132	130	70	130	70
基转速/（r/min）	12000（最大）	4138	5570	4138	5570
最大转矩/（N·m）	290	300	120	300	120
冷却方式	液冷	液冷	液冷	液冷	液冷

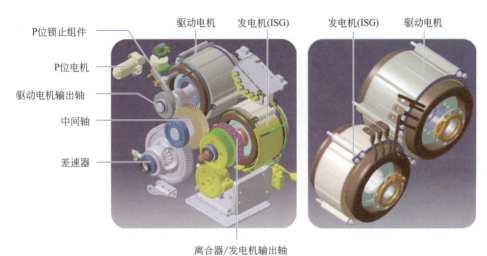

图 4-5-6 广汽传祺 GA3S PHEV、GS4 PHEV 车型机电耦合系统

第 5 章

热能管理系统

5.1 热能管理系统

5.1.1 电动汽车冷却系统基本原理

新能源汽车在行驶过程中,高压系统会产生大量的热量,而动力电池、驱动电机等在高温环境下工作会减少使用寿命,所以需要有一套有效的体积、重量和尺寸合理的冷却系统。图 5-1-1～图 5-1-3 所示分别为宝马 F18 PHEV 电动汽车动力电池、驱动电机和电机控制器冷却系统。

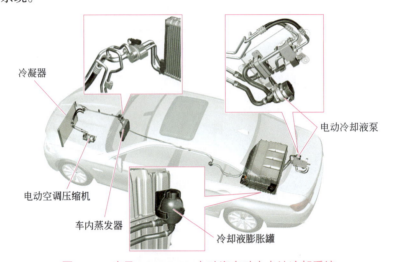

图 5-1-1 宝马 F18 PHEV 电动汽车动力电池冷却系统

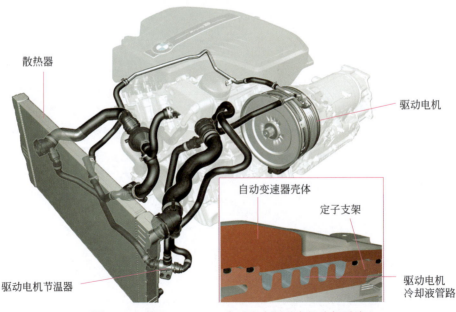

图 5-1-2 宝马 F18 PHEV 电动汽车驱动电机冷却系统

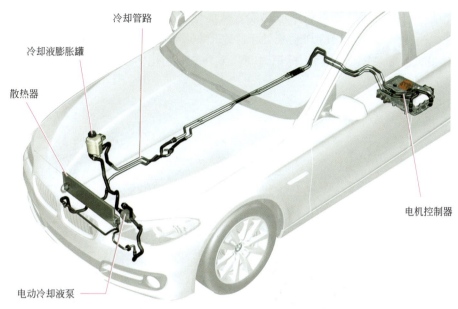

图 5-1-3 宝马 F18 PHEV 电动汽车电机控制器冷却系统

电机的温度上升到一定程度时,电机的绝缘材料会发生本质上的变化,最终使其失去绝缘能力。金属构件的强度和硬度也会随着电机温度的升高而降低,可能会造成电机的损坏。电机附近的电子元件也会随着温度升高而性能下降,可能会烧毁元器件。动力电池工作产生的热量如不及时散发,会使动力电池的活性下降,电量输出受到限制,更严重者会出现起火燃烧现象。

5.1.2 电动汽车冷却系统基本组成

电动汽车冷却系统主要由电动冷却液泵、散热器及冷却管路、膨胀罐、冷却液等组成。

(1) **电动冷却液泵** 是冷却液循环的动力元件,电动冷却液泵的作用是对冷却液进行加压,促使冷却液在冷却系统中循环,带走系统散发的热量。冷却液泵多为直流电机,宝马 F18 PHEV 动力电池冷却系统冷却液泵功率为 50W,使用一个支架固定在冷却装置上,安装于行李厢凹槽的右侧,如图 5-1-4 所示。

(2) **散热器及冷却管路** 散热器起到将冷却液携带的来自动力电池、电机及控制器的热量散发出去的作用。冷却液在冷却管路中循环流动。吉利帝豪 PHEV 车型的散热器有两条冷却路线:一条是给电机控制器和车载充电器进行冷却;另一条是通过电动冷却液泵为动力电池散热。冷却管路包括动力电池散热器进水管、连接硬管、电动冷却液泵进水管和动力电池进、出水管等。

(3) **膨胀罐** 类似于前风窗玻璃清洗剂罐,膨胀罐总成通过水管与散热器连接。随着冷却液的温度逐渐升高,部分冷却液因膨胀而从散热器和驱动电机中流入膨胀罐总成。散热器和液道中滞留的空气也被排入膨胀罐总成。车辆停止后,冷却液自动冷却并收缩，先前排出的冷却液则被吸回散热器，从而使散热器中的冷却液一直保持在合适的液位，并提高冷却效率。当冷却系统处于冷态时，冷却液的液位应保持在膨胀罐总成上的"L"（最低）和"F"（最高）标记之间。宝马 F18 PHEV 动力电池冷却系统膨胀罐如图 5-1-5 所示。

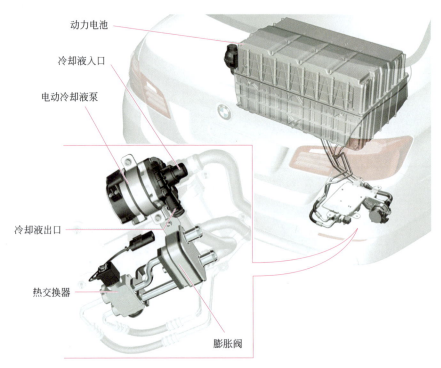

图 5-1-4 电动冷却液泵安装位置

图 5-1-5 宝马 F18 PHEV 动力电池冷却系统膨胀罐

（4）**冷却液** 一般采用符合要求的乙二醇型电机冷却液（防冻液），冰点为 -40℃，严禁使用普通水代替。

5.2 动力电池热能管理系统

5.2.1 动力电池冷却系统

动力电池冷却系统有自然冷却式、强制风冷式、空调制冷剂冷却式和水冷式。

5.2.1.1 自然冷却系统

自然冷却是利用空气的自然对流换热，将动力电池、电池模组或电池单体的热量传递到周围空气中，从而在一定程度上降低电池单体的温度。由于空气的导热系数较低，且自然对流的流动也较弱，因此自然冷却的散热效率一般较低。自然冷却方式虽然冷却效率较低，但这种方式的成本较低，所占的空间较小，电池单体间的温差较小（无外部热源时）。在电池系统运行工况缓和、成本控制要求较高以及留给热能管理系统的空间十分有限的情况下，自然冷却方式是一种可取的选择。

虽然自然冷却属于利用空气自然对流的一种被动冷却方式，但仍需要进行设计。设计的思路一般是先将电池单体的热量从模组内部传导到模组外部，然后再将这些热量传导到箱体外部，其中尤以模组的热设计最为重要。下面分别对长方形模组、软包模组和圆柱形模组的自然冷却设计进行介绍。

(1) 长方形模组 根据长方形电芯的成组特点，一般在电芯与模组金属底板之间增加可以压缩的导热胶层，从而在电芯与模组金属底板之间建立一条传热效率较高的导热路径，并将电芯产生的热量传递到金属底板上，然后将热量传递到模组外部，如图 5-2-1 所示。

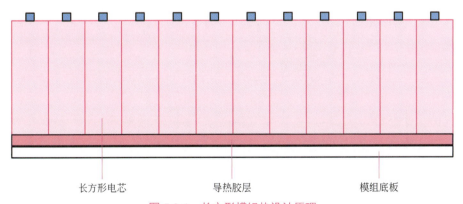

图 5-2-1 长方形模组热设计原理

(2) 软包模组 软包电芯的特点是厚度相对较小，宽度和长度较大，因此会利用电芯的大面（即电芯宽度方向和长度方向形成的面）进行热设计。如图 5-2-2 所示，在两个软包电芯之间安装导热的金属板，并将电芯产生的热量传递到金属板，然后通过金属板将热量传递到模组外部。

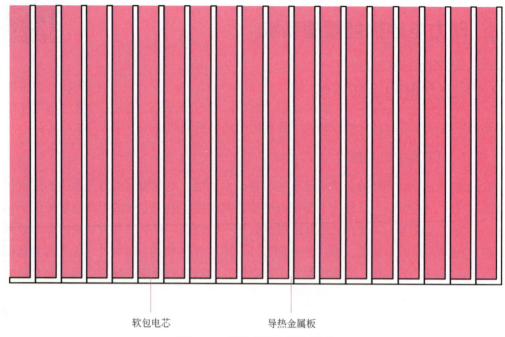

图 5-2-2 软包模组热设计原理

（3）圆柱形模组　在成组过程中，圆柱形电芯的正极和负极往往会与汇流排焊接，因此可用于热设计的只有电芯的圆柱面。一般情况下，在成组过程中将电芯之间的距离保持在一定值，并采用错排的方式进一步增加电芯的间距（图 5-2-3），同时将模组的塑料外框镂空。这样，电芯产生的热量通过圆柱面传递到模组内部空气中，然后通过对流传递到模组外部。

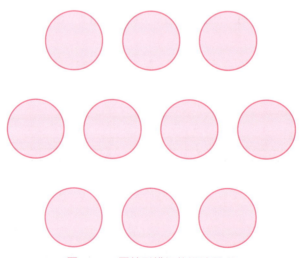

图 5-2-3 圆柱形模组热设计原理

电芯单体产生的热量传递到模组外部之后，热量还在箱体内部，还需要通过箱体本身传递到箱体外部。在进行箱体设计时,需要优化模组与箱体之间的热量传递效率。相对于模组热设计来说,箱体的热设计较为简单,在此不进行详细描述,有兴趣的读者可以参阅相关文献。

自然冷却的设计过程如果借助热流体仿真分析工具,则可在设计时获取电池系统内部的温度分布,并为优化设计提供指导。图 5-2-4 所示为电池系统的热流体仿真分析,该电池系统采用自然冷却方式进行散热,热设计目标为电芯的最大温升小于 10℃,电芯之间的最大温差小于 5℃。仿真结果表明:在电池系统运行在特定工况时,箱体内部电芯的最大温升为 7.5℃,电芯之间的最大温差为 2.4℃,满足设计要求。

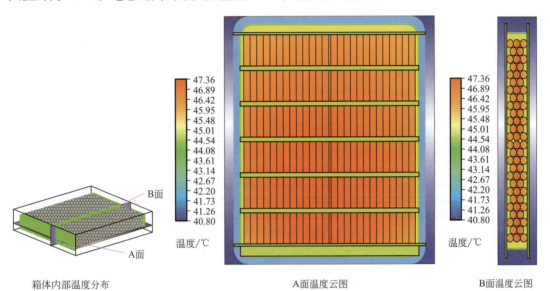

图 5-2-4　某电池系统温度分布云图(仿真分析)

5.2.1.2　强制风冷系统

强制风冷是通过风扇将空气引入箱体内部,空气在风扇的作用下,以一定的流速掠过模组或者电芯的外表面,并将电芯产生的热量散入到环境空气中。强制风冷方式常见于早期的纯电动乘用车、纯电动大巴以及储能系统。

(1) 风道设计　对于强制风冷系统设计来说,风道的设计是十分关键的。良好的风道设计不仅可以提高散热的均匀性,而且还可以降低系统的流动阻力。

从散热界面来看,强制风冷系统的风道设计可以分为电芯间隙风冷和电芯底部风冷。图 5-2-5(a)所示为电芯间隙风冷原理,冷风以一定速率流过电芯间隙并将电芯产生的热量传递到周围环境中;图 5-2-5(b)所示为电芯底部风冷原理,电芯产生的热量先通过导热的方式传递到电芯底部的冷却风道上,然后通过空气的强制对流换热将热量传递到周围环境中。上述两种风道各有优缺点:对于电芯间隙风冷来说,风道的设计过程相对来说比较简单,但系统的流动阻力往往比较大;对于电芯底部风冷来说,风道比较规则,因此系统的流动阻力比较小,并且可以在风道中设计散热翅片以强化换热。

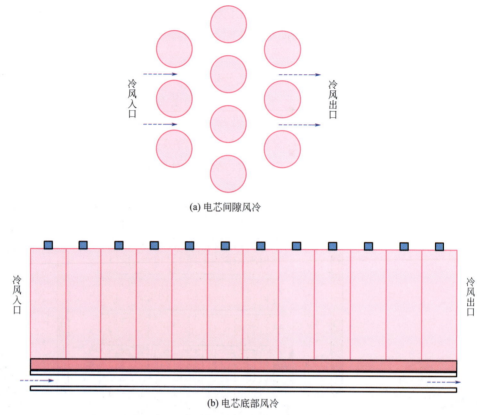

图 5-2-5 电芯间隙风冷和电芯底部风冷原理

根据空气的流动形式,强制风冷系统的风道可以分为串行方式和并行方式。串行方式的优点是结构简单,缺点是散热均匀性差,且系统流动阻力比较大;相对于串行方式,并行方式的散热均匀性更好一些,且流动阻力比较小,但并行方式的结构较为复杂,占据的空间也更大。图 5-2-6(a)所示为电芯间隙冷却情况下串行方式的原理,在这种方式下,冷风逐一掠过电芯并将电芯的热量带走,同时冷风每掠过一个电芯自身的温度就会升高,因此这种方式会使电芯间的温差增大,此外系统的流动阻力也比较大;图 5-2-6(b)所示为电芯间隙冷却情况下并行方式的原理,在这种冷却方式下,冷风并行掠过电芯并将电芯的热量带走,因此电芯间的温差得到了控制,且系统的流动阻力比较小。对于电芯底部冷却的情况,其串行方式和并行方式也有相同的特点,只是情况会稍微简单一些,在此不再一一说明了。

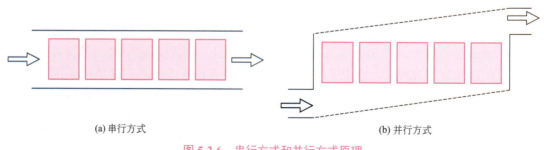

图 5-2-6 串行方式和并行方式原理

(2) 风扇选型 在强制风冷系统设计过程中，除了设计冷却风道外，选择合适的风扇也非常重要。对于风扇的选型，最重要的是所选用的风扇必须能够提供足够的升力以保证系统有足够的冷却空气流量。风扇选型时还需要考虑如下的因素：用于电池系统的风扇通常是直流供电，电压一般为12V或24V；根据运行方式，风扇可以分为轴流式风扇、离心式风扇和混流式风扇，这三种风扇在使用过程中各有利弊，需要根据实际情况进行选择；此外，还需要考虑风扇的尺寸、重量、噪声、功耗和成本等因素。

(3) 冷却空气温度选择 用于冷却电池系统的空气，可以是从环境中引入的，也可以是经过热交换器冷却后引入的。这两种方式的差别很明显：第一种方式的成本和能耗较低，但散热效率也较低；第二种方式的散热效率相对较高，但增加了成本和能耗。就目前的风冷应用来说，第一种方式主要用于储能，第二种方式更多地用于纯电动乘用车和纯电动大巴。

图 5-2-7 所示为第二种方式的工作原理，环境中的空气经过整车空调冷却后进入乘客舱，随后通入电池系统对电池包进行冷却，最后通过风扇将其排入环境空气中。一般情况下，夏天乘客舱的温度在 20～25℃范围内，引入电池系统风道的冷却风约为 22℃，而环境空气的温度可以达到 35～40℃，因此不难发现第二种方式的冷却效果明显优于第一种方式。

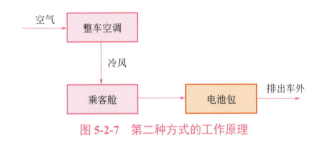

图 5-2-7 第二种方式的工作原理

5.2.1.3 空调制冷剂冷却系统

在高端电动汽车中动力电池内部有与空调系统连通的制冷剂循环回路。宝马 i8/i3 空调系统的制冷剂循环回路由两个并联支路构成，一个用于车内冷却，另一个用于动力电池单元冷却。每条支路都有一个膨胀和截止组合阀，用于相互独立地控制冷却功能。蓄能器管理电子装置可通过施加电压控制并打开动力电池单元上的膨胀和截止组合阀，这样可使制冷剂流入动力电池单元内，在此膨胀、蒸发和吸收环境热量。车内冷却同样根据需要来进行。蒸发器前的膨胀和截止组合阀同样可以电气方式进行控制，但由电机电子装置 EME 进行控制。

宝马 i8 动力电池冷却系统原理如图 5-2-8 所示。

5.2.1.4 水冷系统

水冷式动力电池冷却系统是使用特殊的冷却液在动力电池内部的冷却液管路中流动，将动力电池产生的热量传递给冷却液，从而降低动力电池的温度。

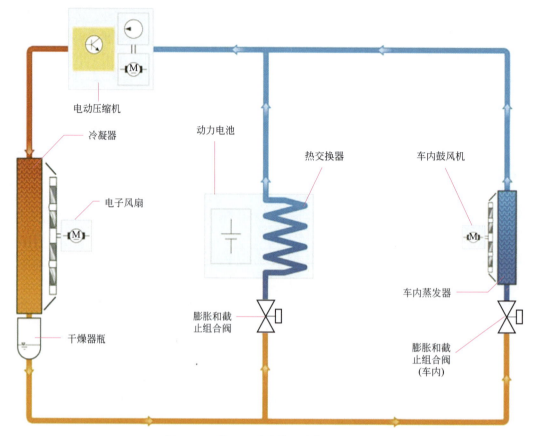

图 5-2-8　宝马 i8 动力电池冷却系统原理

5.2.2　动力电池加热系统

锂离子电池在温度较低的环境充电时,在电池负极的 Li^+ 容易以金属锂的形式析出。这种反应是不可逆的,它不但消耗了电池内部的 Li^+,此外,析出的锂以枝晶的形式生长在电池负极并不断生长,这种不断生长的枝晶存在着刺穿隔离膜致使电池短路的风险。为了避免不好的情况发生,在低温环境需要对锂离子电池充电时,一般会采取两种方法:一种方法是降低充电电流;另一种方法是对锂离子电池加热。对于这两种方法,前者的效果有限且会在很大程度上增加充电时间,后者则需要通过合理的设计以保证高效、可靠和快速地充电。

目前,常见的锂离子电池加热方式有三种(图 5-2-9):电加热膜加热、PTC 加热和液热。这三种加热方式的特点见表 5-2-1。

表 5-2-1　锂离子电池三种加热方式的特点

项目	加热方式		
	电加热膜	PTC	液热
加热特点	恒功率加热	自控温加热	对流/导热加热

续表

项目	加热方式		
	电加热膜	PTC	液热
空间限制（厚度）	0.3～2mm	5～8mm	集成在内
干烧温度	60～130℃	60～80℃	25～40℃
升温速率	0.15～0.3℃/min	0.15～0.3℃/min	0.3～0.6℃/min
均匀性（电池温差）	约8℃	约10℃	约5℃

(a) 电加热膜

(b) PTC

(c) 液热

图 5-2-9　锂离子电池的加热方式

5.2.2.1　动力电池加热需求

加热系统设计除了要满足功能需求外，还要满足安全和寿命等需求。

(1) **功能需求**　加热系统的功能是快速地将电池系统中所有电池单体加热到特定的温度，并保证加热过程中电池单体温度的一致性。因此，与之对应的两个功能需求参数是电池单体的升温速率和电池单体间的温差。

对升温速率和加热均匀性的控制目标需要根据客户的需求和电芯本身的特性来定。一般要求电池单体的升温速率在 0.15～0.8℃/min 范围内，电池单体间的温差控制在 10～15℃以内。

(2) **安全需求**　当锂离子电池的温度超过一定限值后，其内部会出现副反应和元件失效，这些副反应和失效是诱发安全事故的主要因素。加热系统直接面对的是锂离子电池，是锂离子电池温度升高的主要热源（加热过程中），因此加热系统的管控尤为重要。

加热系统的管控主要从两个方面出发：一是尽量保证加热回路的控制不出现失效；二是设计合理的干烧温度，这样即使加热回路控制失效，加热系统的温度达到干烧温度后不再上升，以确保安全。

加热回路的控制一般有两种方法：其一是加热回路中串入熔丝，当电流超过额定电流一定值后切断加热回路；其二是采用双继电器模式，从而减少继电器粘连的风险。

干烧温度设计是加热系统安全设计的一个重要参数。干烧温度是指加热系统在额定工况下持续运行，其本身温度或电池温度的最大值，前者称为加热系统干烧温度，后者称为电池单体干烧温度。干烧温度必须设计在锂离子电池极限工作温度以下，以确保加热回路控制失效时锂离子电池不出现热失控和失效。一般情况下电池的温度不允许超过85℃，加热系统的干烧温度控制在65℃以下。

（3）寿命需求 作为汽车的一个零部件，加热系统的使用寿命应不低于整车的使用寿命。

5.2.2.2 电加热膜加热功能

电加热膜已经广泛地用于建筑业、农业和家庭用户制热。随着电动汽车应用的推广，近年来电加热膜开始用于电动汽车电池的加热。

电加热膜一般由电阻丝、绝缘包覆层、引出导线和插接件组成，在有些情况下，为了便于安装，包覆层的外表面会加上一层胶。电阻丝一般为镍铬合金和铁铬铝合金，在有成本要求时也会采用304不锈钢。绝缘包覆层一般为聚酰亚胺、硅胶和环氧树脂，这三种材料的包覆层都可以起到绝缘的作用，但又有各自不同的特点：聚酰亚胺电加热膜的厚度可以做到0.3mm，且具备耐腐蚀性，但缺点是容易被毛刺刺穿从而导致绝缘失效；硅胶电加热膜不易被毛刺刺穿，其厚度一般在1.5mm以上，且不耐磨也不耐电解液腐蚀；环氧树脂电加热膜不易被毛刺刺穿，耐磨也耐腐蚀，厚度一般也在1.5mm以上，但其硬度高，内应力大。

5.2.3 动力电池保温系统

动力电池在高温环境和低温环境中工作时，良好的保温系统是不可缺少的。保温设计主要是为了隔绝外部的热量。常见的保温材料有聚苯乙烯、隔热棉、气凝胶毡、真空隔热板等，其导热系数见表5-2-2。导热系数越小，保温性能越好，相对成本也越高。

表5-2-2 常见保温材料导热系数

材料	导热系数/[W/(m·K)]
聚苯乙烯	0.08
隔热棉	≤0.034
气凝胶毡	0.017～0.023
真空隔热板	0.004

一般情况下动力电池最初级的保温是电池模块的保温，也是比较重要的保温环节。长方形电池模块保温设计原理如图 5-2-10 所示，电池单体与外界进行热交换主要通过两条路径来完成。第一条路径是通过长方形电池单体的大面积将热量传递到模组端板，然后从端板传递到动力电池箱体，最后传递到环境中。第二条路径是热量通过电池底部传递到冷却通道，然后通过冷却通道传递给动力电池箱体，最后传递到环境中。这些热传递的路径是可逆的，电池能够通过这两条路径传递出热量，环境中的热量也能反向通过这两条路径传递给动力电池，所以需要在这两条路径中找到切入点，进行保温设计。第一条路径通过保温层 1 进行保温，第二条路径通过保温层 2 进行保温，这样整个电池模组的整个路径中的换热效率将大幅度降低，从而起到保温作用。

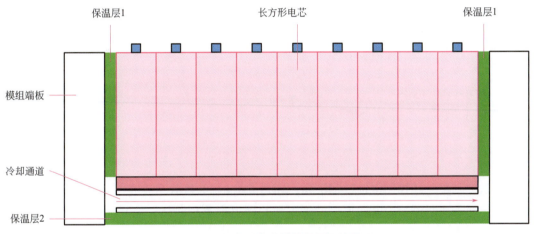

图 5-2-10　长方形电池模块保温设计原理

5.3 驱动系统冷却系统

与内燃机相比，驱动电机系统在启动时（READY 为 ON 时）不会产生过多热量，而且几乎不产生功率。然而当以最大功率运行时，变频器可能会迅速产生大量热。所以几乎所有驱动电机系统都配有某种类型的冷却系统。驱动电机系统可以采用风冷和水冷两种冷却方式。目前新能源汽车普遍采用水冷系统。

吉利帝豪 EV300/EV450 电机控制器、车载充电器、驱动电机等采用水冷方式。冷却系统由电动冷却液泵、膨胀罐、散热器、冷却液管路等组成。电动冷却液泵由低压电路驱动，为冷却液的循环提供压力。吉利帝豪 EV300 高压组件冷却系统组成如图 5-3-1 所示。

冷却系统散热器风扇采用双风扇高低速的控制模式，通过两个不同的电机驱动扇叶。冷却风扇由整车控制单元（VCU）利用冷却风扇低速继电器和冷却风扇高速继电器直接控制，在低速电路中，采用串联调速电阻的方式来改变风扇的转速。

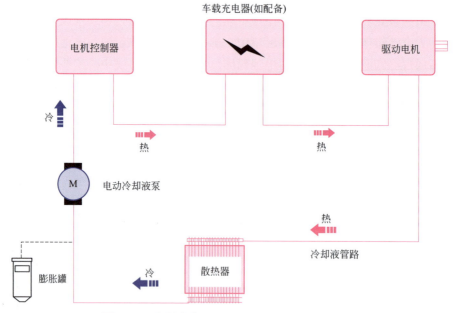

图 5-3-1 吉利帝豪 EV300 高压组件冷却系统组成

整车控制单元还控制电动冷却液泵，通过 CAN 总线接收车载充电器和电机控制器温度信息，在需要时开启冷却液泵、并通过散热器风扇进行散热，控制系统原理如图 5-3-2 所示。

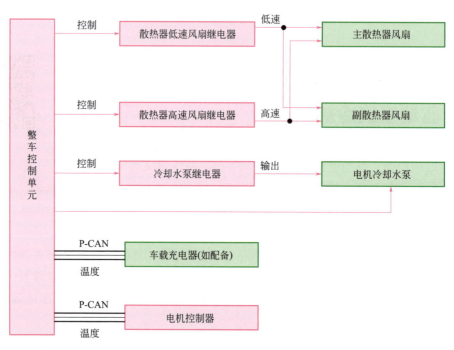

图 5-3-2 控制系统原理

宝马X1（F49 PHEV）插电式混合动力汽车安装的3缸1.5T涡轮增压发动机需要冷却，因此高压系统搭载了一套专用低温冷却回路。这套专用的低温冷却回路由冷却液/空气热交换器、冷却液膨胀箱、电动冷却液泵以及相关管路等组成，独立于发动机冷却系统之外工作，用于冷却高压启动电动发电机、车载充电器、电机电子装置（电机控制器）、驱动电机等高压组件，冷却系统组成如图5-3-3所示。

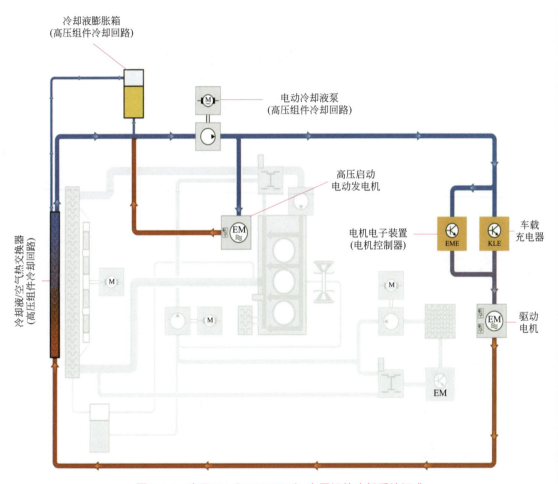

图 5-3-3　宝马 X1（F49 PHEV）高压组件冷却系统组成

高压组件冷却系统安装位置如图5-3-4所示。冷却液/空气热交换器与冷却模块集成为一体。根据电机电子装置（电机控制器）的冷却要求，启用电动冷却液泵及风扇，从而降低高压组件温度。虽然驱动电机的设计温度范围较大，但是为了保障其在任何条件下热操作的安全性，必须采用可靠的冷却方式进行散热。为了冷却驱动电机定子线圈，在定子和驱动电机壳罩之间设计了一条冷却液管道，高压组件的低温冷却液回路为冷却液管道提供冷却液。驱动电机转子通过转子空气循环冷却系统进行冷却。在这种配置条件下，空气流过转子中的冷却液管道以及壳罩内的冷却液管道，空气在壳罩内被冷却液冷却。这就确保了一个更为平衡和偏低的转子温度。

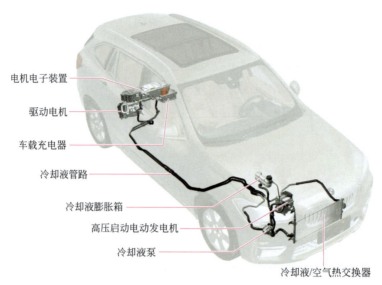

图 5-3-4　高压组件冷却系统安装位置

5.4 车载充电器冷却系统

车载充电器一般采取自然冷却，也有车型采用水冷方式，如吉利帝豪 EV450。图 5-4-1 所示为吉利帝豪 EV450 的冷却系统。

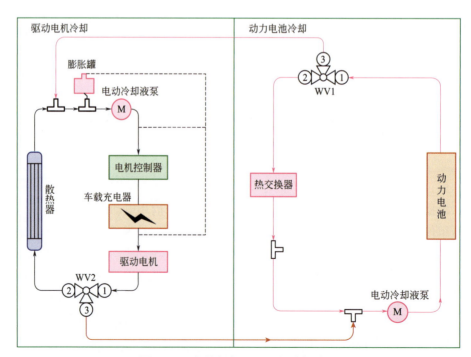

图 5-4-1　吉利帝豪 EV450 的冷却系统

第 6 章

底盘

6.1 电动汽车底盘特点

传统汽车底盘由传动系统、行驶系统、转向系统和制动系统四部分组成，底盘的作用是承载汽车发动机及其各部件、总成，形成汽车的整体造型，并接收发动机的动力，使汽车产生运动，保证正常行驶，而电动汽车底盘主要由主能源系统和电力驱动系统组成。主能源系统由主电源和能量管理系统构成，能管理系统是实现电源利用控制、能量再生、协调控制等功能的关键部件。电力驱动系统由电控系统、电机、机械传动系统和驱动车轮等部分组成。电动汽车底盘与传统汽车底盘的区别主要体现在以下几方面。

(1) **传动系统不同** 变速传动系统是电动汽车驱动子系统的一个重要部件，它指的是驱动电机转轴和车轮之间的机械连接部分。对于传统汽车来说，变速器是必要的部件，设计时主要考虑采用什么类型的变速器。但对于电动汽车而言，由于驱动电机的转矩和转速完全可以由电子控制器进行全范围的控制，因此变速系统的设计就可以有多种不同的选择，既可用传统的变速齿轮箱变速，还可以用电子驱动器控制电机直接变速。究竟采用哪种方案，主要应依据电动汽车的能量和经济性，也涉及电机和控制器的设计。

为了提高电动汽车的传动效率，开发了电动汽车专用的电机和变速传动一体化的双速或三速自动传动桥。先进的双速电机/多速传动桥将变速齿轮组与高速异步电机完全结合为一体，并且直接安装在电动汽车驱动轮的驱动轴上，构成重量轻、体积小、效率高、结构紧凑和成本低廉的传动系统。

(2) **能源供给系统不同** 与传统汽车相比，电动汽车的特点是结构灵活。传统汽车的主要能源为汽油和柴油，而电动汽车是采用电力能源，由电力源和电动机驱动的，电力驱动及控制系统是电动汽车的核心，也是区别于传统汽车的最大不同点。传统汽车的能量是通过刚性联轴器和转轴传递的，而电动汽车的能量是通过柔性的电缆传输的。因此，电动汽车各部件的放置具有很大的灵活性。

(3) **动力系统不同** 电动汽车经过近20年的快速发展，在能源动力系统方面形成了具有特色的三大类动力系统结构技术特点。

纯电动汽车、混合动力汽车和燃料电池汽车是目前电动汽车领域的三大类，混合动力汽车被国内外各大汽车企业最早列入产业化计划，并联混合动力和混联混合动力是被电动汽车广泛采用的主流动力系统结构。近几年，随着储能电池技术水平的飞速发展，以车载动力蓄电池提供电能驱动的纯电动汽车得到快速发展，多个电机驱动的动力分散结构的纯电动动力系统受到国内外研究机构的广泛关注。以氢和氧通过电极反应转换成电能驱动的燃料电池汽车，采用电-电混合动力结构，是新能源汽车的重要发展方向之一。

(4) **底盘电子化、模块化与智能化** 电动汽车采用电力能源，电气化技术对汽车结构性能的创新提供更多的可能性。底盘系统将逐步采用电动化执行部件，结构也会随之发生革新，并将推动汽车模块化、智能化的发展。

通用开发的电动汽车"AUTOnomy"是一个典型的底盘与动力系统集成一体化的创新例子。该车车身与底盘分开，底盘与动力系统集成在一个滑板中，驱动系统和控制系统都设计在底盘上，采用了线控技术，使车辆操控系统、制动系统和其他车载系统都通过电子控制而非传统机械方式控制，车身与底盘仅通过软件接口连接，全面实现了底盘的电动化。

电动汽车采用安装在车轮内的电机直接驱动，可实现动力分散控制。与传统汽车和单一电机中央驱动的电动汽车相比，四轮驱动方式实现了各车轮的独立分散驱动，各车轮均可实现制动能量回收，还可省去变速器、离合器、传动轴等复杂的机械传动装置，传动效率提高。

（5）**变速系统不同**　与传统汽车的自动变速器相比，电动汽车的自动变速传动桥同样包括盘形和带形离合器、行星齿轮、差速器、执行离合动作的液压系统、润滑油以及冷却系统。自动变速传动桥可以用微处理器实现转轴的全电子控制。挡位选择器为驾驶员提供了各种情况下驾驶的不同选择。控制器将根据驾驶员所挂的挡位自动决定变速齿轮在哪一级变速挡上，并将适当的信号送到液压控制系统以及执行变速控制。由于交流异步驱动电机的转动惯量低并有理想的转矩特性，使控制变速桥进行平滑的自动变速变得更容易。

（6）**制动系统不同**　电动汽车的制动装置同传统汽车一样，是为汽车减速或停止而设置的，通常由制动器及其操纵装置组成。电动汽车将惯性能量通过传动系统传递给电机，电机以发电方式工作，为动力电池充电，实现制动能量的再生利用。与此同时，产生的电机制动力矩又可通过传动系统对驱动轮施加制动，产生制动力。

传统汽车在制动时是将汽车的惯性能量通过制动片的摩擦转化成热能散发到周围环境中去。对于电动汽车而言。由于电机具有可逆性，即电动机在特定的条件下可以转变成发电机运行，因此可以在制动时采用回馈制动的方法，使电机运动在发电状态，通过设计好的电力装置将制动产生的回馈电流充入储能装置中，这样就可以回收一部分可观的惯性能量，提高电动汽车的续驶里程。

6.2 传动系统

6.2.1　结构与原理

与传统汽车不同，电动汽车电机的启动转矩非常大，足以满足汽车起步并提速的需求，因此电动汽车上没有传统汽车的机械变速器，不需要利用齿轮机构将电机的输出转矩放大，只要控制好电机的转速即可实现电动汽车的变速。也就是说，只使用电控系统就能实现电动汽车的变速。电动汽车一般采用单速变速器，只起到传递运动的作用即可。

减速器（单速变速器）介于驱动电机和驱动半轴之间，驱动电机的动力输出轴通过花键直接与减速器输入轴齿轮连接。一方面减速器将驱动电机的动力传给驱动半轴，起到降低转速增大转矩作用，另一方面满足汽车转弯及在不平路面上行驶时，左右驱动轮以不同的转速旋转，保证车辆的平稳运行。电动汽车动力传递路线如图6-2-1所示。

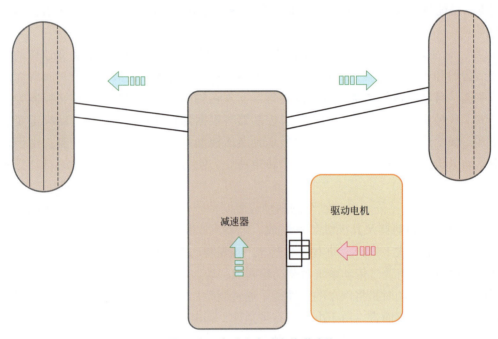

图 6-2-1　电动汽车动力传递路线

6.2.2　常见车型的减速器

吉利帝豪 EV300 单速变速器如图 6-2-2 所示。主减速比为 8.28∶1，减速效率大于 90%。

北汽 EV200、EV160、EU260 电动汽车采用的单速变速器采用左右分箱、两级传动结构设计。具有体积小、结构紧凑的特点，采用前进挡和倒挡共用结构进行设计，整车倒挡通过电机反转实现。单速变速器的最高输入转速为 9000r/min，最大转矩为 260N·m，减速比为 7.793，如图 6-2-3 所示。

日产聆风、启辰晨风电动汽车单速变速器传动比为 8.1938，输入齿轮齿数为 17，主齿轮齿数（输入/输出）为 32/17，主减速器齿轮齿数为 74。日产聆风、启辰晨风电动汽车单速变速器如图 6-2-4 所示。

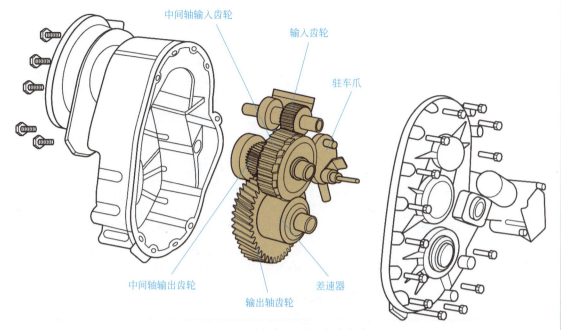

图 6-2-2 吉利帝豪 EV300 单速变速器

图 6-2-3 北汽 EV200、EV160、EU260 单速变速器

宝马 F49 PHEV 插电式混动动力汽车后桥搭载齿轮比为 12.5∶1 的固定齿轮比单速变速器。该变速器与电机单独驱动车速可达 120km/h，与发动机混合驾驶最高车速可达高 130km/h，当超过以上速度时，电力驱动不再工作，电机与单速变速器的动力被断开。执行这一断开任务的是单速变速器中安装的电机离合器。当超过以上速度时电机离合器分离，切断了通过后桥进行的电力驱动。宝马 F49 PHEV 插电式混合动力汽车单速变速器如图 6-2-5 所示。

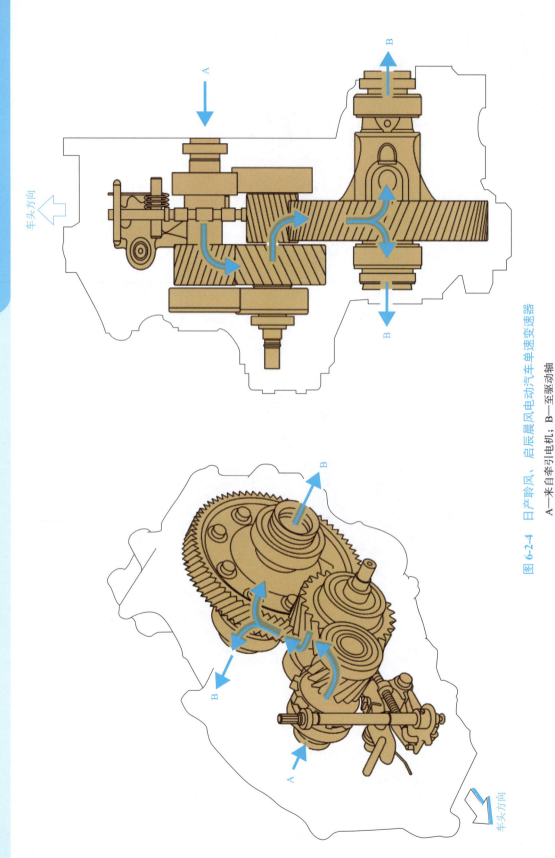

图 6-2-4 日产聆风、启辰晨风电动汽车单速变速器
A—来自牵引电机；B—至驱动轴

图 6-2-5　宝马 F49 PHEV 插电式混合动力汽车单速变速器

6.3 电动转向系统

现代汽车上配置的助力转向系统大致可以分为三类：机械式液压助力转向系统；电子液压助力转向系统；电动助力转向系统。

6.3.1 电子液压助力转向系统

电子液压助力转向系统工作不受发动机有无或是否启动等因素的影响。

电子液压助力转向系统是在机械式液压助力转向系统的基础上增设电动转向泵和电子控制装置，取代发动机驱动的液力转向泵。

在高速行驶时，电子液压助力转向系统通过减小转向角度与行驶速度相关的转向助力，达到最大的节能效果。

电子液压助力转向系统在保持传统机械式液压助力转向系统优良性能的同时，还具备以下优点：更舒适，车辆在规定速度范围内行驶时，转向盘转动十分轻松，节约燃料，能量的输入量、消耗量与发动机的工作状态无关。

电子液压助力转向系统组成如图 6-3-1 所示。

6.3.2 电动助力转向系统

电动助力转向系统（EPS）是一种直接依靠电动机提供辅助转矩的动力转向系统，其组成如图 6-3-2 所示。根据电动机位置不同，EPS 可分为以下三种。转向柱助力式，助力电动机固定在转向柱一侧，通过减速机构与转向轴相连，直接驱动转向轴助力转向（图 6-3-3）；齿轮助力式，助力电动机和减速机构与小齿轮相连，直接驱动齿轮助力转向（图 6-3-4）；齿条助力式，助力电动机和减速机构直接驱动齿条提供助力。

不同类型的 EPS 基本原理是相同的。转矩传感器与转向轴（小齿轮轴）连接一起，当转向轴转动时，转矩传感器开始工作，把输入轴和输出轴在扭杆作用下产生的相对转动位移变成电信号传给 ECU，ECU 根据车速传感器和转矩传感器的信号决定电动机的旋转方向和助力电流的大小，从而完成实时控制助力转向。它可以很容易地实现在车速不同时提供电动机不同的助力效果，保证汽车在低速行驶时轻便灵活，在高速行驶时稳定可靠。因此，EPS 转向特性的设置具有较高的自由度。

电动助力转向系统主要由动力转向控制模块、动力转向电动机、动力转向机总成、转矩传感器和动力转向减速机构等组成。各部件功能见表 6-3-1。

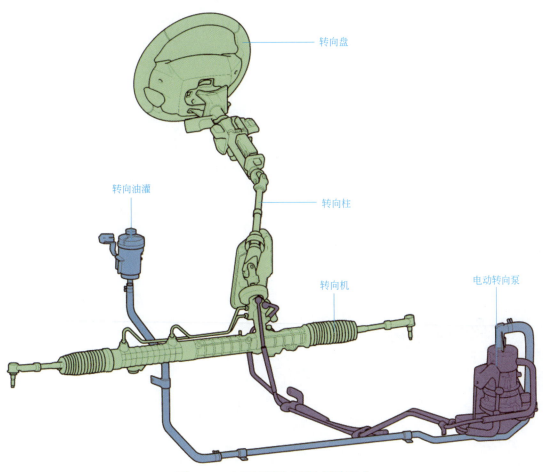

图 6-3-1 电子液压助力转向系统组成

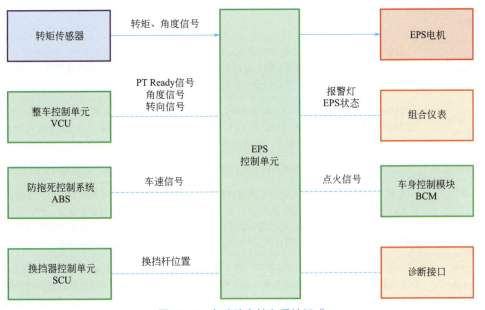

图 6-3-2 电动助力转向系统组成

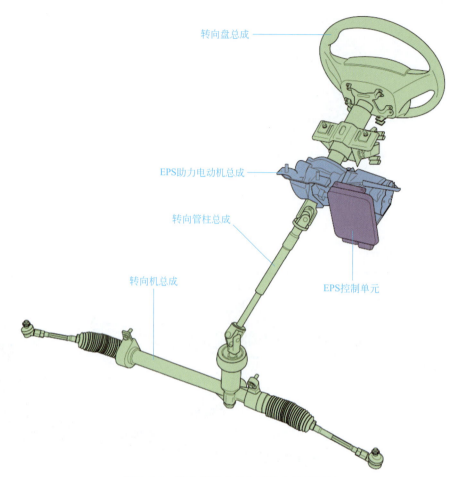

图 6-3-3 转向柱助力式电动助力转向系统

表 6-3-1 电动助力转向系统各部件功能

部件	描述
动力转向控制模块	根据转矩传感器和车速传感器的信号,进行逻辑分析与计算后,发出指令,控制电动机动作,此外还有安全保护和自我诊断功能,通过采集车速、转矩、角度等信号判断其系统工作状况是否正常,一旦系统工作异常,助力将自动取消,同时将进行故障诊断分析
动力转向电动机	根据控制模块的指令输出适宜的辅助转矩,是 EPS 的动力源。多采用无刷永磁式直流电动机。电动机对 EPS 的性能有很大影响,是 EPS 的关键部件之一,所以 EPS 对电动机有很高要求,不仅要求其低转速大转矩、波动小、转动惯量小、尺寸小、重量轻,而且要求其可靠性高、易控制
动力转向机总成	与传统汽车转向机结构原理相同,是汽车转向系统的最终执行机构,这里不再详细说明
转矩传感器	集成在转向管柱内部,其功能是测量驾驶员作用在转向盘上的力矩大小与方向,以及转向盘转角的大小和方向,提供 EPS 的控制信号。转矩测量系统比较复杂且成本较高,所以精确、可靠、低成本的转矩传感器是决定 EPS 能否占领市场的关键因素之一。目前采用较多的是在转向轴位置加一扭杆,通过测量扭杆的变形得到转矩,也有采用非接触式转矩传感器
动力转向减速机构	与电动机相连,起降速增矩作用。常采用蜗轮蜗杆机构,也有采用行星齿轮机构的。有的 EPS 还配有离合器,装在减速机构一侧,保证 EPS 只在预先设定的车速行驶范围内起作用。当车速达到某一值时,离合器分离,电动机停止工作,转向系统转为手动转向。当电动机出现故障时,离合器将自动分离

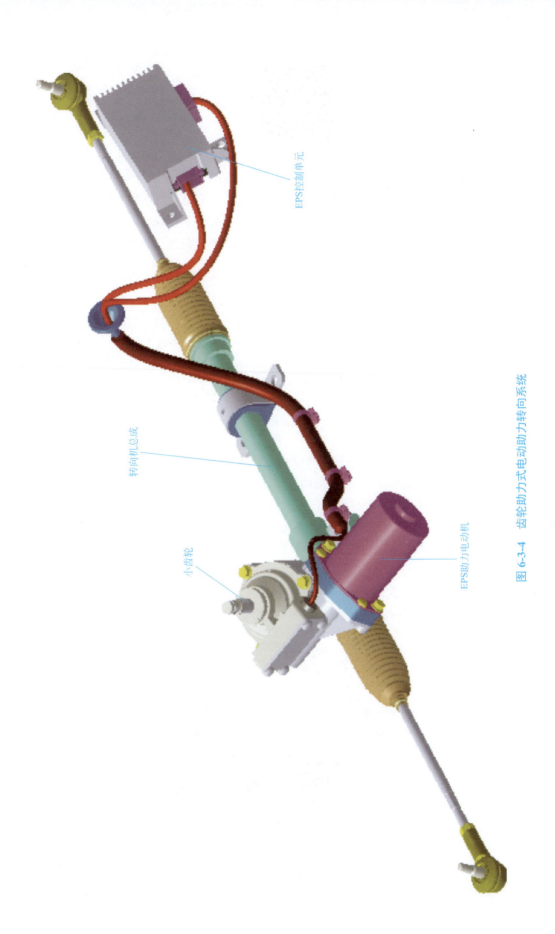

图 6-3-4 齿轮助力式电动助力转向系统

6.4 电动制动系统

电动汽车制动系统和传统汽车区别不大,最主要的区别是提供真空助力的形式不同。传统汽车真空助力装置的真空源来自于发动机进气歧管。而电动汽车没有发动机或发动机不是在任何工况下都在工作的,即无法提供真空源,于是便单独设计了一个电动真空泵为真空助力器提供真空源。电动汽车的这种真空助力系统称为电动真空助力系统。电动汽车电动真空助力系统框图如图 6-4-1 所示。

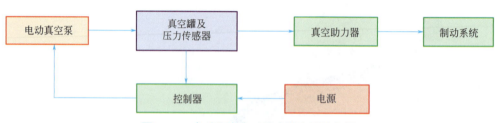

图 6-4-1　电动汽车电动真空助力系统框图

真空泵主要作用是将真空罐内的空气抽出,使真空罐获得真空状态。真空罐用于储存真空,通过真空传感器感知真空度并把信号发送给真空罐控制器。北汽 EV200 电动汽车真空罐和真空泵如图 6-4-2 所示。

电动真空助力系统的工作过程为:当驾驶员发动汽车时,12V 电源接通,电子控制系统模块开始自检,如果真空罐内的真空度小于设定值,真空压力传感器输出相应电压至控制器,此时控制器控制电动真空泵开始工作,当真空度达到设定值后,真空压力传感器输出相应电压至控制器,此时控制器控制真空泵停止工作,当真空罐内的真空度因制动消耗,真空度小于设定值时,电动真空泵再次开始工作,如此循环。

图 6-4-2　北汽 EV200 电动汽车真空罐和真空泵

6.5 行驶系统

　　行驶系统一般由车架、车桥、悬架和车轮四部分组成,在传统意义上它影响着整车的舒适性、安全性与操控性,而对于电动汽车而言,它的影响更大。电动汽车若采用轮毂电动机驱动车轮,车桥便被省去了。车架是整个汽车的装配基体,其作用主要是支承连接汽车的各零部件,承受来自车内和车外的各种载荷。悬架是车架(或车身)与车轮(或车桥)之间的一切传力连接装置的总称,主要由弹性元件、减振器和导向机构等组成,与充气轮胎一起缓和不平路面对车辆的冲击振动。车轮主要由轮辋、轮辐等组成,其内部还需安装制动器,还可能需要安装轮毂电动机,所以结构会很紧凑。为减小纯电动汽车行驶时的滚动阻力,轮胎采用子午线轮胎为好。

第 7 章

电路基础与电路图识读

7.1 基本概念和术语

(1) 电的基本理论

① 电流　是物理上规定电流的方向,是正电荷定向运动的方向(即正电荷定向运动的速度的正方向或负电荷定向运动的速度的反方向)。电流运动方向与电子运动方向相反。电流用 I 表示,单位为安培(简称安),用 A 表示。

电荷指的是自由电荷,在金属导体中的自由电荷是自由电子,在酸、碱、盐的水溶液中是正离子和负离子。

在电源外部电流由正极流向负极,在电源内部则由负极流回正极。

② 电阻　在物理学中表示导体对电流阻碍作用的大小。导体的电阻越大,表示导体对电流的阻碍作用越大。不同的导体,电阻一般不同,电阻是导体本身的一种特性。电阻用 R 表示,单位为欧姆(简称欧),用 Ω 表示。

③ 电压　也称作电势差或电位差,是衡量单位电荷在静电场中由于电势不同所产生的能量差的物理量。电压用 U 表示,单位为伏特(简称伏),用 V 表示。

(2) 电路的组成　一个完整的电路一般由电源、负载、控制和保护装置、连接导线四部分组成,图 7-1-1 所示为一个简单的电路。电路中的负载是将电能装换为其他能量的装置。负载性质可分为电阻、电感和电容三种。汽车上常见的负载有灯泡、喇叭等,常见的电源有发电机、化学电池等,汽车中常用的保护装置有熔丝、熔断器。

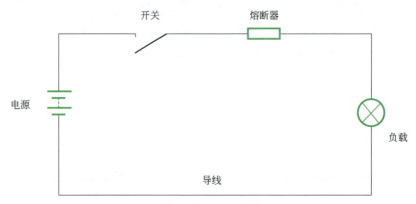

图 7-1-1　简单的电路

电路的三种状态分别是通路(回路)、短路和断路(开路)。通路是指任意一个闭合的电路。短路是指电源未经过任何负载而直接由导线接通成闭合回路,易造成电路损坏、电源瞬间损坏,如温度过高烧坏导线、电源等。断路也称开路,因为电路中某一处中断,没有导体连接,电流无法通过,导致电路中电流消失,一般对电路无损害。

(3) 欧姆定律　在同一电路中,通过某段导体的电流 I 与这段导体两端的电压 U 成

正比，与这段导体的电阻 R 成反比，这就是欧姆定律，即

$$I = \frac{U}{R}$$

（4）电路的连接方式 实际电路中，常将多个用电器连接起来使用，一般有串联、并联和混联三种方式。

① 串联 几个电阻按照顺序首尾相连，使电路只有一条流通的路径，这种方式称为串联，如图 7-1-2 所示。

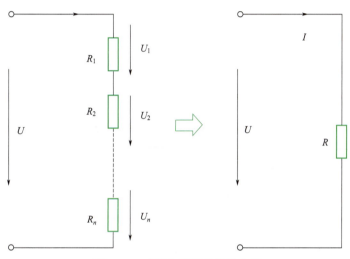

图 7-1-2 串联电路及其等效电路

串联电路的特点如下。
a. 流经各电阻的电流相同，即流经电阻 R_1、R_2、$\cdots$、R_n 的电流均为 I。
b. 总电压等于各电阻上的电压之和，即

$$U=U_1+U_2+\cdots U_n$$

c. 电路的等效电阻等于各电阻之和，即

$$R=R_1+R_2+\cdots R_n$$

d. 各电阻分得的电压与电阻成正比，即

$$U_1 = IR_1 = \frac{R_1}{R}U$$

$$U_2 = IR_2 = \frac{R_2}{R}U$$

$$\cdots$$

$$U_n = IR_n = \frac{R_n}{R}U$$

② 并联 几个电阻的一端连在一点，另一端也连在一点，使各电阻承受相同的电压，

这种方式称为并联，如图 7-1-3 所示。

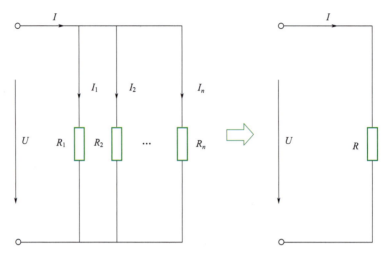

图 7-1-3　并联电路及其等效电路

电阻并联电路的特点如下。
a. 各电阻两端的电压相等，且都等于 U。
b. 总电流等于电路中各电阻电流之和，即

$$I=I_1+I_2+\cdots+I_n$$

c. 电路的等效电阻（总电阻）的倒数等于各电阻倒数之和，即

$$\frac{1}{R}=\frac{1}{R_1}+\frac{1}{R_2}+\cdots+\frac{1}{R_n}$$

对于两个电阻的并联电路，有

$$R=\frac{R_1 R_2}{R_1+R_2}$$

d. 通过各电阻的电流与电阻成反比，即

$$I_1=\frac{U}{R_1}=\frac{R_2}{R_1+R_2}I$$

$$I_2=\frac{U}{R_2}=\frac{R_1}{R_1+R_2}I$$

③ 混联　电路中既有串联，又有并联，如图 7-1-4 所示。

电子元件是组成电子产品的基础，了解常用的电子元件的种类、结构、性能并能正确选用是学习、掌握电子技术的基本。常用的电子元件有电阻器、电容器、电感器、电位器、变压器等，二极管、三极管称为电子器件。

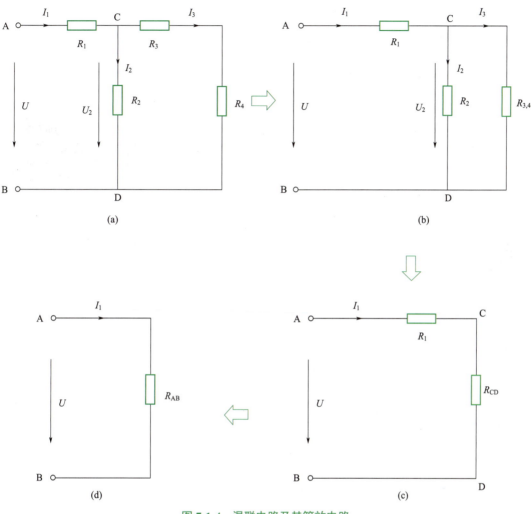

图 7-1-4 混联电路及其等效电路

7.2 组成汽车电路的基本元素

组成汽车电路的基本元素有电源、导线、插接器、开关、继电器、电路保护装置等。汽车常见的电源包括12V低压蓄电池、高压动力电池、发电机等。

汽车导线包括低压导线和高压导线。低压导线按其用途可分为普通低压导线和低压电缆线两种，汽车充电系统、仪表、照明、信号及辅助电气设备等，均使用普通低压导线，而起动机与蓄电池的连接线、蓄电池与车架的搭铁线等则采用低压电缆线。高压导线在传统汽车中的应用主要是点火线，在电动汽车中的应用主要用于高压电路中动力电池等各元件之间的连接。

为了安装方便和保护导线不被水、油侵蚀和磨损，常用绝缘材料将导线包扎成束，称为线束，如图7-2-1所示。

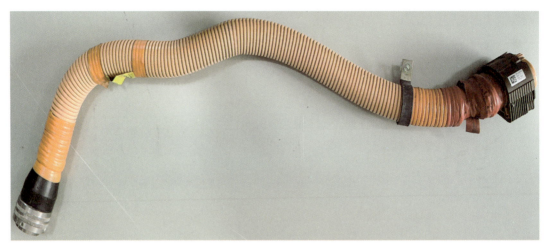

图7-2-1　使用波纹管包扎的高压线束

插接器又称连接器，由接头和插座组成。用于电气设备与导线、其他电气设备之间的连接。

汽车的开关包括点火开关和组合开关等。点火开关包括钥匙开关（图7-2-2）和一键启动开关（图7-2-3）。组合开关分别有灯光组合开关和雨刮组合开关，如图7-2-4所示。

图7-2-2　钥匙开关

图 7-2-3　一键启动开关

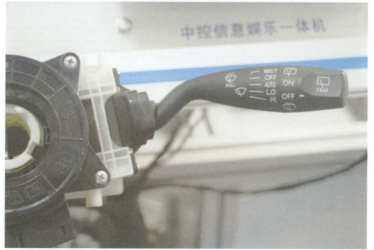

图 7-2-4　组合开关

7.3 电路图特点

7.3.1 低压系统

电动汽车低压系统电路与传统汽车电路特点一致，如图 7-3-1 所示。

图 7-3-1　电动汽车低压系统电路特点

7.3.2 高压系统

电动汽车高压系统因存在高压,故与低压系统有较大的区别。高压系统必须安全不漏电,同时还应具有以下特点。

① 高压电网与低压电网隔离。电动汽车高压系统对车身接地断路也称为电隔离。为了实现这种隔离,高压设备具有一个专门的电网平衡装置。高压电网与低压电网之间的电隔离可以防止意外短路,致使车身接地通电。

② 高压系统为低压蓄电池充电。电动汽车低压系统供电源即低压蓄电池由高压系统的动力电池通过 DC/DC 将直流高压电变换为直流低压电,为其充电。

③ 低压系统采用单线制,高压系统采用双线制。单线制是指从电源到用电设备只用一根导线连接,利用车身接地连通蓄电池负极。电动汽车的低压系统采用单线制,且所有用电设备均为并联。高压系统用电设备采用双线制,一根为正极导线,一根为负极导线,负极导线与车身接地没有连接。保障用电安全。

④ 电动汽车可以通过关闭点火开关断开高压。电动汽车关闭高压设备,并使动力电池从高压电网断开最简单的方法是关闭点火开关。关闭点火开关的作用是将电路与高压设备的保护继电器断开,并使动力电池与高压电网脱离,高压设备上就没有了电压。但需要注意的是,此时动力电池本身以及连接至保护继电器那一段的高压导线依然有高压电。完全使动力电池断开高压电,需要断开动力电池的手动维修开关。

⑤ 高压系统存在高压互锁电路。高压互锁电路是一个完全独立的系统,用于确定是否所有的高压组件都正确地连接到高压系统上。高压互锁电路是一个低压系统。

高压互锁电路连接着所有的高压组件,此系统检查连接在互锁电路中的部件的高压插接器是否正确连接。一旦某一高压部分的高压触点断开,保护继电器就会断开,动力电池会从高压电网中脱离。

7.4 电路识图

7.4.1 识读示例

7.4.1.1 吉利新能源汽车电路识图

吉利帝豪 EV450 电路如图 7-4-1 和图 7-4-2 所示。
① 系统名称。
② 线束连接器编号。

本电路的线束连接器的编号规则以线束为基准,例如发动机舱线束中的发动机控制模块线束连接器编号为 CA08,其中 CA 为线束代码,08 为连接器序列号。

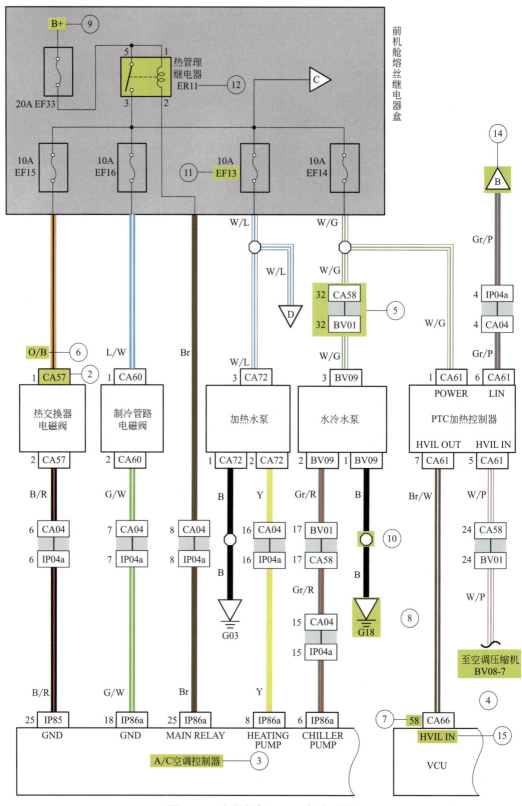

图 7-4-1 吉利帝豪 EV450 电路（一）

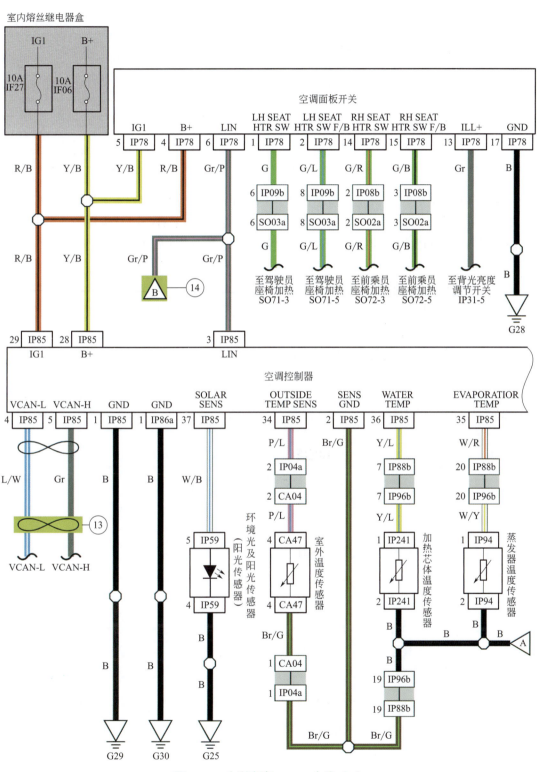

图 7-4-2 吉利帝豪 EV450 电路（二）

表 7-4-1 为各代码代表的线束。

表 7-4-1　线束代码及名称

定义	线束名称	定义	线束名称
CA	发动机舱线束	SO	底板线束
BV	动力线束	DR	门线束
IP	仪表线束	RF	顶棚线束

需要注意的是，门线束定义包括四个车门线束；两厢车的后背门线束并入底板线束定义；三厢车的行李厢线束、后雾灯线束并入底板线束定义；HVAC 总成自带线束定义为 IPXX，并在线束布置图中进行标注；线束连接器编号详细参见线束布置图。

③ 部件名称。

④ 显示此电路连接的相关系统信息。

⑤ 连接器间连接采用细实线表示，并用灰色阴影覆盖，用于与物理线束进行区别。物理线束用粗实线表示，颜色与实际导线颜色一致。

⑥ 显示导线颜色，颜色代码见表 7-4-2。

表 7-4-2　颜色代码及颜色示例

颜色代码	导线颜色	示例	颜色代码	导线颜色	示例
B	黑色		O	橙色	
Gr	灰色		W	白色	
Br	棕色		V	紫色	
L	蓝色		P	粉色	
G	绿色		Lg	浅绿色	
R	红色		C	浅蓝色	
Y	黄色				

如果导线为双色线，则第一个字母显示导线底色，第二个字母显示条纹色，中间用

"/"分隔。

例如：标注为 G/B 的导线即为绿色底黑色条纹。

⑦ 显示插接件的端子编号，注意相互插接的线束连接器端子编号顺序互为镜像，如图 7-4-3 所示。

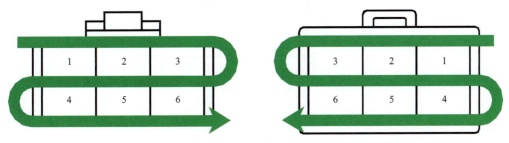

图 7-4-3　相互插接的线束连接器端子编号顺序互为镜像

⑧ 接地点编号，以 G 开头的序列编号标识。
⑨ 保险装置的电源类型。
⑩ 导线节点（图 7-4-4）。

未连接交叉线路　　　　　　　相连接交叉线路

图 7-4-4　导线节点

⑪ 熔丝编号，由熔丝代码和序列号组成，位于发动机舱的熔丝代码为 EF，室内熔丝代码为 IF。
⑫ 继电器编号。
⑬ 如果电路中线与线之间使用"8"字形标识，表示此电路为双绞线（图 7-4-5），主要用于传感器的信号电路或数据通信电路。

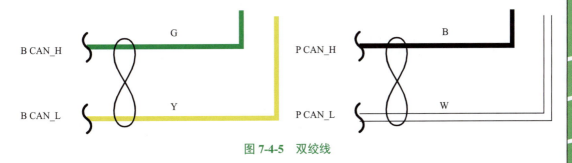

图 7-4-5　双绞线

⑭ 如果一个系统内容较多，线路需要用多页表示时，线路起点用■◁A▷表示，线路到达点则用■◁A▷表示（图7-4-6），如一张图中有一条以上的线路转入下页，则分别以B、C等字母表示，依此类推。

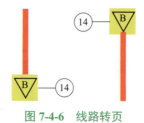

图 7-4-6　线路转页

⑮ 端子名称。

吉利帝豪车系电路图形符号见表7-4-3。

表 7-4-3　吉利帝豪车系电路图形符号

符号	说明	符号	说明	符号	说明
	接地		常闭继电器		蓄电池
	温度传感器		常开继电器		电容器
	电磁阀		双掷继电器		点烟器
	电磁线圈		电阻器		天线
	小负载熔丝		电位计		常开开关
	中负载熔丝		可变电阻器		常闭开关

续表

符号	说明	符号	说明	符号	说明
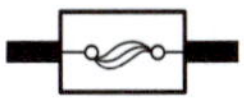	大负载熔丝	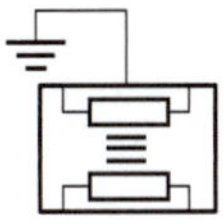	点火线圈	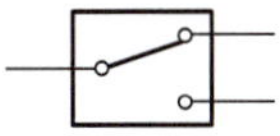	双掷开关
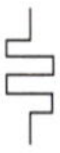	加热器	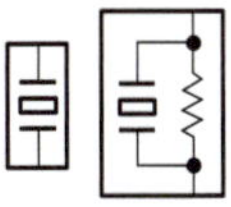	爆震传感器		二极管
	光电二极管		发光二极管		电动机
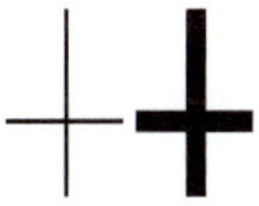	未连接交叉线路	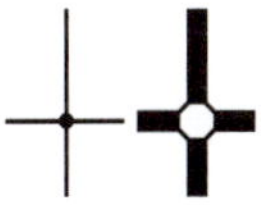	相连接交叉线路	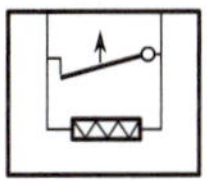	安全气囊
	时钟弹簧		灯泡		双绞线
	喇叭	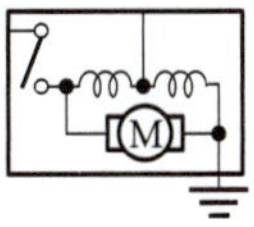	起动机	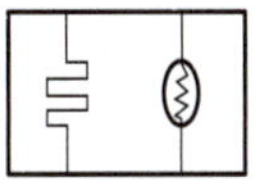	氧传感器
	限位开关	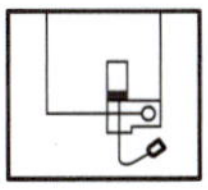	安全带预紧器	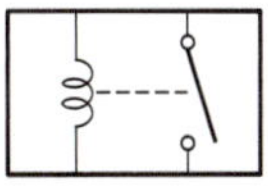	低速风扇继电器B

7.4.1.2　荣威新能源汽车电路识图

荣威新能源车型电路如图 7-4-7 ～图 7-4-9 所示。

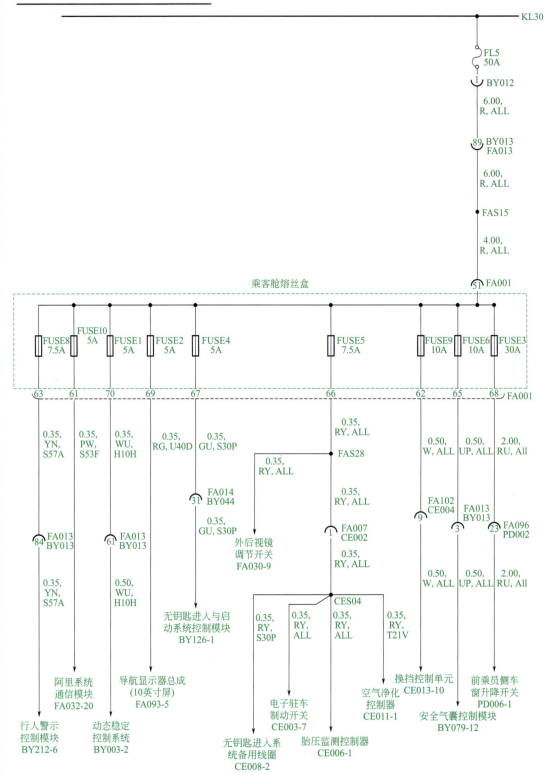

图 7-4-7 荣威新能源车型电路（一）

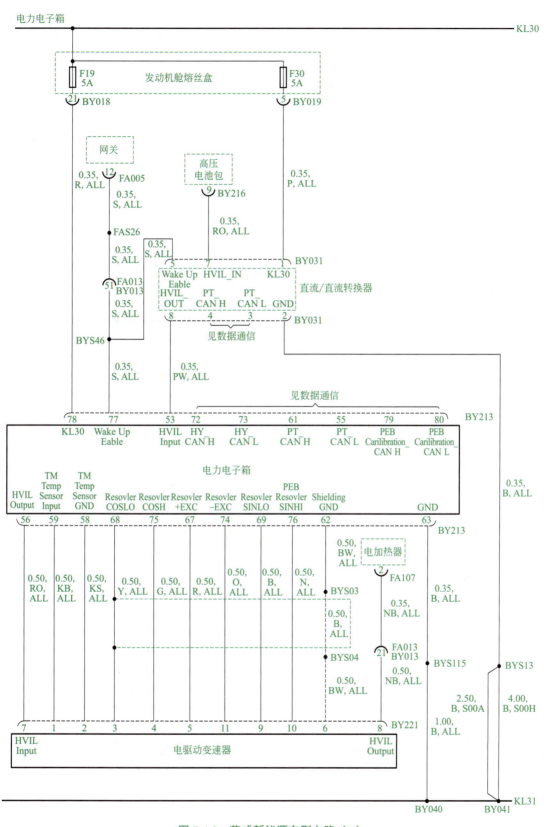

图 7-4-8 荣威新能源车型电路（二）

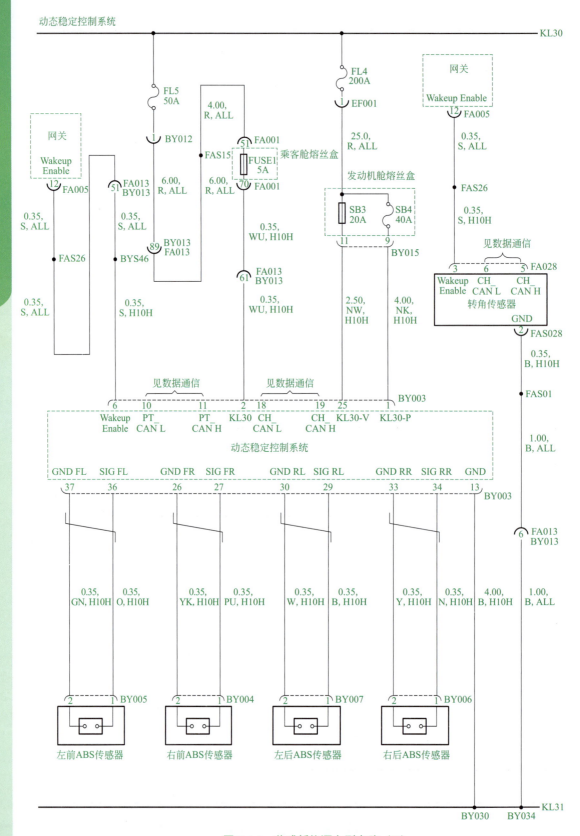

图 7-4-9 荣威新能源车型电路（三）

① 电源线路功能编号的含义。根据车辆上不同的供电状态，将电源分别编号为 KL30、KL15、KLR、KL50、KL58、KL31。其中：KL30 表示蓄电池电源；KL15 表示当点火开关在 ON 位置时的蓄电池电源；KLR 表示当点火开关在 ACC 位置时的蓄电池电源；KL50 表示当点火开关在 ST 位置时的蓄电池电源；KL58 表示灯光控制开关在 1 和 2 位置时的蓄电池电源；KL31 表示接地。

② 在电路图上，各个电源线路图示如图 7-4-10 所示。

图 7-4-10　电源线路图示

③ 电路图中特殊标识及含义见表 7-4-4。

表 7-4-4　电路图中特殊标识及含义

标识	含义
↓ 1.50, UK, 76 左前照灯 EB002-6	跨页导线，表示该导线此页未完全给出，本导线连接至连接器号 EB002，端子编号 6
0.35, S, 15　0.35, SCRN, 15	屏蔽线
BYS46	分支点，表示电路中各线路支路的连接点，用该线束简称后加 S 及序号定义各分支点，如 BYS46 表示车身线束上第 46 号分支点

标识	含义
0.5, N/Dg, 12　　0.5, N, 12	双绞线
后除雾（后风窗）　　车身控制模块	部件，名称和描述显示如图所示，若与部件相连的连接器端子在该页全部显示出来，用实框表示该部件，否则用虚框表示
0.75, NK, ALL　　发动机ECU　EM028-63	导线属性，显示在电路中导线上方，附加的信息（用一个"，"分开）显示在导线颜色的旁边 "0.75"表示导线的横截面积，单位是平方毫米（mm^2）；"NK"表示导线的颜色，如果导线有主要颜色和颜色条纹，则主要颜色放在前面，例如 YR 表示黄色并带有红色条纹；"ALL"表示车型配置状况，在此表示适用任何车型

荣威新能源汽车电路中常见的电路部件如图7-4-11所示。

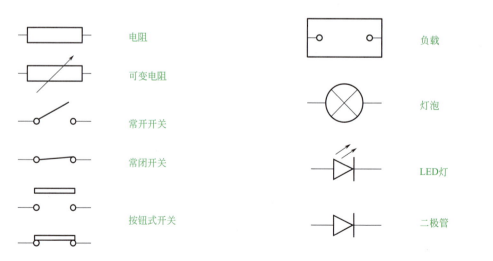

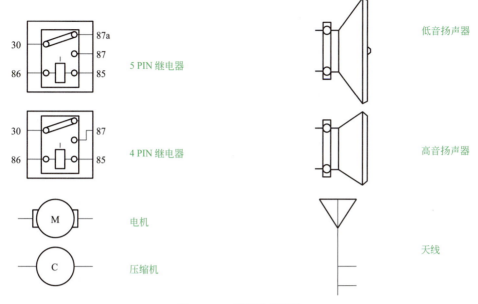

图 7-4-11 常见电路部件

常用的熔丝如图 7-4-12 所示。

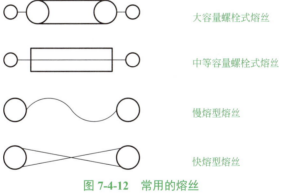

图 7-4-12 常用的熔丝

控制器与设备的图形符号如图 7-4-13 所示。

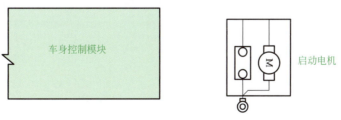

图 7-4-13 控制器与设备的图形符号

若与之相连的连接器的端子在该页全部显示出来，用实线框表示该控制器/部件，否则实线框会有一个"闪电形"符号。

屏蔽线如图7-4-14所示，双绞线如图7-4-15所示。

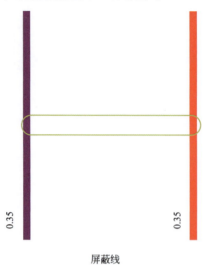

图7-4-14　屏蔽线

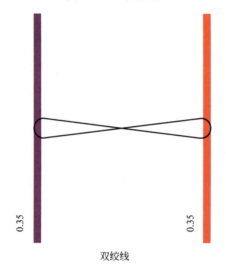

图7-4-15　双绞线

导线属性如图7-4-16所示，其中"0.35"表示导线的横截面积，单位是平方毫米（mm^2）。

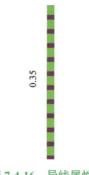

图7-4-16　导线属性

部件端连接器如图 7-4-17 所示，该图表示母连接器 FA040 的端子 1、2 与部件网关相连。

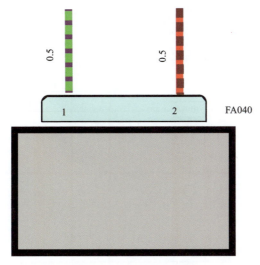

图 7-4-17　部件端连接器

对接连接器如图 7-4-18 所示。EB070 和 EM001 为对接的两个连接器号。深蓝色带端子的为公连接器，与其对接的浅蓝色的为母连接器。图 7-4-18 表示公连接器 EB070 的针脚 11/21 与母连接器 EM001 的针脚 11/21 对接。

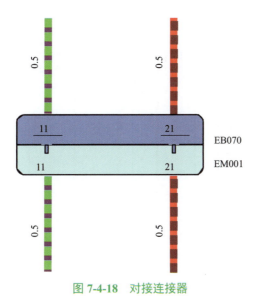

图 7-4-18　对接连接器

7.4.2　驱动电机与控制系统

吉利帝豪 EV450 电机控制器电路如图 7-4-19 和图 7-4-20 所示。

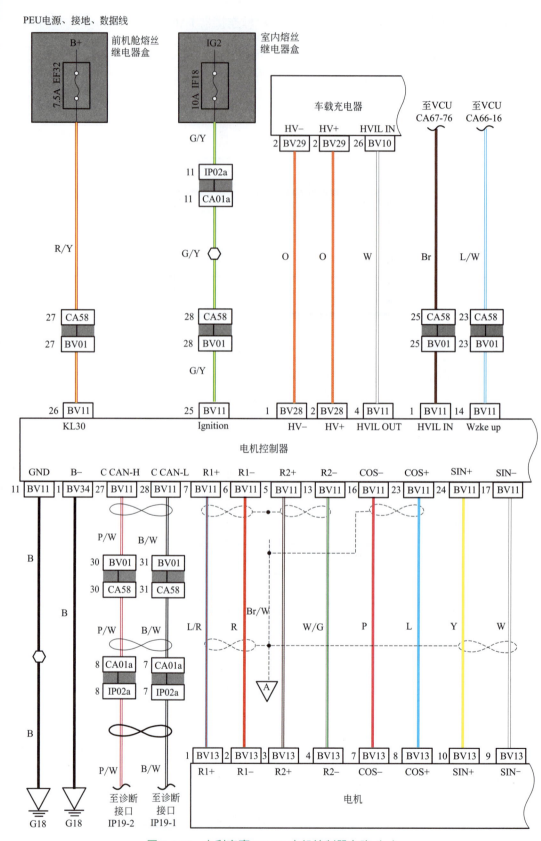

图 7-4-19 吉利帝豪 EV450 电机控制器电路（一）

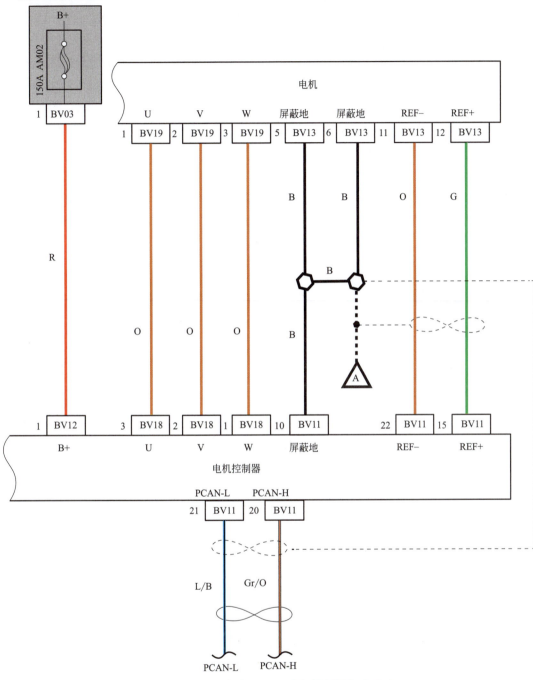

图 7-4-20 吉利帝豪 EV450 电机控制器电路（二）

（1）电机控制器低压供电电路 电机控制器 BV11 插接器 25 端子来自室内熔丝继电器盒提供的 12V 供电，在点火开关打开时有效。电机控制器 BV11 插接器 26 端子的 12V 常电供电来自前机舱熔丝继电器盒内的 7.5AEF32 熔丝。

电机控制器 BV12 插接器 1 端子的 12V 常电供电来自前机舱熔丝继电器盒内的 150A AM02 熔丝。

(2) 电机温度传感器电路　电机内装两个温度传感器，分别通过电机低压插接器 BV13 的 1、2 和 3、4 端子将电机温度信号传递到电机控制器插接器 BV11 的 7、6 和 5、13 端子。

　　(3) 电机旋转变压器信号　电机旋转变压器正旋和余旋信号分别由电机低压插接器 BV13 的 9、10 和 7、8 端子送到电机控制器插接器 BV11 的 17、24 和 16、23 端子。

　　电机低压插接器 BV13 的 11、12 端子的旋转变压器励磁信号电路与电机控制器插接器 BV11 的 22、15 端子连接。

　　(4) 高压电路　电机控制器端子 BV28 为高压供电端子，动力电池高压直流电由车载充电器内高压配电盒输出。输送到电机控制器的高压直流电经过 IGBT 逆变电路逆变为三相高压交流电，通过电机控制器三相交流插接器 BV18 经三相高压线束输送到电机。

7.4.3　充电系统

　　吉利帝豪 EV450 交流充电系统电路如图 7-4-21 和图 7-4-22 所示。

　　车载充电器低压供电来自前机舱熔丝继电器盒内的 EF27 10A 熔丝的常电通过车载充电器插接器 BV10 的 4 端子为车载充电器供电。

　　交流充电枪插入充电插座后，车载充电器通过 CC 信号确认插入的充电枪的类型，同时低压系统辅助上电唤醒整车控制器，整车控制器与电池管理器 BMS 通信，BMS 检测电池充电需求，向车载充电器发送工作指令，并闭合继电器，车载充电器开始工作，进行充电。

7.4.4　高压配电系统

7.4.4.1　吉利帝豪 EV300

　　吉利帝豪 EV300/EV450 配电系统由高压配电盒（分线盒）、直流母线、电机三相线束、交流充电接口、直流充电接口以及相关高压线束等组成。吉利帝豪 EV300 配电系统动力线束主要集中在前机舱，充电高压线束和充电接口集中在车辆底部及尾部，如图 7-4-23 和图 7-4-24 所示。

7.4.4.2　荣威 eRX5 PHEV

　　荣威 eRX5 PHEV 插电式混合动力汽车高压配电系统电路如图 7-4-25 所示。

7.4.4.3　比亚迪 E5/ 秦 EV

　　比亚迪 E5/ 秦 EV 高压配电盒内部电路如图 7-4-26 所示。

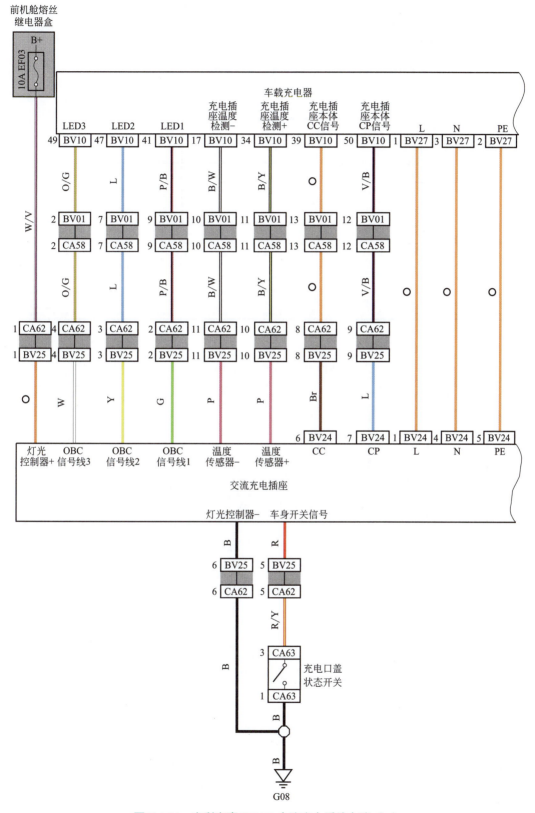

图 7-4-21 吉利帝豪 EV450 交流充电系统电路（一）

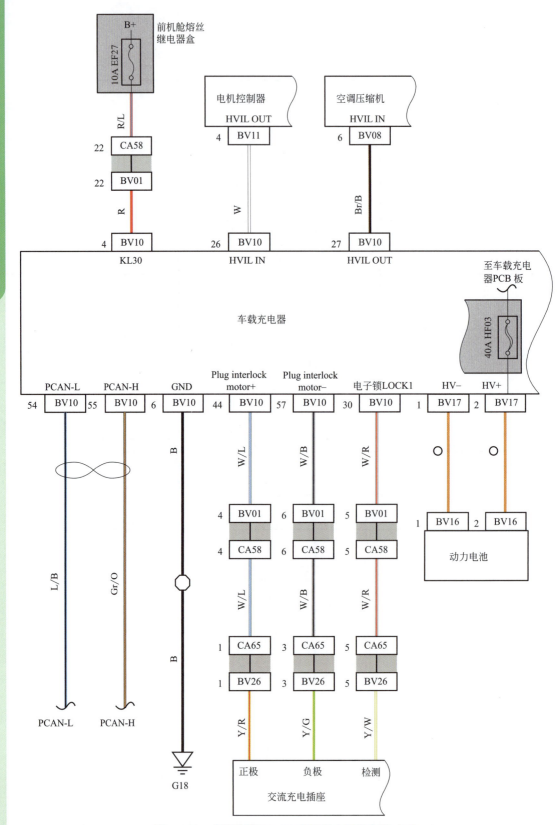

图 7-4-22 吉利帝豪 EV450 交流充电系统电路（二）

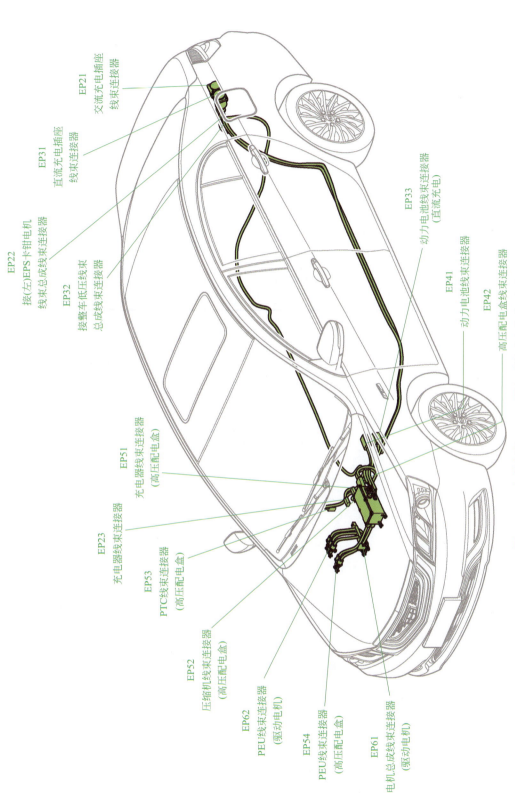

图 7-4-23 吉利帝豪 EV300 配电系统动力线束（一）

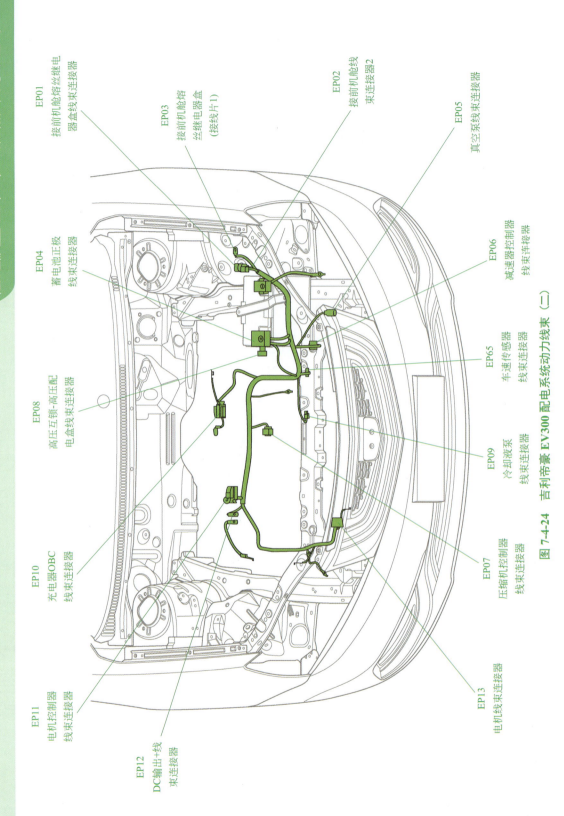

图 7-4-24 吉利帝豪 EV300 配电系统动力线束（二）

EP01 接前机舱熔丝继电器盒线束连接器
EP02 接前机舱熔丝继电器盒线束连接器2
EP03 接前机舱熔丝继电器盒（接线片1）
EP04 蓄电池正极线束连接器
EP05 真空泵线束连接器
EP06 减速器控制器线束连接器
EP07 压缩机控制器线束连接器
EP08 高压互锁-高压配电盒线束连接器
EP09 冷却液泵线束连接器
EP10 充电器OBC线束连接器
EP11 电机控制器线束连接器
EP12 DC输出+线束连接器
EP13 电机线束连接器
EP65 车速传感器线束连接器

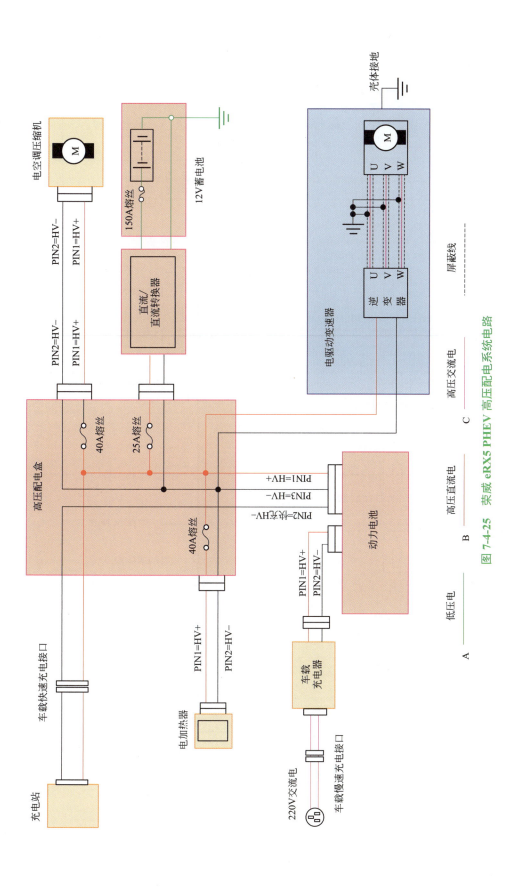

图 7-4-25 荣威 eRX5 PHEV 高压配电系统电路

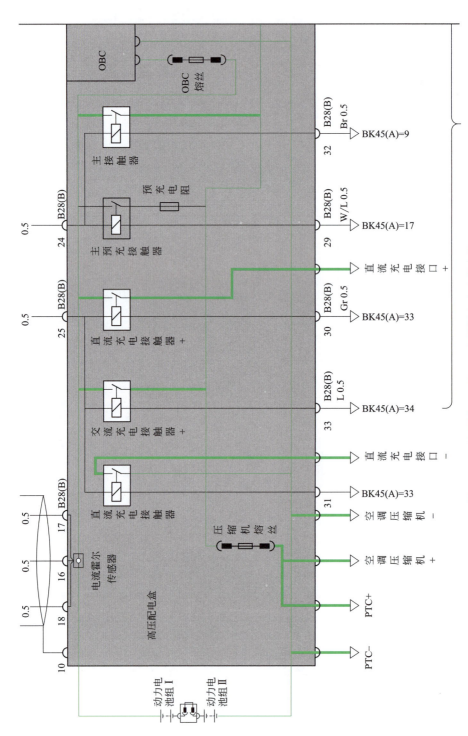

图 7-4-26 比亚迪 E5/秦 EV 高压配电盒内部电路

7.4.4.4 吉利帝豪 EV450

吉利帝豪 EV450 高压配电系统电路如图 7-4-27 所示。

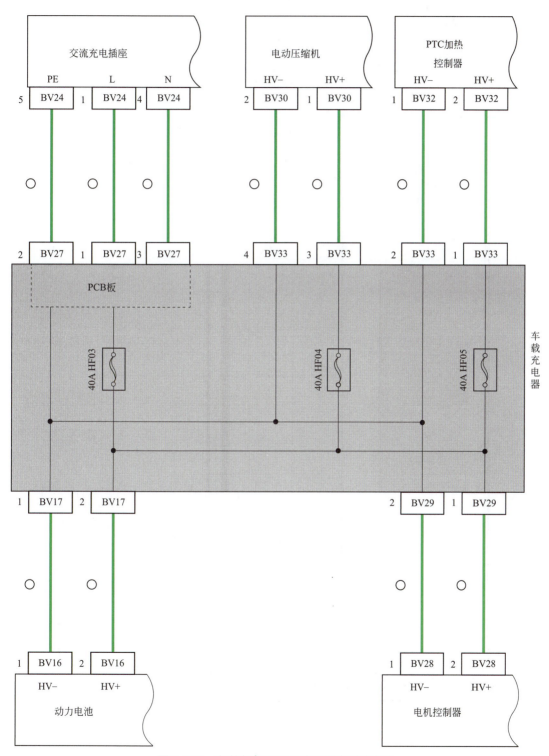

图 7-4-27 吉利帝豪 EV450 高压配电系统电路

7.4.5 热能管理系统

吉利帝豪 EV450 冷却系统电路如图 7-4-28 和图 7-4-29 所示。

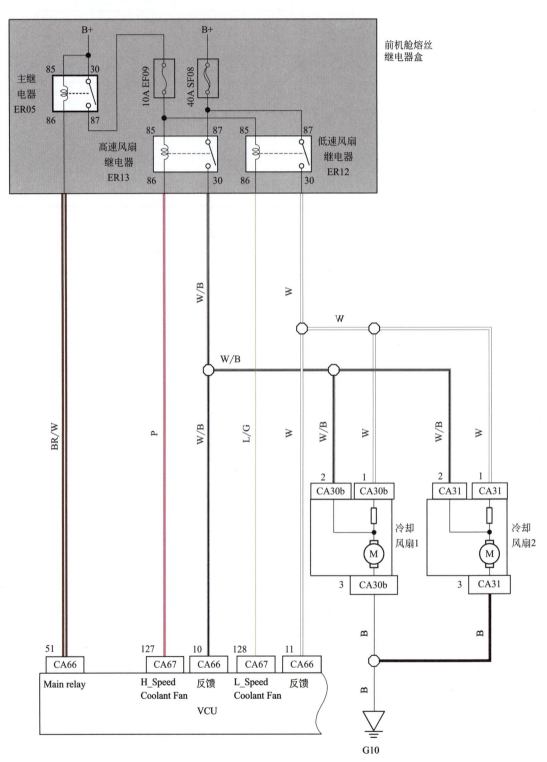

图 7-4-28　吉利帝豪 EV450 冷却系统电路（一）

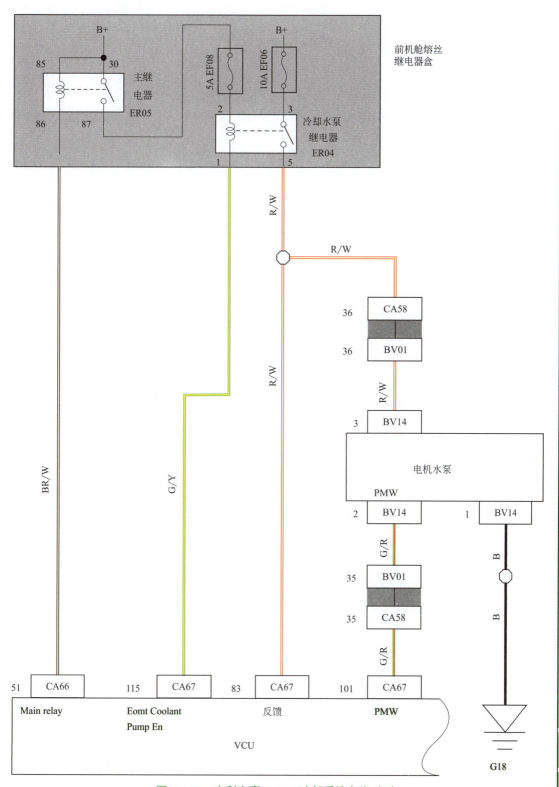

图 7-4-29 吉利帝豪 EV450 冷却系统电路（二）

第8章

车身电气系统

8.1 电动空调系统

8.1.1 电动空调结构与原理

新能源汽车空调系统与传统汽车制冷原理大致相同,由空调压缩机、冷凝器、膨胀阀、蒸发器及管路组成,主要区别是压缩机的驱动方式,纯电动汽车的空调采用电动方式来驱动压缩机,有别于传统汽车通过发动机曲轴皮带驱动的形式。纯电动汽车没有发动机,插电式混合动力电动汽车的发动机也不是实时工作,所以电动汽车不以发动机作暖风系统的热源,需要增加制热装置。电动汽车上普遍使用电动空调压缩机和PTC加热器来分别实现制冷和制热。

空调制冷剂循环过程如图 8-1-1 所示。

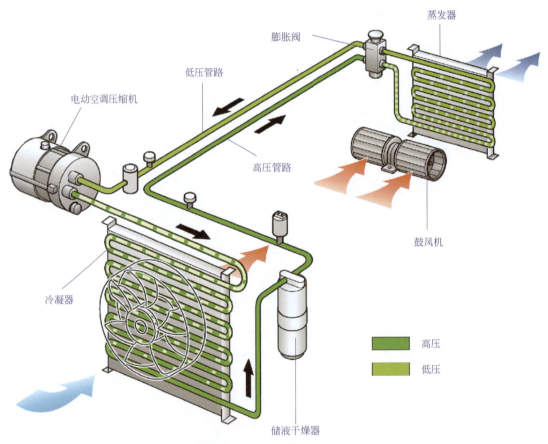

图 8-1-1 空调制冷剂循环过程

电动汽车采用小型三相交流电机驱动空调压缩机。压缩机是一种涡旋式压缩机,主要由螺旋形外盘(定涡盘)、螺旋形内盘(动涡盘)和电机所驱动的轴组成,如图 8-1-2 所示。压缩机与控制器集成为一体，通过电机自身的旋转带动涡盘压缩，完成制冷剂的吸入与排出。

图 8-1-2　涡旋式压缩机结构组成

涡旋式压缩机工作原理如图 8-1-3 所示。螺旋形内盘由三相交流同步电机通过一根轴驱动并偏心旋转。通过固定的螺旋形外盘上的两个开口吸入低温低压气态制冷剂，然后通过两个活动的螺旋形盘的移动使制冷剂压缩、变热。转动三圈后，吸入的制冷剂压缩、变热，可通过外盘中部的开口以气态形式释放。高温高压气态制冷剂从此处经油气分离器向冷凝器方向流至空调压缩机接口。电动空调压缩机最高转速为 8600r/min，可产生约 3MPa 的最大工作压力。

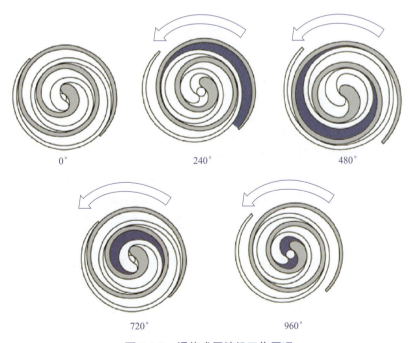

图 8-1-3　涡旋式压缩机工作原理

宝马 i8 电动空调压缩机通过三个螺栓和一个固定支架安装在变速器上，但与变速器没有机械连接关系，如图 8-1-4 所示。

PTC 这里是指利用发热类正温度系数热敏电阻性能稳定、升温迅速、受电源电压波动影响小等特点制成的加热元件，在电动汽车暖风系统中得到广泛应用。

PTC 加热器由高压电网供电，整车控制器或空调控制器控制其通断。根据空调控制面板输入的制暖信号，启动加热。冷却液被加热后流经加热器芯，鼓风机将热风吹入车内，实现暖风功能。

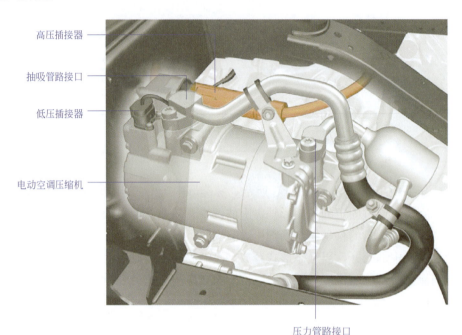

图 8-1-4　宝马 i8 电动空调压缩机的安装

8.1.2　电动空调实例

吉利帝豪 EV450 采用自动空调，车内自动空调面板为乘员舱单温区控制器及动力电池温度控制器，能控制乘员舱的制冷及加热、动力电池的冷却及加热，为乘员舱提供舒适的温度，同时为动力电池提供恒温环境。

空调制冷由电动空调压缩机、冷凝器、蒸发器、空调高低压管等组成；暖风系统由 PTC 加热器、热交换器、PTC 加热器冷却液泵等组成，如图 8-1-5 所示，车内空调主机内部结构如图 8-1-6 所示。

电动空调压缩机高压范围为 200～450V，转速范围为 800～9000r/min，泄压阀压力为（3.8±0.3）MPa。加热器由电阻膜和散热元件组成，在一定范围内，加热的功率随电流变化而变化，电阻膜的电阻随温度变化的影响较小，因此电加热器可输出稳定的功率，从而为制热系统提供稳定的热源。加热器加热温度范围为 -40～120℃，高压范围为 300～450V。

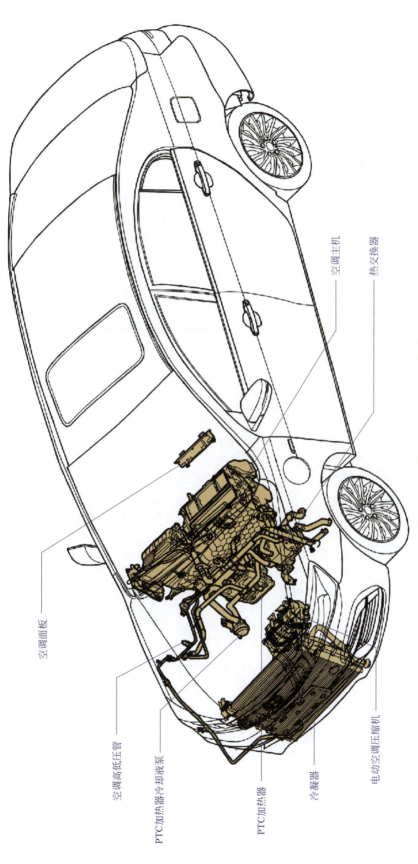

图 8-1-5 帝豪 EV450 空调系统组成

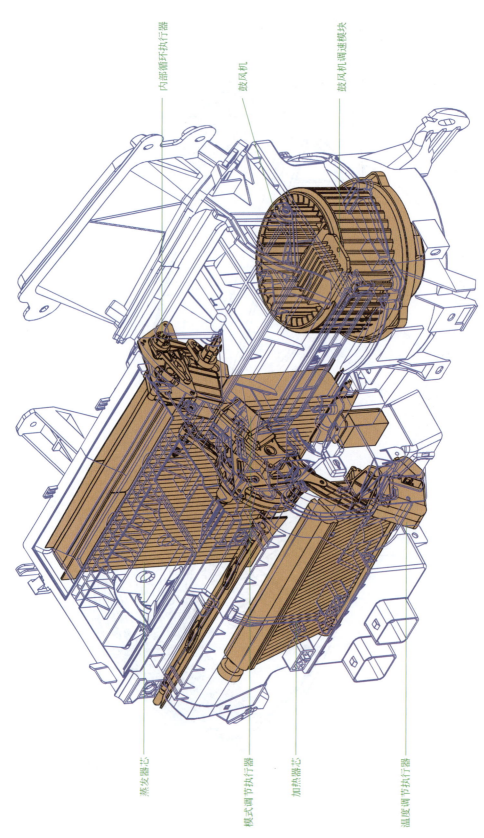

图 8-1-6 车内空调主机内部结构

8.2 整车控制器

整车控制器（vehicle control unit，VCU）即动力总成控制器。整车控制器是电动汽车的"大脑"，是整个控制系统的核心部件，主要接收各传感器的信号，接收驾驶员发出的指令，并作出相应判断后，控制各执行部件进行相应的动作。

电动汽车整车控制器包括微控制器、模拟量输入和输出、开关量调理、继电器驱动、高速CAN总线接口、电源等模块。整车控制器对电动汽车动力链的各个环节进行管理、协调和监控，以提高整车能量利用率，确保安全性和可靠性。整车控制器采集驾驶信号，通过CAN总线获得电机和电池系统的相关信息，进行分析和运算，再通过CAN总线给出电机控制和电池管理指令，实现整车驱动控制、能量优化控制和制动回馈控制。整车控制器还具有综合仪表接口功能，可显示整车状态信息；具备完善的故障诊断和处理功能；具有整车网关及网络管理功能。整车控制器结构原理如图8-2-1所示。

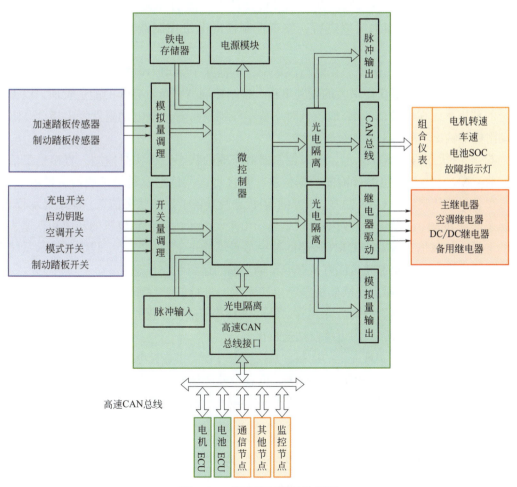

图8-2-1　整车控制器结构原理

8.2.1　整车控制器的功能

① 对汽车行驶的控制。电动汽车的驱动电机必须按照驾驶员意图输出驱动或制动转矩。当驾驶员踩下加速踏板或制动踏板时，驱动电机要输出一定的驱动功率或再生制动功率。踏板开度越大，驱动电机的输出功率越大。因此，整车控制器要合理解释驾驶员的操作；接收整车各子系统的反馈信息，为驾驶员提供决策反馈；对整车的各子系统发送控制指令，以实现车辆的正常行驶。

② 整车的网络化管理。为了使汽车的众多电子控制单元和传感器之间快速、有效、无障碍地进行数据交换，博世公司于20世纪80年代研制出CAN总线。整车控制器是电动汽车众多控制器中的一个，是CAN总线中的一个节点。在整车网络管理中，整车控制器是信息控制的中心，负责信息的组织与传输、网络状态的监控、网络节点的管理以及网络故障的诊断与处理。

③ 制动能量回馈控制。电动汽车以电机作为驱动转矩的输出机构。电机具有回馈制动能量的性能，此时电机作为发电机，利用电动汽车的制动能量发电，同时将此能量储存在储能装置中，当满足充电条件时，将能量反充给动力电池。在这一过程中，整车控制器根据加速踏板和制动踏板的开度及动力电池的SOC值来判断某一时刻能否进行制动能量回馈，如果可以进行，整车控制器向电机控制器发出制动指令，回收部分能量。

④ 整车能量管理和优化。在电动汽车中，电池除了给动力电机供电以外，还要给电动附件供电，因此为了获得最大的续驶里程，整车控制器将负责整车的能量管理，以提高能量的利用率。在电池的SOC值较低时，整车控制器将对某些电动附件发出指令，限制电动附件的输出功率，来增加续驶里程。

⑤ 车辆状态的监测和显示。整车控制器对车辆的状态进行实时监测，直接采集信号和接收CAN总线上传感器传输的数据信息，并且将这些信息发送给车载信息显示系统，其过程是通过传感器和CAN总线，监测车辆状态及其各子系统状态信息，驱动显示仪表，将状态信息和故障诊断信息经过显示仪表显示出来。显示内容包括电机的转速和车速、电池的电量、故障信息等。当CAN线路的某一节点不能正常通信时，车载信息显示系统上会显示该故障信息，使驾驶员能直接获取车辆当前的运行状态信息。

⑥ 故障诊断与处理。连续监视整车电控系统，进行故障诊断。故障指示灯指示出故障类别和部分故障代码。根据故障内容，及时进行相应的安全保护处理。对于不太严重的故障，能做到以低速行驶到附近维修站进行检修。

⑦ 外接充电管理。实现充电的连接，监控充电过程，报告充电状态，直至充电结束。

⑧ 诊断设备的在线诊断和离线检测。负责与外部诊断设备的连接和诊断通信，实现整车诊断服务，包括数据流读取、故障代码的读取和清除、控制端口的调试。

8.2.2　整车控制器的技术要求

直接向整车控制器发送信号的传感器包括加速踏板传感器、制动踏板传感器和挡位开关，其中加速踏板传感器和制动踏板传感器输出模拟信号，挡位开关输出开关量信号。整车控制器通过向电机控制器、电池管理系统发送指令间接控制驱动电机运转和动力电池充放电，通过控制主继电器来实现车载模块的通断电。根据整车控制网络的构成以及对整车控制器输入和输出信号的分析，整车控制器应满足以下技术要求。

① 设计硬件电路时，应该充分考虑电动汽车的行驶环境，注重电磁兼容性，提高抗干扰能力。整车控制器在软硬件上都应该具备一定的自保护能力，以防止极端情况的发生。

② 整车控制器需要有足够多的 I/O 接口，能够快速、准确地采集各种输入信息，至少具备两路 A/D 转换通道用于采集加速踏板信号，应该具有多个开关量输入通道，用于采集汽车挡位信号，同时应该具有多个用于驱动车载继电器的功率驱动信号输出通道。

③ 整车控制器应该具备多种通信接口，CAN 通信接口用于与电机控制器、电池管理系统和车载信息显示系统通信，RS-232 通信接口用于与上位机通信，同时预留了一个 RS-485/RS-422 通信接口，这可以将不支持 CAN 通信的设备兼容，例如某些车型的车载触摸屏。

④ 不同路况条件下，汽车会遇见不同的冲击和振动，整车控制器应具备良好的抗冲击性能，才能保证安全性和可靠性。

8.3 照明与信号系统

8.3.1 结构与原理

照明与信号系统（图 8-3-1）能够保证车辆在黑夜、恶劣天气及复杂交通状况下的行车安全。汽车照明系统是为了保证汽车在光线不好的条件下提高车辆行驶安全性和运行速度而设置的。照明系统可分为车外照明装置（前大灯、前雾灯、倒车灯等）和车内照明装置（顶灯、阅读灯、行李厢灯等）。汽车信号系统是用于汽车提示其他车辆或行人的灯光（声音）信号（或标志），通常由转向信号装置、制动信号装置、电喇叭等组成，以保证汽车行驶的安全性。

汽车前大灯（前照灯）是用于照亮前方路面和环境，以保证汽车全天候安全行驶的照明装置。汽车前大灯最初使用较多的卤素大灯已逐渐被氙气灯、LED 灯、激光灯等替代。

卤素灯（图 8-3-2）是一种新型白炽灯，灯泡中掺入某种卤素（如碘、溴、氯等），工作时，利用卤钨再生循环反应延长灯泡的使用寿命。

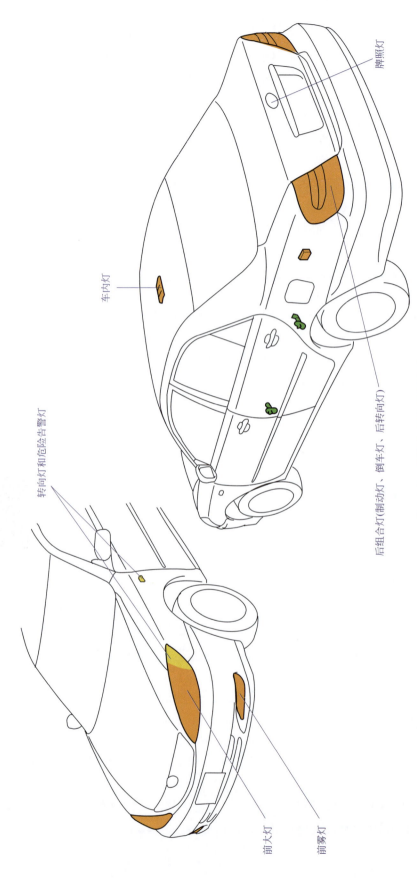

图 8-3-1 照明与信号系统组成

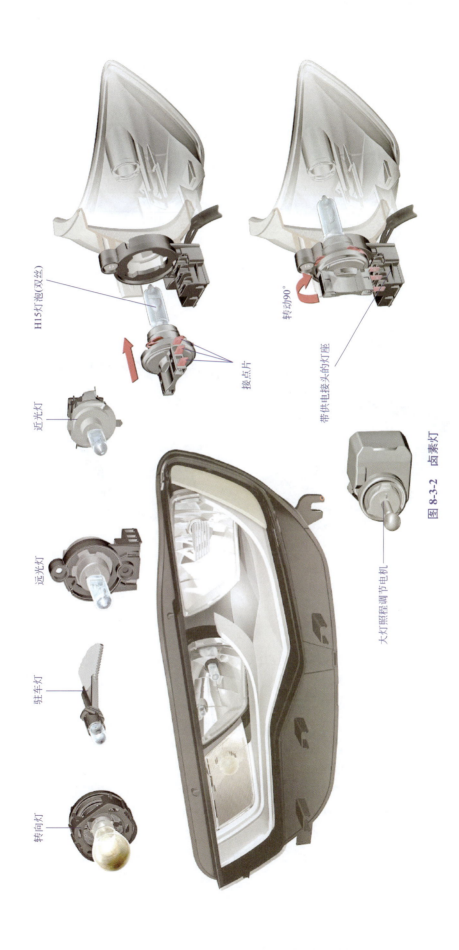

图 8-3-2 卤素灯

氙气灯（图 8-3-3）也称高压气体放电灯（high intensity discharge，HID）。其原理是在抗紫外线石英玻璃管内，以多种化学气体填充，其中大部分为氙气等惰性气体，通过升压器（安定器）将汽车上的 12V 直流电瞬间升压至 23000V，激发石英玻璃管内的氙气电离，在两电极之间产生光源，这就是气体放电。氙气灯亮度是卤素灯的 3 倍以上，使用寿命是卤素灯的 10 倍以上，因此得到了广泛的应用。

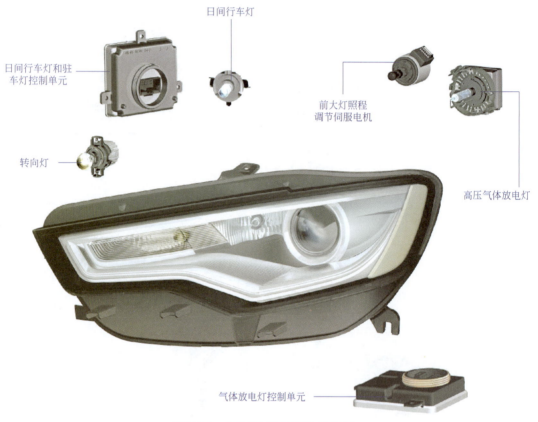

图 8-3-3　氙气灯（高压气体放电灯）

LED 灯（图 8-3-4）是指采用 LED（发光二极管）为光源的大灯。由于 LED 具有亮度高、颜色种类丰富、低功耗、寿命长的特点，因此 LED 灯正逐渐应用于汽车领域，但目前 LED 灯的制造成本还较高。

矩阵式 LED 灯（图 8-3-5）由多个 LED 灯组成，单个 LED 发光元件均可单独打开、调暗和关闭，如果在数量足够的情况下，矩阵式 LED 灯甚至能组合出上百万种灯光，这是普通 LED 灯无法做到的。

与 LED 灯发光的光源不同，激光灯的光源是激光二极管，它与 LED 灯相比，可以保持更好的不发散性。如果把 LED 的光线比作手电筒，那么激光灯的光线就像是激光笔。

激光灯相比 LED 灯照明亮度更高，照射距离更远，体积更小，能耗低 30%，使用寿命更长，弊端同样是成本太高。宝马激光大灯外观如图 8-3-6 所示，激光产生原理如图 8-3-7 所示。

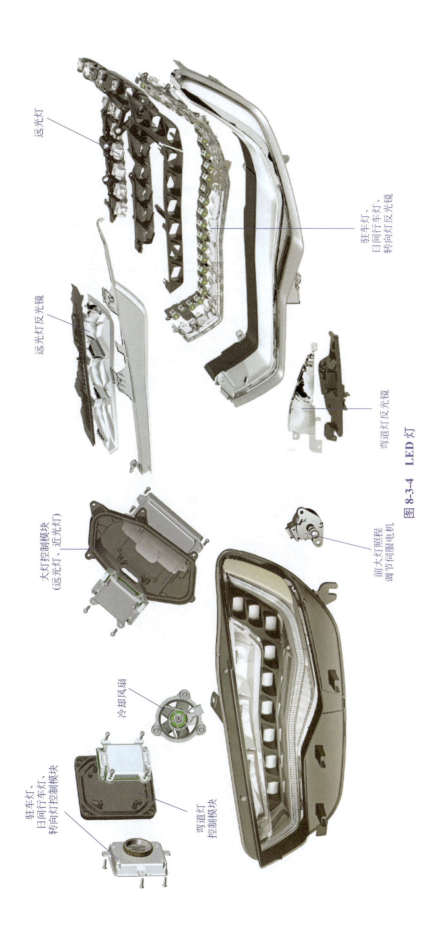

图 8-3-4 LED 灯

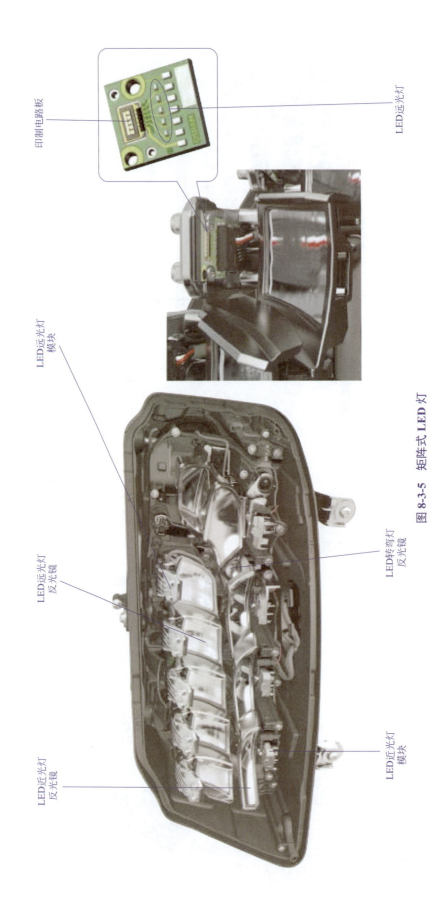

图 8-3-5 矩阵式 LED 灯

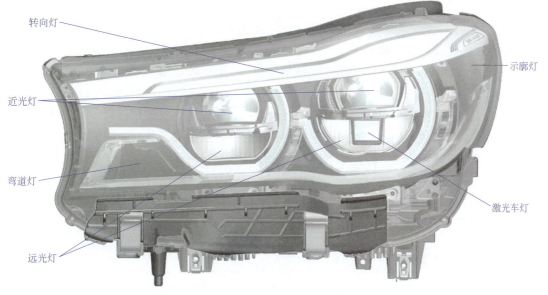

图 8-3-6 宝马激光大灯外观

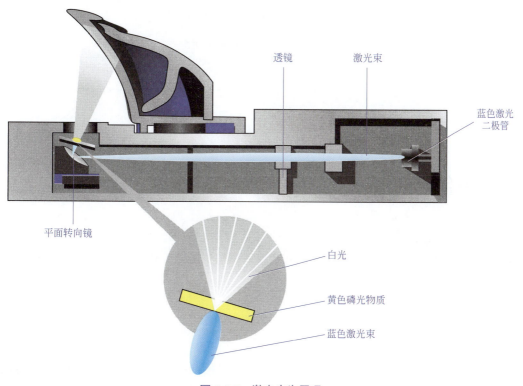

图 8-3-7 激光产生原理

8.3.2 维修实例

汽车灯光最常见的故障有灯不亮、灯光暗淡、忽明忽暗以及异响等。造成的原因一般是灯丝烧断、导线脱落、接地不良、短路或者断路。常见的检测方法有直接诊断法、断路法、短路法、试灯法等。

直观诊断法：汽车电路发生故障时，有时会出现冒烟、火花、异响、焦臭、发热等异常现象，这些现象可直接观察到，从而可以判断出故障所在部位。

断路法：汽车电路中电气设备发生搭铁故障时，可用断路法判断，即将怀疑有搭铁故障的电路段断开后，观察电气设备中搭铁故障是否还存在，以此来判断电路搭铁的部位和原因。

短路法：汽车电路中出现断路故障，还可以用短路法判断，即用旋具（螺丝刀）或导线将被怀疑有断路故障的电路短接，观察仪表指针变化或电气设备的工作状况，从而判断出该电路中是否存在断路故障。

试灯法：用一只汽车用灯泡作为试灯，检查电路中有无断路故障。

汽车灯光常见故障原因及处理方法见表8-3-1。

表 8-3-1 汽车灯光常见故障原因及处理方法

故障原因	处理方法
①线路断路或插接器松动	①维修线路或接好插接器
②接触不良	②检查、调整
③灯泡不亮	③更换
④开关触点烧蚀	④清除烧蚀物或更换
⑤熔丝烧断	⑤更换
⑥继电器工作不良或损坏	⑥检修或更换
⑦闪光器工作不良或损坏	⑦检修或更换
⑧变光器工作不良或损坏	⑧检修或更换

8.4 其他辅助系统

电动汽车的辅助系统如电动车窗、电动天窗、电动后视镜、电动座椅、雨刮洗涤系统与传统汽车相似，并无太大区别。只是电动汽车各车型不同，相应配置可能不尽相同，不过大体上相差不大。

8.4.1 电动车窗

驾驶员和乘客坐在座位上，利用开关便可使车窗玻璃自动升降，操作简单、便利，有利于行车安全。电动车窗主要由车窗电机、车窗升降调节器和控制开关等组成，如图8-4-1所示。

（1）电机　电动车窗一般使用双向永磁式电机，每个车窗一般安装一个电机。按下或抬起电动车窗开关，电机正向或反向转动，通过传动机构将动力传给车窗升降调节器，使车窗玻璃升高或降低。

（2）升降调节器　汽车升降调节器的常见类型有绳索式、交叉臂式，如图8-4-2所示。众泰E200采用了交叉臂式升降调节器。

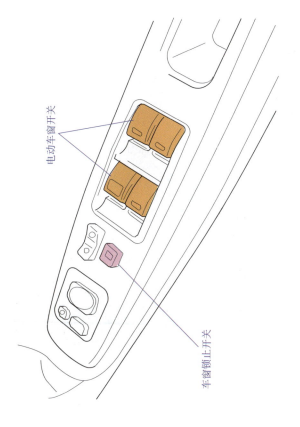
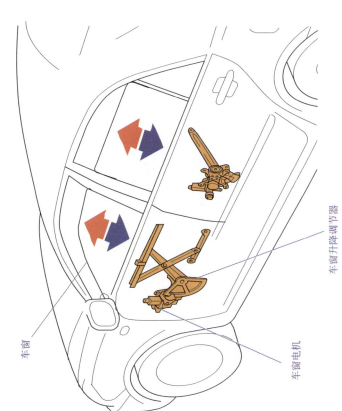

图 8-4-1 电动车窗

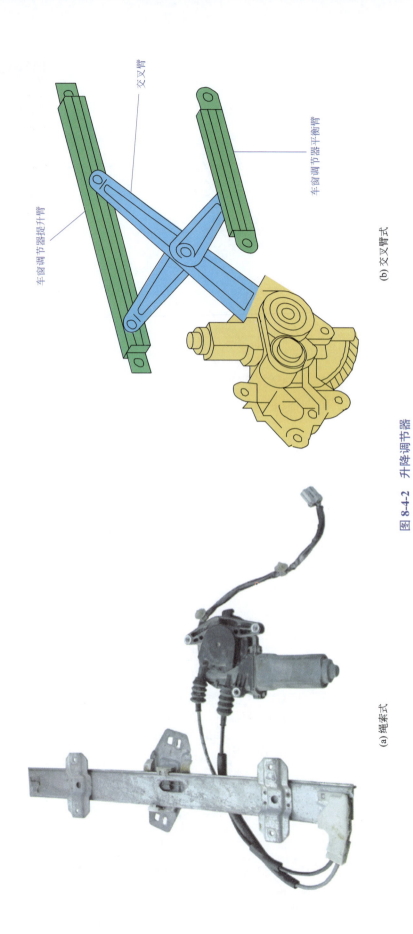

图 8-4-2 升降调节器

（3）控制开关 电动车窗控制开关分为主控开关（驾驶员侧）和分控开关（各乘客侧）。主控开关上的各车窗控制开关可控制相应车窗的升降，具有"Auto"功能的驾驶员侧车窗开关还可实现该侧车窗的自动升降功能。车窗锁止开关可切断各分控开关的控制功能。分控开关只能控制对应的车窗的升降。

8.4.2 电动天窗

汽车电动天窗依靠汽车在行驶过程中气流在汽车顶部的快速流动，有效地使车内空气流通，增加新鲜空气进入，为车主带来健康、舒适的感受。2017年款上汽荣威ERX5采用了电动天窗系统，该系统具有一键式滑动开启和关闭功能，所有对该天窗系统的操作均通过旋钮开关来完成。

2017年款上汽荣威ERX5电动天窗主要由天窗前玻璃板、天窗后玻璃板、天窗遮阳帘、导轨、滑动机构、天窗电机、天窗遮阳帘电机等组成（图8-4-3），其系统控制如图8-4-4所示。

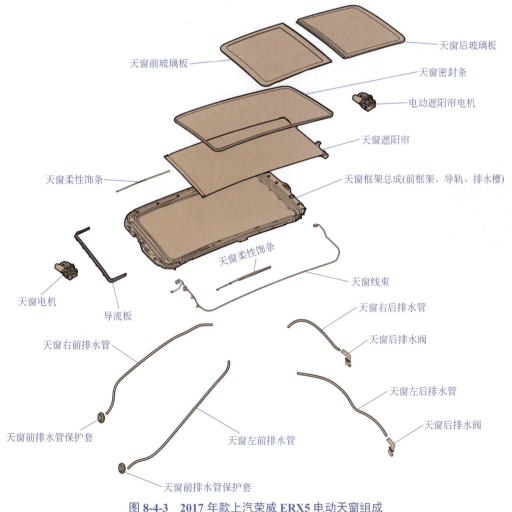

图 8-4-3　2017年款上汽荣威ERX5电动天窗组成

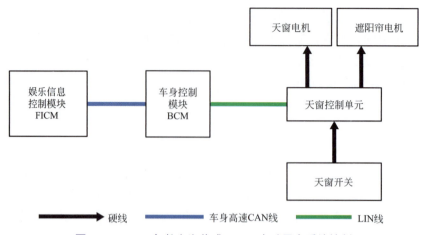

图 8-4-4　2017 年款上汽荣威 ERX5 电动天窗系统控制

8.4.3　电动后视镜

汽车后视镜的位置直接关系到驾驶员能否观察到后方情况，与行车安全有着密切的关系。采用电动后视镜，通过开关进行调节，操作方便。汽车的电动后视镜一般由镜片、驱动电机、控制电路及操纵开关等组成，广汽丰田 ix4 电动后视镜结构如图 8-4-5 所示。

在每个后视镜镜片的背后都有两个双向电机，可操纵其上下及左右运动。通常上下方向的倾斜运动由上/下调节电机控制，左右方向倾斜运动由左/右调节电机控制。通过改变电机的电流方向，即可完成后视镜的位置调整。

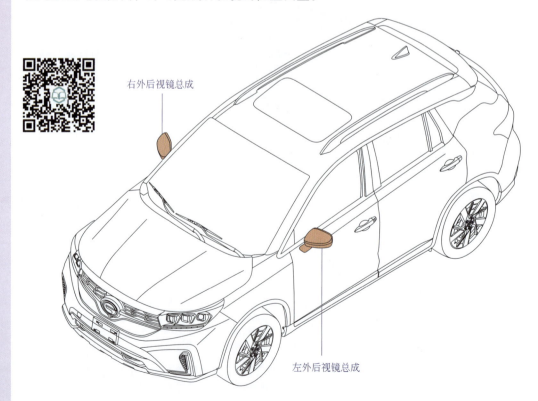

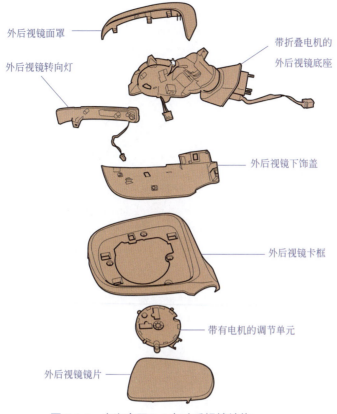

图 8-4-5　广汽丰田 ix4 电动后视镜结构

8.4.4　电动座椅

汽车电动座椅的主要功能是为驾驶员提供便于操作、舒适而安全的驾驶位置，为乘客提供不易疲劳、舒适而又安全的乘坐位置。电动汽车电动座椅与传统汽车相似，一般由电机、调节开关、传动机构等组成，如图 8-4-6 所示。部分车型电动座椅还带有座椅加热、通风等功能，例如 2017 年款上汽荣威 ERX5 插电式混合动力汽车的电动座椅就具有加热功能。

当按动某一按钮时，电流就由蓄电池出发，经过所操作的开关进入相应的电机，最后到达接地点，电机获得电流开始旋转，带动传动机构运动，进行调节，当驾驶员松开按钮后，调节动作终止。电机的旋转运动通过传动机构改变座椅的空间位置。

电动座椅高度调整机构由蜗杆轴、蜗轮、齿条、心轴等组成，调整时，蜗杆轴在电机的驱动下带动蜗轮转动，从而保证心轴旋进或旋出，实现座椅的上升或下降；纵向调整机构由蜗杆、蜗轮、齿条、导轨等组成，齿条装在导轨上，调整时，电机转矩经蜗杆传至蜗轮，经导轨上的齿条，带动座椅向前或向后移动；靠背调整机构由两个调整齿轮与连杆组成，调整时，电机带动两侧的调整齿轮转动，调整齿轮与连杆联动，通过连杆的动作可调整靠背倾角。

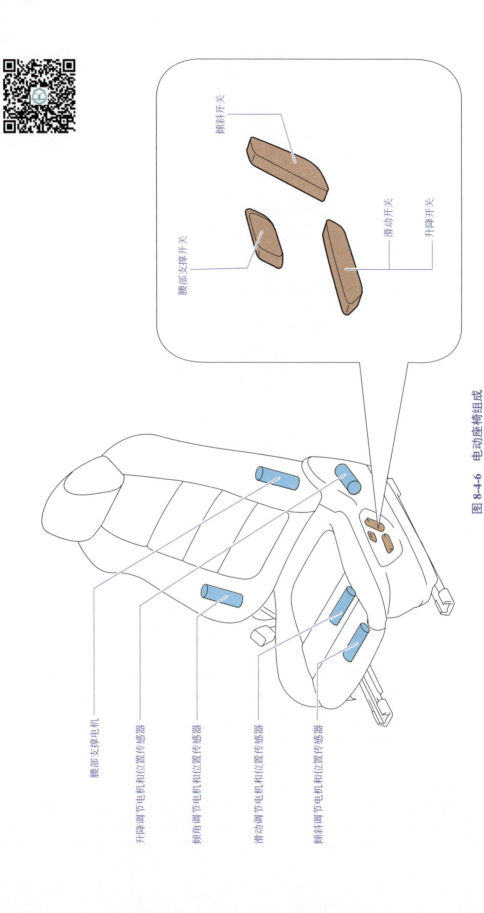

图 8-4-6　电动座椅组成

8.4.5 雨刮洗涤系统

雨刮洗涤系统是汽车的标准配置,主要用于清洗和刷除风窗玻璃上的雨水、雪和灰尘,以保证驾驶员的视觉效果,广汽丰田 ix4 电动雨刮洗涤系统部件位置如图 8-4-7 所示。有的汽车前大灯也有雨刮器和清洗器系统,以保证雨雪天气尤其是夜间的行车安全。

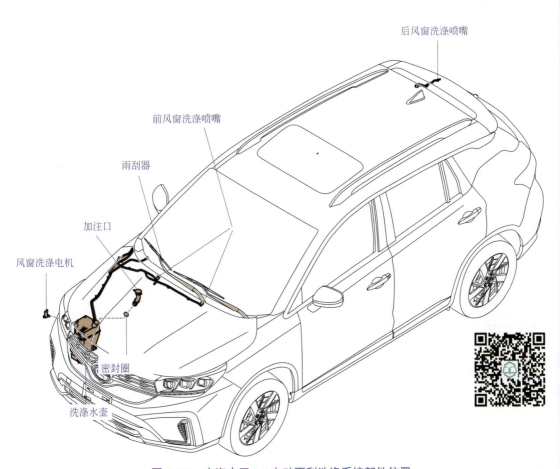

图 8-4-7　广汽丰田 ix4 电动雨刮洗涤系统部件位置

(1) 雨刮器　电动雨刮器的组成如图 8-4-8 所示,雨刮器一般安装在风窗玻璃的下部。雨刮电机安装在底板上,雨刮连接杆连接雨刮片总成(由雨刮臂、雨刮片等组成)。

当驾驶员按下雨刮器的开关时,电机启动,电机旋转运动经过蜗轮和蜗杆的减速增矩作用,由轴端的蜗杆传给蜗轮,蜗轮上的偏心销钉与连接杆连接,蜗轮转动时通过连接杆使摆杆摆动,然后经连接杆使雨刮臂带动雨刮片总成往复运动,从而实现对风窗玻璃的刮扫。

部分车型的雨刮器加装有电子调速器,该调速器附带雨量感应功能,能根据雨量的大小自动调节雨刮臂的摆动速度,雨大时雨刮臂摆得快,雨小时雨刮臂摆得慢,雨停时雨刮臂也停止摆动。

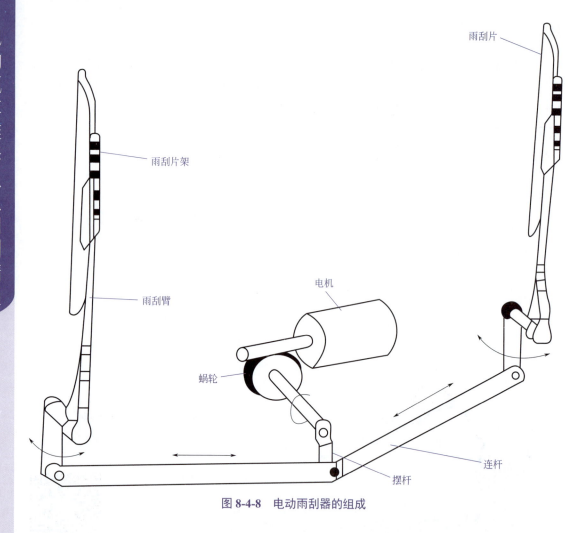

图 8-4-8 电动雨刮器的组成

（2）**清洗器** 风窗玻璃洗涤装置如图 8-4-9 所示，主要包括储液罐、洗涤泵、软管、喷嘴等。

洗涤泵一般由永磁直流电机和离心式叶片泵组装成一体，喷射压力可达 70～88kPa。洗涤泵大多数直接安装在储液罐上，但也有安装在管路内的。洗涤泵喷嘴安装在风窗玻璃的下面，大多数车型的喷嘴方向可以根据使用情况进行调整，能够使洗涤液喷射在风窗玻璃的适当位置。

洗涤泵的连续工作时间不应超过 1min。对于雨刮器和清洗器分别控制的汽车，应先开启洗涤泵，再接通雨刮器。喷水停止后，雨刮器应继续刮动 3～5 次，以达到更好的清洁效果。

（3）**开关** 雨刮器与清洗器开关组合在一起，安装在转向盘右下方（参见图 8-4-9）。雨刮器和清洗器开关操纵杆端部旋钮有 OFF（关闭）、INT（间歇）、LO（低速）、HI（高速）、ON（清洗器洗涤操作）几个工作挡位，当旋钮转到某挡位时，雨刮器便做相应的动作，将操纵杆向上抬时，洗涤泵工作，洗涤液喷出。

开关上各挡代表不同的工作模式。其中，间歇控制挡一般是通过电机的复位开关触点与电容的充放电功能使雨刮器以一定周期进行刮扫,每动作一次停止 2～12s,以此减少对驾驶员的干扰。

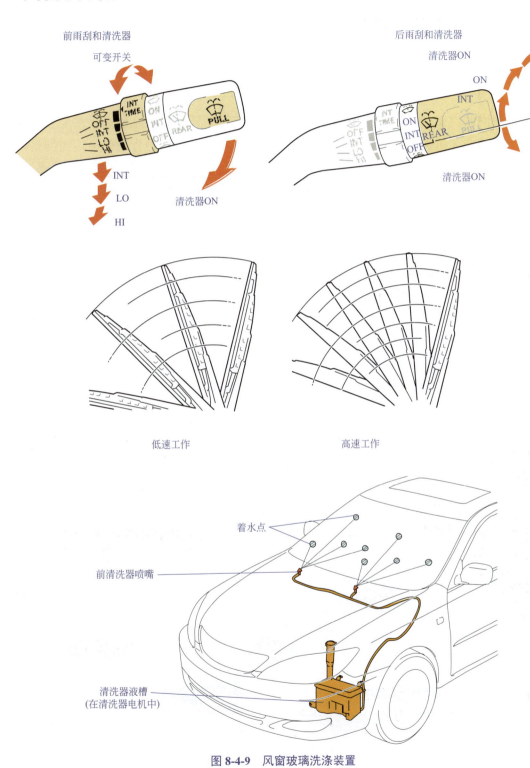

图 8-4-9 风窗玻璃洗涤装置

8.5 电动汽车智能网联系统

8.5.1 智能网联汽车的定义

智能网联汽车（intelligent connected vehicle，ICV）是车联网与智能车的有机联合，是指搭载先进的车载传感器、控制器、执行器等装置，并融合现代通信与网络技术，实现车与X（车、路、行人、云端等）智能信息交换、共享，具备复杂环境感知、智能决策、协同控制等功能，可实现车辆"安全、高效、舒适、节能"行驶，并最终可实现替代人来操作的新一代汽车。也就是说，无人驾驶是汽车智能化、网联化的终极发展目标。

可从三个维度对智能网联汽车进行解析，即"智能""网联""汽车"："智能"是指搭载先进的车载传感器、控制器、执行器等装置和车载系统模块，使其具备复杂环境感知、智能化决策与控制等功能；"网联"主要指信息互联共享能力，即通过通信与网络技术，实现车内、车与车、车与环境间的信息交互；"汽车"是智能终端载体的形态，既可以是燃油汽车，也可以是新能源汽车，未来以新能源汽车为主。

从广义上讲，智能网联汽车是以车辆为主体和主要节点，融合现代通信和网络技术，使车辆与外部节点实现信息共享和协同控制，以达到车辆安全、有序、高效、节能行驶的新一代多车辆系统，如图8-5-1所示。

图 8-5-1　智能网联汽车

8.5.2 智能网联汽车的分级

智能网联汽车分级的标准并不是全球统一的,各个国家会根据本国国情等进行一些改动,我国对智能网联汽车进行智能化和网联化两个方面分级。

(1) 智能化分级 我国把智能网联汽车的智能化划分为 5 个等级,见表 8-5-1。

表 8-5-1 智能网联汽车智能化等级

智能化等级	等级名称	等级定义	控制	监视	失效应对	典型工况
人监控驾驶环境						
1	驾驶辅助(DA)	系统根据环境信息对行驶方向和加减速中的一项操作提供支持,其他驾驶操作都由驾驶员完成	驾驶员与系统	驾驶员	驾驶员	车道内正常行驶,高速公路无车道干涉路段,停车(泊车)工况
2	部分自动驾驶(PA)	系统根据环境信息对行驶方向和加减速中的多项操作提供支持,其他驾驶操作都由驾驶员完成	驾驶员与系统	驾驶员	驾驶员	高速公路及市区无车道干涉路段,换道、环岛绕行、跟车等工况
自动驾驶系统监控驾驶环境						
3	有条件自动驾驶(CA)	由自动驾驶系统完成所有驾驶操作,根据系统请求,驾驶员需要提供适当的干预	系统	系统	驾驶员	高速公路正常行驶工况,市区无车道干涉路段
4	高度自动驾驶(HA)	由自动驾驶系统完成所有驾驶操作,特定环境下系统会向驾驶员提出响应请求,驾驶员可以对系统请求不进行响应	系统	系统	系统	高速公路全部工况及市区有车道干涉路段
5	完全自动驾驶(FA)	自动驾驶系统可以完成驾驶员能够完成的所有道路环境下的操作,不需要驾驶员介入	系统	系统	系统	所有行驶工况

驾驶辅助(1级)包括自适应巡航控制、车道偏离预警、车道保持、盲区监测、自动制动、辅助泊车等。

部分自动驾驶(2级)包括车道内自动驾驶、换道辅助等。

有条件自动驾驶(3级)包括高速公路自动驾驶、城郊公路自动驾驶、协同式队列行驶、交叉口通行辅助等。

高度自动驾驶(4级)有堵车辅助系统、高速公路自动驾驶系统及泊车引导系统等。目前,高度自动驾驶的技术尚未应用在量产车型上,在未来几年时间,部分技术的量产车型将会实现。

完全自动驾驶(5级)的实现将意味着自动驾驶汽车真正进入了人们的生活,驾驶员从根本上得到解放。驾驶员可在车上从事其他活动,如上网、办公、娱乐和休息等。同时,目前完全自动驾驶汽车还要受到政策、法律等相关条件的制约,真正量产还任重而道远。

(2)网联化分级　在网联化方面按照网联通信内容的不同,将智能网联汽车划分为3个等级,见表8-5-2。目前,我国汽车网联化处于起步阶段,属于1级。

表 8-5-2　智能网联汽车网联化等级

网联化等级	等级名称	等级定义	控制	典型信息	传输需求
1	网联辅助信息交互	基于车-路、车-后台通信,实现导航等辅助信息的获取以及车辆行驶数据与驾驶员操作等数据的上传	驾驶员	地图、交通流量、交通标志、油耗、里程、驾驶等	传输实时性、可靠性要求较低
2	网联协同感知	基于车-车、车-路、车-人、车-后台通信,实时获取车辆周边交通环境信息,与车载传感器的感知信息融合,作为自车决策控制系统的输入	驾驶员与系统	周边车辆、行人、非机动车位置、信号灯相位、道路预警等信息	传输实时性、可靠性要求较高
3	网联协同决策与控制	基于车-车、车-路、车-人、车-后台通信,实时并可靠获取车辆周边交通环境信息及车辆决策信息,车-车、车-路等各交通参与者之间信息进行交互融合,形成车-车、车-路等各交通参与者之间的协同决策与控制	驾驶员与系统	车-车、车-路之间的协同控制信息	传输实时性、可靠性要求最高

8.5.3　新能源汽车智能网联系统构成及原理

新能源汽车智能网联系统主要由环境感知层、智能决策层、控制和执行层组成,如图8-5-2所示。

环境感知层的主要功能是通过车载环境感知技术、卫星定位技术、4G/5G 及 V2X(车与外界的信息交换)无线通信技术等,实现对车辆自身属性和车辆外在属性(如道路、车辆和行人等)静、动态信息的提取和收集,并向智能决策层输送信息。

智能决策层的主要功能是接收环境感知层的信息并进行融合,对道路、车辆、行人、交通标志和交通信号等进行识别,决策分析和判断车辆驾驶模式和将要执行的操作,并向控制和执行层输送指令。

控制和执行层的主要功能是按照智能决策层的指令,对车辆进行操作和协同控制,并为联网汽车提供道路交通信息、安全信息、娱乐信息、救援信息以及商务办公、网上消费等,保障汽车安全行驶和舒适驾驶。

图 8-5-2 智能网联系统组成

8.5.4 智能网联汽车特殊功能系统

智能网联汽车与一般汽车在功能上相比，主要增加了环境感知与定位系统、无线通信系统、车载自组织网络系统和先进驾驶辅助系统等。

(1) 环境感知与定位系统（图 8-5-3） 主要功能是通过各种传感技术和定位技术感知车辆本身状况和车辆周围状况。传感器主要包括超声波传感器、激光雷达、毫米波雷达、视觉传感器、车速传感器、加速度传感器、陀螺仪、转向盘转角传感器等，通过这些传感器，感知车辆行驶速度、行驶方向、运动姿态、道路交通情况等。定位技术主要使用GPS、中国北斗卫星导航系统以获取车辆的位置和航向信息。

(2) 无线通信系统（图 8-5-4） 主要功能是利用电磁波信号在自由空间中的传播特性进行各种数据和信息的传输，根据距离可分为短距离无线通信技术（一般是几厘米至几百米）和远距离无线通信技术。

短距离无线通信技术 为车辆安全系统提供实时响应的保障，并为基于位置信息服务提供有效支持。它具有低成本、低功耗和对等通信三个重要特征。短距离无线通信技术有蓝牙技术、紫蜂（ZigBee）技术、Wi-Fi 技术、超宽带（UWB）技术、60GHz 技术、红外（IrDA）技术、射频识别（RFID）技术、近场通信（NFC）技术、可见光（VLC）技术、专用短程通信（DSRC）技术、LTE-V 技术等。

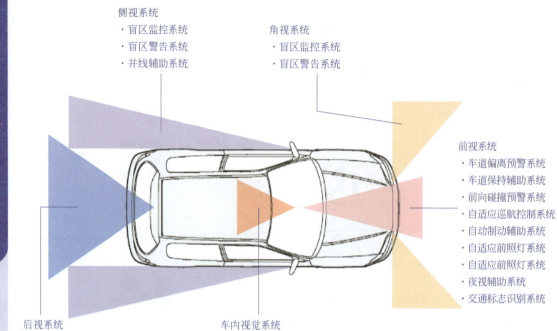

(a) 环境感知系统

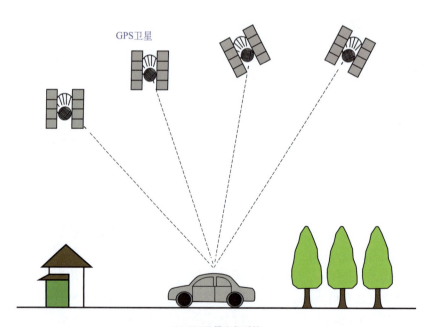

(b) GPS卫星定位系统

图 8-5-3　环境感知与定位系统

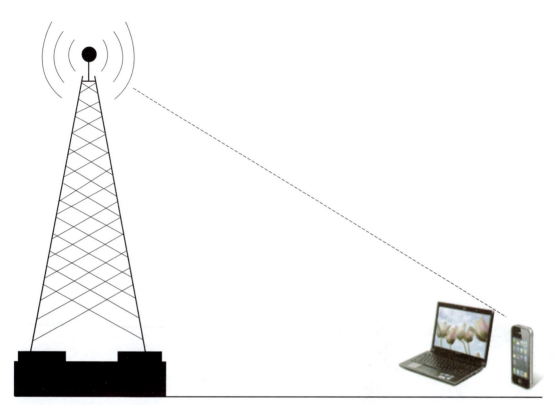

图 8-5-4 无线通信系统

当无线通信传输距离超过短距离无线通信的传输距离时，称为远距离无线通信。远距离无线通信技术主要有移动通信、微波通信和卫星通信等。远距离无线通信技术用于提供即时的互联网接入，在智能网联汽车上的应用主要是 4G/5G 技术。

（3）车载自组织网络系统（图 8-5-5） 是一种自组织、结构开放的车辆间通信网络系统，主要功能是提供 V2X 之间的通信，通过结合定位系统及无线通信技术，如无线局域网、蜂窝网络等，可为处于高速移动状态的车辆提供高速率的数据接入服务，并支持车辆之间的信息交互，已成为保障车辆行驶安全，提供高速数据通信、智能交通管理及车载娱乐的有效技术。

车载自组织网络系统是智能交通系统未来发展的通信基础，也是智能网联汽车安全行驶的保障。典型应用包括车辆行驶安全预警、辅助驾驶、分布式交通信息发布以及基于通信的纵向车辆行驶控制等。

（4）先进驾驶辅助系统（图 8-5-6） 主要功能是利用环境感知技术提前感知车辆及其周围情况，发现危险及时预警，提醒驾驶员或执行器介入汽车操作，保障车辆安全行驶。先进驾驶辅助系统（ADAS）是智能网联汽车的重要组成部分，是无人驾驶汽车的关键技术和过渡形态。其按照环境感知系统的不同可分为自主式和网联式两种。

① 自主式先进驾驶辅助系统 基于车载传感器完成环境感知，依靠车载中央控制系统进行分析决策，技术较为成熟，多数已经装备量产车型。自主式先进驾驶辅助系统按照功能可分为自主预警类、自主控制类和视野改善类等。

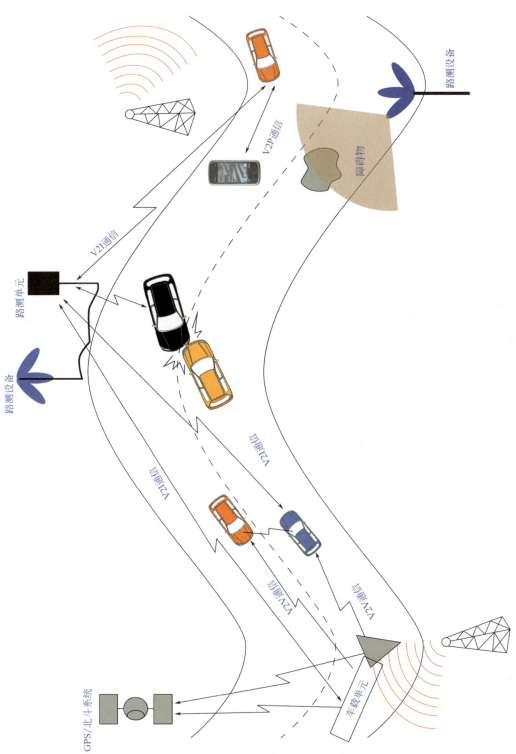

图 8-5-5 车载自组织网络系统

动作执行
- 语音提醒
- 自动转向
- 自动制动等

执行器

安全控制
- 自适应巡航控制
- 车道保持辅助
- 自动制动辅助等

算法、ECU

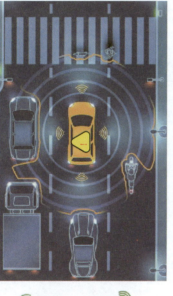

环境感知
- 道路识别
- 车辆识别
- 行人识别等

雷达、摄像头等

摄像头

雷达

图 8-5-6 先进驾驶辅助系统

自主预警是指自动监测车辆可能发生的碰撞危险并提醒，从而防止发生危险或减轻事故伤害。自主预警类先进驾驶辅助系统主要有前向碰撞预警系统、车道偏离预警系统、盲区监测系统、驾驶员疲劳预警系统等，见表8-5-3。

表 8-5-3　自主预警类 ADAS

系统名称	功能介绍
前向碰撞预警系统	识别潜在的危险情况，并通过提醒，帮助驾驶员避免或减轻碰撞事故
车道偏离预警系统	可能偏离车道时给予驾驶员提示，减少因车道偏离而发生的事故
盲区监测系统	检测盲区内行驶车辆或行人
驾驶员疲劳预警系统	推断驾驶员的疲劳状态，进行报警提示或采取相应措施

自主控制是指自动监测车辆可能发生的碰撞危险并提醒，必要时系统会主动介入，从而防止发生危险或减轻事故伤害。自主控制类先进驾驶辅助系统主要有车道保持辅助系统、自动制动辅助系统、自适应巡航控制系统、自动泊车辅助系统等，见表8-5-4。

表 8-5-4　自主控制类 ADAS

系统名称	功能介绍
车道保持辅助系统	修正即将越过车道线的车辆，使车辆保持在车道线内
自动制动辅助系统	当车辆与前车处于危险距离时，主动产生制动效果让车辆减速或紧急停车，减少因距离过短而发生的事故
自适应巡航控制系统	使车辆始终与前车保持安全距离
自动泊车辅助系统	自动泊车入位

视野改善是指提高在视野较差环境下的行车安全性。视野改善类先进驾驶辅助系统主要有自适应前照明系统、夜视辅助系统、平视显示系统、全景泊车系统等，见表8-5-5。

表 8-5-5　视野改善类 ADAS

系统名称	功能介绍
自适应前照明系统	自动调节前照明系统的工作模式
夜视辅助系统	晚上使用热成像，呈现行人或动物
平视显示系统	将汽车驾驶辅助信息、导航信息、ADAS 信息等以投影方式显示在前方，方便阅读
全景泊车系统	360°全景提示

② 网联式先进驾驶辅助系统　基于 V2X 通信完成环境感知，依靠云端大数据进行分析决策。网联式先进驾驶辅助系统功能主要有交通拥堵提醒、闯红灯警示、弯道车速警示、停车标志间隙辅助、减速区警示、限速交通标志警示、现场天气信息警示、过大车辆警示等。警示不仅告知驾驶员注意安全，而且可以通过 V2V（车辆与车辆通信）、V2I（车辆与基础设施通信）警示附近的车辆，从而协助防止相撞，例如有车辆在十字路口的死角闯红灯时起作用。

目前主要以自主式先进驾驶辅助系统为主，网联式先进驾驶辅助系统处于试验中，自主式、网联式及技术融合是智能网联汽车先进驾驶辅助系统的发展趋势，如图8-5-7所示。

技术融合方案
- 技术融合能够协助对人类感官的足够模仿
- 技术融合能够降低对各种昂贵传感器的依赖，并降低对整个V2I投资的需求
- 技术融合方案能够提供必要的功能冗余水平，以确保该技术能够百分之百地实时运行

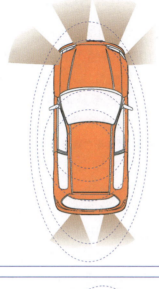

网联式：采用车辆互联的方案
- DSRC不能针对行人、自行车等实时工作
- 基于DSRC的V2I技术需要大量的基础设施投入
- V2V需要高度的行销渗透，以可靠地传递市场价值

自主式：采用传感器的方案
- 不能充分地模仿人类感官
- 对于大众市场不实用
- 在城市交通网络中缺乏对周围环境360°的足够测绘

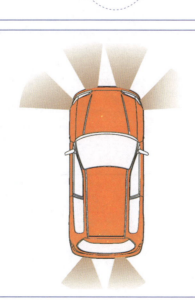

图 8-5-7　自主式和网联式的融合

8.5.5 广汽新能源 ADiGO 3.0 自动驾驶系统功能

广汽新能源 ADiGO 3.0 自动驾驶（有条件的）系统将被搭载于 AionLX（埃安 LX）车上，使其实现 L3 级自动驾驶（有条件的）。该系统搭载了"高精地图 + 高精雷达 +Mobileye EyeQ4 摄像头"，且配备了驾驶员疲劳监测（DMS）和转向盘脱离预警（HOD）功能。

在交通拥堵的城市中，该系统可提供后车接近预警（RAW）、拥堵低速自动跟车（TJA）、交叉路口横向交通提醒功能（FCTA）。遇到紧急情况时，车辆具备紧急制动（AEB）和前方碰撞预警（FCW）功能；且在停车过程中，自动泊车（APA）、停车后开门预警（DOW）、后方横向交通预警（RCTA）可为用户提供辅助，如图 8-5-8 所示。

在高速行驶过程中，系统具备全速域智能跟车（IACC）、车道偏离警告（LDW）、车道保持辅助（LKA）、交通标识识别（TSR）功能。在不具备变道条件时，车辆拥有紧急车道保持辅助（ELK）功能，具备变道条件时，车辆可完成自动安全变道（ILC），期间有邻车道后方来车预警（LCA）辅助，如图 8-5-9 所示。

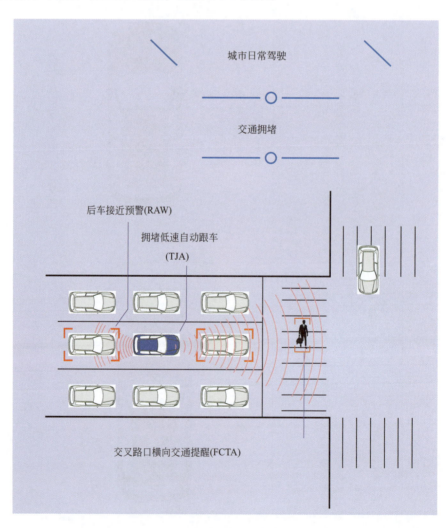

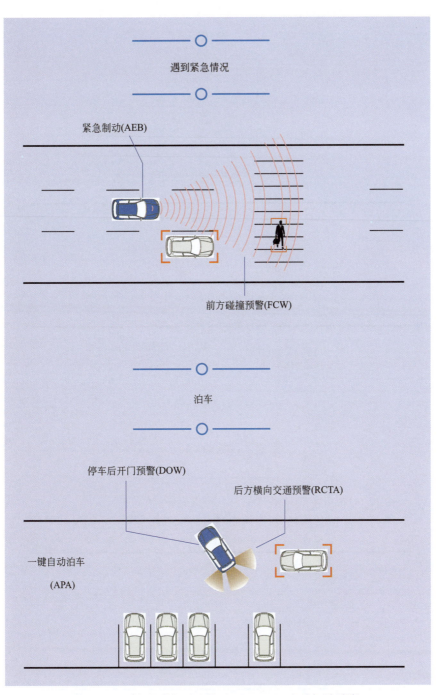

图 8-5-8 城市日常驾驶功能（ADiGO 3.0 自动驾驶系统）

此外，该系统还配备了高精地图，专供自动驾驶系统使用，直接服务于智能驾驶决策控制器，而传统地图则是为驾驶员提供导航，两者性质不同。得益于高精地图可达到 0.1m 以内的定位精度，车辆可准确获取车道级信息，可预判车辆前方 1km 的路况，从而提前规划最优行车路线，如图 8-5-10 所示。

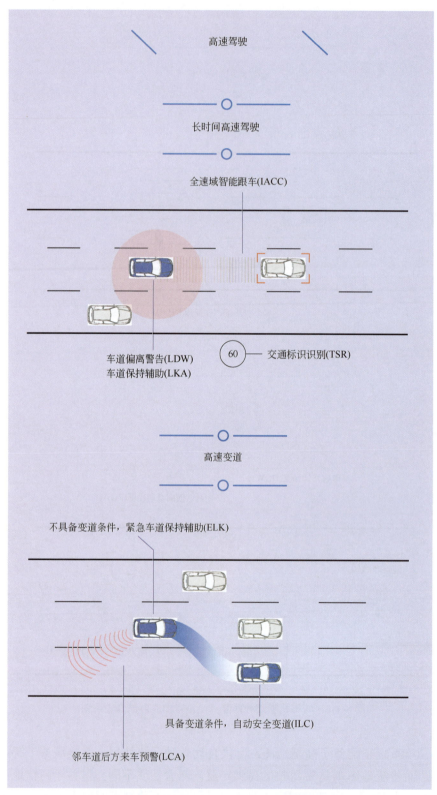

图 8-5-9 高速驾驶功能(ADiGO 3.0 自动驾驶系统)

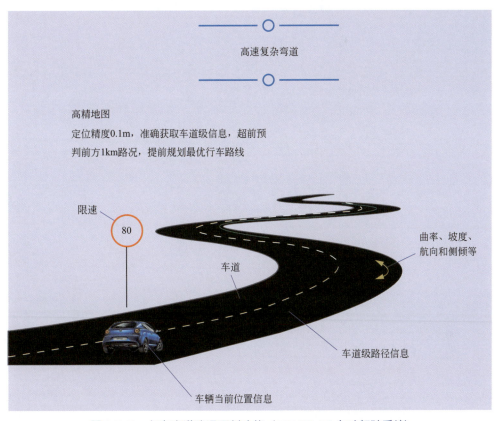

图 8-5-10　复杂弯道路况预判功能（ADiGO 3.0 自动驾驶系统）

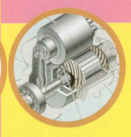

第 9 章

电动汽车保养与维护

9.1 保养周期

表 9-1-1 列出的车辆外部保养项目应经常进行,除非特别说明。

表 9-1-1　车辆外部保养项目

项目	内容
车门与发动机盖	检查所有车门、发动机盖、行李厢盖等都可以正常开闭。所有锁闩都锁紧牢靠。如需要,进行润滑。确认当释放发动机盖主锁后,第二道锁仍可以防止发动机盖打开。如果经常在撒盐的道路或其他有腐蚀性物质的地区行驶,还应经常检查润滑情况
车灯	确认前大灯、制动灯、尾灯、转向信号灯和其他灯光设备都可以正常使用,固定牢靠,同时应检查前大灯对光功能
轮胎螺母	检查轮胎螺母是否丢失、松动,必要时重新拧紧
轮胎	每显示10000km应进行一次轮胎换位。经常用压力表检查轮胎压力,包括备胎。将每个轮胎的压力调整到规定值。仔细检查轮胎是否有损坏、开裂和过度磨损
四轮定位与车轮平衡	如果车辆在平直道路上行驶时跑偏,或者发现不等或不正常的轮胎磨损,可能需要调整四轮定位参数。如果转向盘或座椅在高速公路上振动,需要调整轮胎平衡
风窗玻璃	定期清洁风窗玻璃。至少每六个月检查一次风窗玻璃是否有裂纹或者其他损坏,如有需修理
风窗玻璃雨刮片	若刮水效果不好,检查是否断裂或者磨损
风窗玻璃雨刮器和清洗器	检查雨刮器和清洗器的工作是否正常,及雨刮器是否刮出条纹

表 9-1-2 中的车辆内部保养项目应定期进行,例如在进行定期保养、清洗车辆时。

表 9-1-2　车辆内部保养项目

项目	内容
警告灯和蜂鸣器	确保所有警告灯和蜂鸣器均工作正常
风窗玻璃除霜器	检查空调系统工作时空气是否能从除霜器出气孔正确排出,并充分吸入空气
转向盘	检查转向盘的自由行程是否在标准范围内,自由行程≤30mm。检查转向性能的变化,如自由行程过大、转向沉重或异常噪声
座椅	检查座椅方向操作装置,如座椅调节装置、靠背调节器等,确保各方向调节操作顺畅,检查头枕可以上下调节顺畅,且头枕扣牢靠
安全带	检查安全带系统所有零部件(如搭扣、地脚螺栓、调整器和卷缩器)的工作是否正常,是否灵活,安装是否牢靠。检查安全带是否开裂、过度磨损等

续表

加速踏板	检查踏板是否操作顺畅，确认踏板不会卡住或不均匀受力，确保地板垫远离踏板
制动踏板	检查踏板是否操作顺畅，确认当踩到底时距底板有合适的距离，确保地板垫远离踏板
制动	检查制动过程中车辆是否发生跑偏
驻车制动	定期检查驻车，只使用驻车，车辆应该在坡道上停稳
电子换挡 P 挡位置	检查换挡杆上的 P 挡按钮操纵正确、顺畅，确认在一个合适的坡道上，仅拉起 P 挡，没有进行任何制动的情况下，车辆可以停稳

表 9-1-3 列出的发动机舱与车辆下部保养项目应定期进行。

表 9-1-3　发动机舱与车辆下部保养项目

制动液面	确认制动储液罐内的液面高度在"MAX"和"MIN"两线之间
液体泄漏	在汽车停止一段时间后，检查车辆下面有无油、水或其他液体泄漏，空调系统使用后的滴水是正常的，如果发现有明显的泄漏，查找原因并立即修理
12V 蓄电池	检查每个单元格内的液面高度，应该在"MAX"和"MIN"两线之间。车辆在高温环境下或恶劣工况下工作，要及时检查 12V 蓄电池的液面高度
车底板	车底板经常暴露在腐蚀性物质中，如使用在结冰路面或者灰尘较大路面。去除这些物质非常重要，因为这些物质会导致底盘和骨架生锈。在冬天结束后，车底板应用清水彻底冲洗，特别是污泥和灰尘容易积聚的区域

表 9-1-4 提供了两种不同的维护保养时间表（表 9-1-5、表 9-1-6），根据车辆主要运行条件进行安排。100000km 或者 60 个月后，根据相同的里程或者时间间隔开展定期保养。

表 9-1-4　两种不同的维护保养时间表

表 9-1-5	如果驾驶工况包括以下一个或多个驾驶条件，则维修保养周期按照表 9-1-5 执行 ▶重复少于 8km 的短途旅行 ▶重复少于 16km 并且室外温度持续低于 0℃ 的短途旅行 ▶在炎热天气里，交通高峰时间启、停行驶 ▶长距离低速行驶，如警车、出租车或者快递用车 ▶在灰尘较大的环境下行驶 ▶在粗糙的、泥泞的或者是撒盐的路面上行驶 ▶在车顶部搬运	EV 系统保养
		底盘与车身保养
表 9-1-6	如果驾驶工况不在表 9-1-5 中，则按照表 9-1-6 规定的周期进行保养	EV 系统保养
		底盘与车身保养

表 9-1-5　维护保养时间表（一）

保养操作		间隔周期										
		EV 系统（R= 更换，I= 检查，如有必要调整或者更换）										
按里程或时间间隔进行保养	1000km	6	10	20	30	40	50	60	70	80	90	100
	月数	3	6	12	18	24	30	36	42	48	54	60
电池系统		I		I		I		I		I		I
充电接口		I		I		I		I		I		I
充电器		I		I		I		I		I		I
减速器油		I		I		I		I		I		I
底盘和车身保养												
制动管和拉丝		I		I		I		I		I		I
制动盘和制动片		I	I	I	I	I	I	I	I	I	I	I
制动液		I		R		R		R		R		I
转向器、转向拉杆、驱动轴、悬架零件		I		I		I		I		I		I
驱动轴护套		I	I	I	I	I	I	I	I	I	I	I

表 9-1-6　维护保养时间表（二）

保养操作		间隔周期										
		EV 系统（R= 更换，I= 检查，如有必要调整或者更换）										
按里程或时间间隔进行保养	1000km	6	10	20	30	40	50	60	70	80	90	100
	月数	3	6	12	18	24	30	36	42	48	54	60
电池系统		I		I		I		I		I		I
充电接口		I		I		I		I		I		I
充电器		I		I		I		I		I		I
减速器油		I		I		I		I		I		I
底盘和车身保养												
制动管和拉丝		I		I		I		I		I		I
制动盘和制动片		I		I		I		I		I		I
制动液		I				R				R		
转向器、转向拉杆、驱动轴、悬架零件		I		I		I		I		I		I
驱动轴护套		I		I		I		I		I		I

9.2 车辆举升

常见的举升机类型有小剪式（单剪式）举升机、大剪式（子母式）举升机、超薄小剪式举升机、四柱式举升机、龙门二柱式举升机、移动单柱式举升机、双柱式举升机、四轮定位剪式举升机。小剪式举升挖槽安装后与地相平，大剪式举升和超薄小剪式举升会高于地面，但相比于其他举升机会节省空间。

举升位置举例如图 9-2-1 和图 9-2-2 所示。

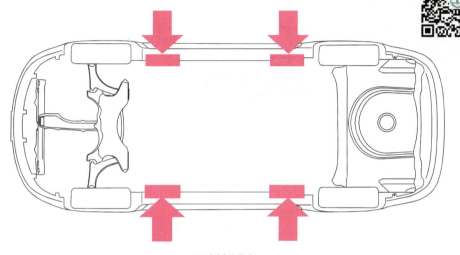

(a) 车辆举升点

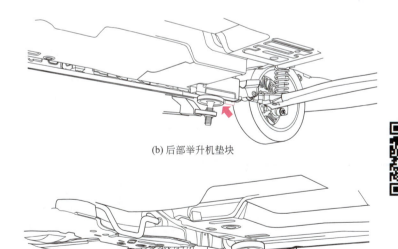

(b) 后部举升机垫块

(c) 前部举升机垫块

图 9-2-1　吉利帝豪 EV450 举升位置

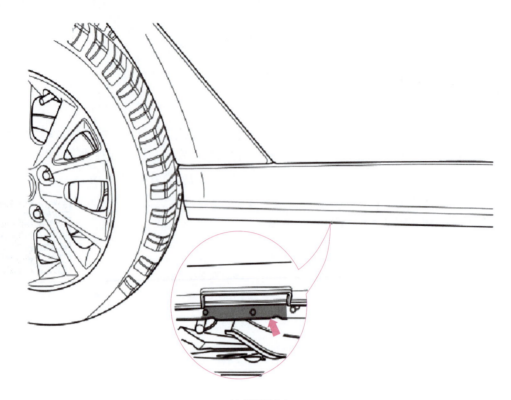

(a) 前端举升点

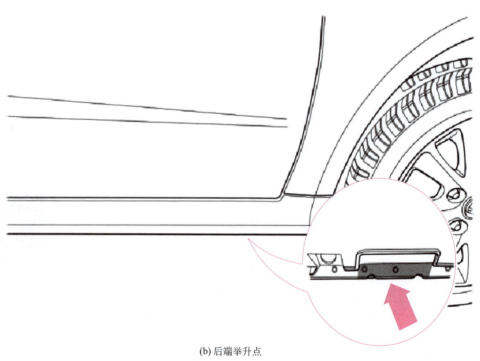

(b) 后端举升点

图 9-2-2 北汽 E200 举升位置

9.3 保养时的检查作业

9.3.1 电气系统工作状态检查

① 检查前组合灯、后雾灯、昼间行车灯、转向信号灯、后组合灯(固定部分)、后组合灯(活动部分)、高位制动灯和牌照灯的亮度和工作状况。
② 检查车内照明灯的工作状况。
③ 检查蜂鸣器、控制单元、仪表板中所有开关及喇叭的工作状况。
④ 检查电动车窗、电动外后视镜、中控门锁的工作状况。
⑤ 检查大屏播放器总成的接收状况和抗干扰性,并检查扬声器。

9.3.2 轮胎检查

① 检查轮胎胎面是否损坏和有异物。
② 如果发现轮胎胎面有双边磨损或中心磨损,需调整轮胎气压。
③ 如果发现轮胎胎面有单边磨损或锯齿形磨损,需检查前轮前束和车轮外倾角,必要时进行调整(图 9-3-1)。

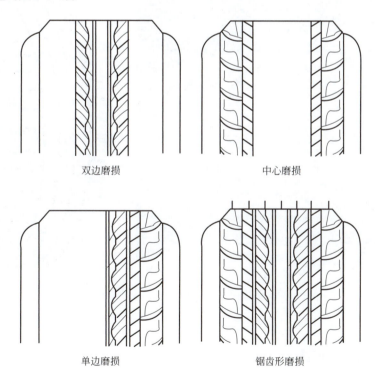

图 9-3-1 轮胎磨损

④ 检查轮胎胎面单侧是否磨损、疏松多孔、有切口和刺穿，如图 9-3-2 所示。

图 9-3-2　轮胎侧面磨损

⑤ 观察轮胎胎肩的磨损标记，如果胎肩磨损至磨损标记位置，必须更换新的轮胎，如图 9-3-3 所示。

⑥ 观察轮胎胎沟底部的磨损标记，如果胎面磨损至胎沟底部的磨损标记，必须更换新的轮胎（图 9-3-4）。

图 9-3-3　轮胎胎肩磨损标记

图 9-3-4　轮胎胎面磨损标记

9.3.3　安全带检查

① 检查安全带功能。

a. 用力快速往下拉动安全带，检查安全带卷收器是否锁止灵敏，若不能快速锁止则更换。

b. 拉出安全带检查安全带是否可以顺利收回。

② 检查安全带锁扣、锁舌。

a. 检查锁扣外壳是否变形、脱落和开裂，如有损坏则更换。

b. 检查锁舌是否变形、开裂，如有损坏则更换。

c. 将锁舌插入锁扣，检查锁舌能否被锁止，经过 5 次以上的反复检查，锁舌只要有 1 次未能锁止在锁扣内，则更换。

③ 检查安全带。

a. 从安全带自动回卷装置中完全拉出安全带。

b. 检查安全带是否脏污，必要时用中性肥皂液清洗。

c. 检查安全带是否有以下损坏，若有则更换：安全带断裂、扯破或擦伤；安全带带边织物线圈撕裂；有被香烟等烫过的痕迹；安全带带边一面变形或安全带边缘呈波浪状。

9.3.4　蓄电池检查

① 检查蓄电池壳体是否损坏（图 9-3-5）。壳体损坏会导致酸液流出，流出的蓄电池酸液会造成车辆严重损坏，应迅速用电解液稀释剂或肥皂液处理被电解液所接触的汽车零件。

图 9-3-5　蓄电池外观检查

② 如图 9-3-6 所示，检查蓄电池接线端是否受损，如果蓄电池接线端损坏，将无法保证良好接触；如果蓄电池接线端未正确连接和拧紧，可能导致线路失火，并因此导致极大的电气设备功能故障，从而无法确保汽车安全运行。

③ 检查蓄电池电缆是否腐蚀或断裂，必要时更换。

④ 晃动蓄电池电缆，检查其是否安装牢固。

⑤ 若蓄电池正极电缆未固定牢固，则先将蓄电池负极电缆断开，再紧固蓄电池正极电缆，然后重新安装并紧固蓄电池负极电缆螺母。

图 9-3-6　蓄电池电缆检查

> **注 / 意**
>
> 在进行全面检测前，务必通过目测检查蓄电池的外部状态、连接情况及位置是否固定。如果未正确固定蓄电池，可能导致其损坏。检测蓄电池是否牢固，必要时以规定的拧紧力矩拧紧固定螺母。

⑥ 使用万用表检查蓄电池电压（图 9-3-7）。

图 9-3-7　使用万用表检查蓄电池电压

9.3.5　安全气囊检查

① 检查驾驶员安全气囊。
a. 安全气囊识别标记是转向盘垫板上的"AIRBAG"。
b. 目视检查塑料外壳是否损坏，必要时更换。
② 检查前乘员安全气囊。
a. 安全气囊识别标记是仪表板右侧手套箱上方的"AIRBAG"。

b. 目视检查塑料外壳是否损坏，必要时更换。

③ 检查侧安全气囊。

a. 安全气囊识别标记是车门侧座椅旁边的"AIRBAG"。

b. 目视检查标记位置处是否有损坏，如有则更换。

④ 检查安全气囊故障指示灯。检查仪表的安全气囊故障指示灯是否亮起，如点亮则检查安全气囊系统。

9.3.6 冷却液检查

① 检查冷却液液位。

a. 检查冷却系统冷却液液位（图9-3-8）。

图 9-3-8　冷却液液位检查

b. 检查暖风系统冷却液液位。

② 检查冷却液冰点。

a. 使用吸管将冷却液滴在折射计玻璃上，观测冷却液冰点数值（图9-3-9）。

b. 读取冷却液冰点数值（图9-3-10）。

> **注 / 意**
>
> 　　当冷却系统处于热状态时，勿打开膨胀箱加注口盖，否则热蒸汽或沸腾的冷却液会从膨胀箱中飞溅出来对人体造成伤害。
>
> 　　冷却液有毒，保持容器密封并存放在儿童不易触摸到的位置，如果发现误食，立即就医。
>
> 　　防止冷却液与皮肤或眼睛接触，如果接触，立即用大量清水冲洗。
>
> 　　切勿向冷却液中添加防腐剂，此操作可能与冷却液或驱动电机不相适合。勿与其他冷却液混用，车辆所选择冷却液冰点应低于当地最低气温10～15℃。
>
> 　　冷却液有腐蚀性，会损坏漆面。如果冷却液加注时外溢，立刻使用吸水布吸掉多余冷却液，并使用车辆清洗剂进行清洗。

图 9-3-9　冷却液冰点检查

图 9-3-10　冷却液冰点读数

> **注 / 意**
>
> 在明暗分界线上读取检测的相关数值，为了更好地分辨明暗分界线，可用吸管在折射计玻璃上滴一滴水，便可通过"水线"清晰识别明暗分界线。

9.3.7　洗涤液液位检查

打开加注口盖，将洗涤液加至加注口弯曲处下方可视区域，切勿加注过多。

注/意

不可使用其他液体代替洗涤液，否则可能造成洗涤管路堵塞，或刮刷效果差，而且极有可能对车身漆面造成腐蚀。

9.3.8 制动液检查

① 检查制动液液位。制动液液位应位于 MAX（最高）与 MIN（最低）两标记之间，如图 9-3-11 所示。

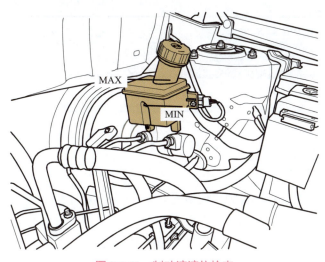

图 9-3-11 制动液液位检查

② 检查制动液质量。使用制动液快速探测笔，检查制动液质量，若制动液质量不符合要求，则更换制动液。

9.3.9 喇叭检查

按压喇叭开关，检查喇叭是否鸣响。

 注/意

在 5 次以上的检测过程中，即使有 1 次未响，也必须检修喇叭系统。

9.3.10 雨刮片检查

① 清洁风窗玻璃表面，清洁雨刮片胶条，加注洗涤液，检查功能，必要时调整喷嘴。

② 检查雨刮片胶条是否有裂痕、割伤、变形和磨损等，必要时更换，如图 9-3-12 所示。

图 9-3-12　雨刮片检查

9.3.11　天窗检查

① 目视检查天窗的密封和腐蚀损伤情况。
② 检查天窗的开启和关闭功能是否正常。
③ 清洁滑动天窗的导轨，必要时用润滑脂润滑导轨。

9.3.12　齿轮油检查

拆卸减速器齿轮油加注螺塞，检查齿轮油液位，如图 9-3-13 所示。

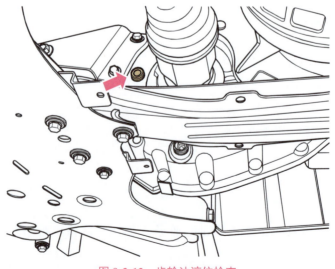

图 9-3-13　齿轮油液位检查

注/意

减速器齿轮油液位应与减速器加注螺塞平齐。

9.3.13 制动系统检查

① 检查制动摩擦片。

a. 拆卸车轮。

b. 测量内、外制动摩擦片的厚度,如图 9-3-14 所示。

图 9-3-14 测量内、外制动摩擦片的厚度

前摩擦片标准厚度:12mm。
后摩擦片标准厚度:11mm。
前摩擦片有效磨损厚度:10mm。
后摩擦片有效磨损厚度:9mm。

 注/意

如果制动摩擦片厚度达到了磨损极限,必须予以更换。

② 检查制动盘。

a. 拆卸车轮。

b. 测量制动盘的厚度,如图 9-3-15 所示。

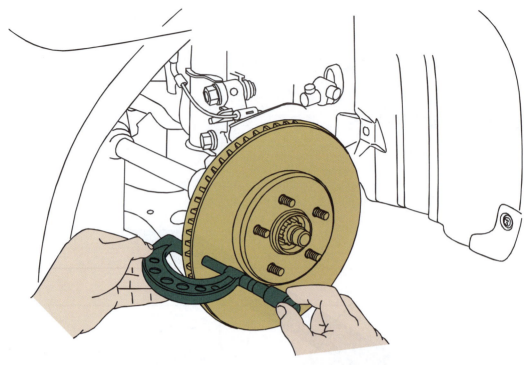

图 9-3-15 测量制动盘的厚度

> **注/意**
>
> 制动盘磨损超过规定值时,必须予以更换。

③ 检查制动踏板。

a. 关闭点火开关,连续踩制动踏板数次,直到真空助力器中没有真空,松开踏板,用手推制动踏板至踏板变沉,测量制动踏板自由间隙。

制动踏板自由间隙:≤11mm。

b. 松开制动踏板,掀开驾驶员侧地毯,测量制动踏板距地板的高度。

④ 检查驻车制动器。在制动器正常的情况下,将车辆行驶到坡度约为20%的斜坡上,踩下制动踏板并开启驻车制动,使车辆停在斜坡上,缓慢抬起制动踏板,车辆应最少保持5min不下滑,若车辆下滑则说明驻车制动有故障,应进行检修。

9.3.14 底盘检查

① 巡查底盘螺栓。巡视检查底盘各部件螺栓是否安装牢固。

② 检查传动轴。

a. 目视检查驱动轴防尘罩有无破裂或漏油现象,若有应更换防尘罩。

b. 检查驱动轴防尘罩卡箍是否松动,若松动应更换防尘罩卡箍。

c. 晃动两侧球节,检查球节有无松动、卡滞现象,若有应更换损坏的零部件。

③ 检查机械转向器。

a. 检查机械转向器与转向节连接是否牢固。

b. 检查机械转向器防尘罩卡箍是否破损。

c. 检查转向横拉杆是否松动。

④ 检查悬架系统。

a. 检查底盘各部件是否紧固牢靠。

b. 检查底盘各部件有无磕碰，若有严重磕碰则评估是否需要维修。

c. 检查悬架橡胶衬套，若老化则更换。

d. 检查减振器有无漏油现象。

e. 顶起车辆使轮胎离开地面，双手握住轮胎的上下侧，来回晃动轮胎数次。如果正常，应没有松旷的感觉。如果摇摆有明显松旷的感觉，则更换轮毂轴承。

9.3.15　三电系统检查

① 断开蓄电池负极。

② 断开手动维护开关。

③ 检查高压插接件、低压插接件外观，以及是否可靠安装，检查插接件是否有损坏，以及是否安装到位。

④ 检查集成电力驱动总成的可靠情况（检查高压线束的连接是否牢靠，检查固定支架是否松动，读取故障代码）。

⑤ 检查动力电池的可靠情况（检查与电池箱相连接的高压线束以及手动维护开关连接是否牢靠，用专用工具检测电芯工作状态，读取故障代码）。

⑥ 检查集成电源系统的可靠情况（检查高压插接件和低压插接件连接是否完好，检查低压 12V 正、负极线束连接是否可靠，检查安装螺栓是否紧固牢靠，读取故障代码）。

⑦ 检查特殊部位的高压线束（底盘下的高压线束及高压线束护板是否有损坏，与电机连接部位是否牢靠、完好，行李厢内高压线束连接是否牢靠、完好）。

⑧ 检查防爆阀。举升车辆，检查电池总成防爆阀是否脱落或损坏。

 提 / 示

防爆阀安装于电池总成侧面，检查时在举升车辆后由车辆后方（后悬架旁）观察防爆阀情况。

9.3.16　整车灯光检查

由一名技师在车内操作灯光，另一名技师观察灯光情况，检查灯光系统是否正常。

9.4 保养时的更换调整作业

9.4.1 制动液的排放和加注

（1）排放制动液

① 打开发动机罩，取下储液罐盖。

② 打开放气螺钉罩，安装透明软管到制动器放气螺钉上，另一端放入容器内，如图 9-4-1 所示。

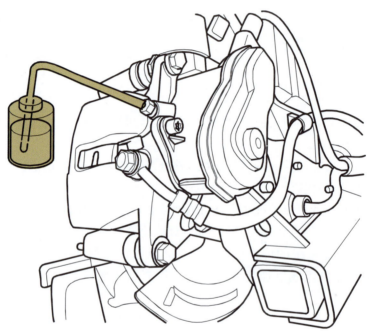

图 9-4-1　排放制动液

③ 拧松放气螺钉，连续踩下制动踏板，直至无制动液流出为止。

 注 / 意

> 此操作对每个车轮都要进行，以确保旧制动液完全排出。
> 制动液有较强的腐蚀性，勿使制动液溅到皮肤与漆面上，否则应立即清洗干净。

④ 安装储液罐盖。

（2）加注制动液

① 打开发动机罩，取下储液罐盖。

② 向储液罐内加注清洁的制动液。

注 / 意

观察储液罐液面高度,确保液面在 MAX 与 MIN 两标记之间。

制动液不得与其他型号制动液混用。

制动液有较强的腐蚀性,勿使制动液溅到皮肤与漆面上,否则应立即清洗干净。

(3) 排气

① 检查储液罐总成内制动液的液面,液面应在 MAX 和 MIN 两标记之间。

 注 / 意

在排气过程中,应始终保证液面在 MIN 标记之上,如排气过程中液面过低,应不断加注制动液。

② 清洁放气螺钉附近区域,打开放气螺钉罩,安装透明软管到放气螺钉上,另一端插进盛制动液的容器里。

③ 启动车辆,连续踩制动踏板几次后,保持在踩下状态,用油管扳手松开放气螺钉,直至有液体流出,当气泡不再流出时,拧紧放气螺钉。

④ 重复以上操作直到软管内再无气泡冒出。

 注 / 意

在制动系统排气过程中,要不断观察储液罐内的液面情况,使液面保持在规定范围内。

从系统内排出的制动液禁止再次使用。

⑤ 用同样的方法,对其他车轮制动管路依次进行排气。

⑥ 检查制动踏板是否发软,如果发软则重复排气步骤。

⑦ 重新检查制动液面高度,使之达到规定的液位。

9.4.2 减速器齿轮油的更换

(1) 排放减速器齿轮油

① 举升车辆,在车辆下方放置油液回收容器。

② 拆卸减速器加油螺塞。

③ 拆卸减速器放油螺塞,排放减速器齿轮油。

④ 排放完毕,拧紧放油螺塞。

(2) 加注减速器齿轮油

① 使车辆处于水平举升状态,使用齿轮油加注机加注齿轮油至油液液面刚好与加注

口下边缘平齐。

② 拧紧减速器加油螺塞。

9.4.3 空调滤清器的更换

(1) 拆卸滤芯总成

① 拆卸手套箱总成。

② 按下滤芯盖板解锁按钮,取下滤芯盖板。

③ 取出滤芯总成。

(2) 安装滤芯总成

① 装入滤芯总成。

 注 / 意

> 注意滤芯总成的安装面需朝上,如图9-4-2所示。

② 安装滤芯盖板。

③ 安装手套箱。

图 9-4-2　空调滤清器安装方向

9.4.4　前照灯的调整

① 保证轮胎充气压力正常。
② 不得损坏或弄脏大灯的灯罩。
③ 保证反光罩和灯泡正常。
④ 必须已加载汽车负荷。
⑤ 汽车行驶一段距离，多次压缩前、后悬架，使悬架调节到位。
⑥ 按照当地的法律规定对近光灯进行调整。

9.4.5　动力电池冷却液的更换

（1）排放冷却液

① 举升车辆，在车辆下方放置油液回收容器。
② 断开散热器至冷却液泵水管与动力电池冷却系统电动冷却液泵进水管的连接，如图 9-4-3 所示，排放散热器内的冷却液。
③ 排放完毕后，连接散热器至冷却液泵水管与动力电池冷却系统电动冷却液泵进水管。

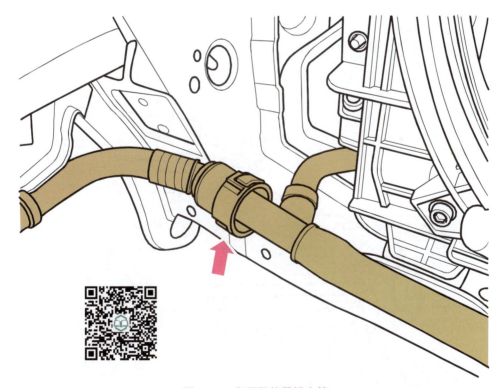

图 9-4-3　断开散热器排水管

④ 断开动力电池进、出水管总成与动力电池的连接，如图 9-4-4 所示，排放动力电池内的冷却液。
⑤ 排放完毕后，连接动力电池进、出水管总成与动力电池。

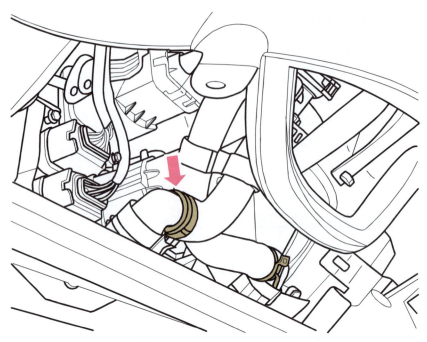

图 9-4-4 断开动力电池出水管

（2）加注冷却液

① 拆卸动力电池温控系统冷却液加注口盖。

② 加注动力电池温控系统冷却液，如图 9-4-5 所示。加注冷却液至 MAX 标记处。

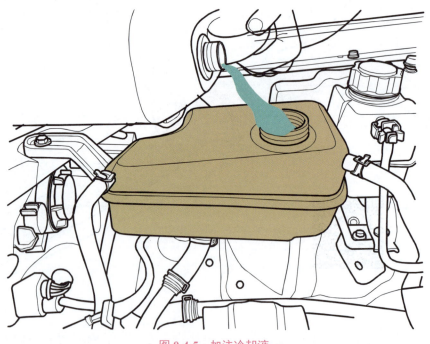

图 9-4-5 加注冷却液

③ 启动车辆，连接诊断仪，利用诊断仪加注初始化功能强制动力电池冷却系统电动

冷却液泵工作,如图 9-4-6 所示。

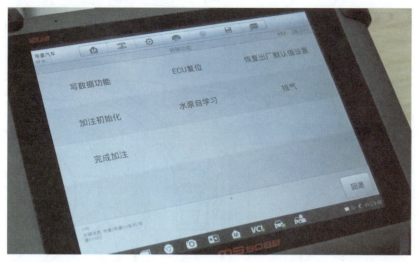

图 9-4-6　诊断仪加注初始化选项

④ 观察冷却液液位,如不足则添加冷却液至 MAX 与 MIN 两标记之间,如图 9-4-7 所示。加注完成后拧紧加注口盖。

图 9-4-7　检查冷却液液位

9.4.6　电机冷却液的更换

(1) 排放电机冷却液

① 举升车辆,在车辆下方放置油液回收容器。

② 断开电机散热器至电动冷却液泵水管与散热器的连接,如图 9-4-8 所示,排放电机冷却液。

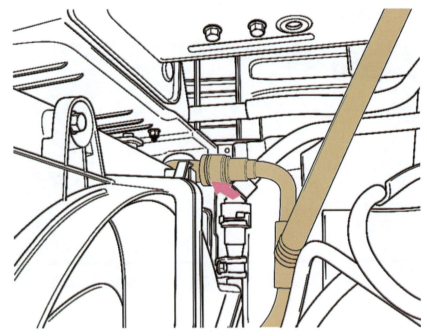

图 9-4-8　断开电机散热器冷却水管

③ 排放完毕后,连接电机散热器至电动冷却液泵水管与散热器。

(2) 加注电机冷却液

① 拆卸电机冷却液加注口盖,如图 9-4-9 所示。

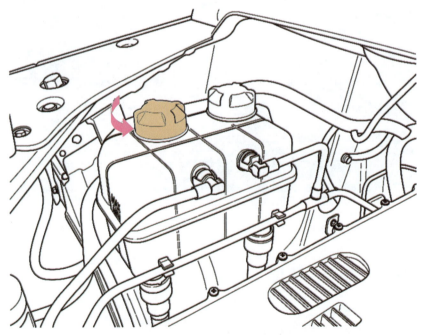

图 9-4-9　拆卸电机冷却液加注口盖

② 加注电机冷却液至 MAX 标记处。

③ 启动车辆，连接诊断仪，利用诊断仪加注初始化功能强制电机冷却系统电动冷却液泵工作。

④ 观察冷却液液位，如不足则添加冷却液至 MAX 与 MIN 两标记之间，加注完成后拧紧加注口盖。

9.4.7 暖风 PTC 加热器冷却液的更换

（1）排放暖风 PTC 加热器冷却液

① 举升车辆，在车辆下方放置油液回收容器。

② 断开暖风系统电动冷却液泵的进水管及出水管，如图 9-4-10 所示，排放暖风 PTC 加热器冷却液。

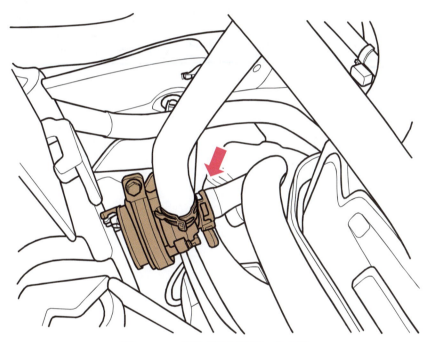

图 9-4-10　断开暖风系统进、出水管

③ 排放完毕后，连接暖风系统电动冷却液泵进水管及出水管。

（2）加注暖风 PTC 加热器冷却液

① 拆卸暖风水壶加注口盖。

② 加注冷却液至 MAX 标记处，如图 9-4-11 所示。

③ 启动车辆，连接诊断仪，利用诊断仪加注初始化功能强制暖风系统电动冷却液泵工作。

④ 观察冷却液液位，如不足则添加冷却液至 MAX 与 MIN 两标记之间，加注完成后拧紧加注口盖。

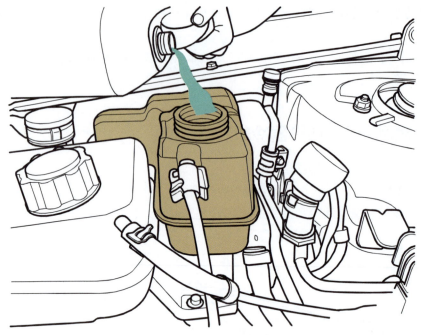

图 9-4-11　加注冷却液

第10章

一般维修操作

10.1 高压系统

10.1.1 零部件更换

(1) 吉利帝豪 EV450 驱动电机三相线束的更换

① 打开前机舱盖。
② 断开蓄电池负极电缆。
③ 车辆下电。
④ 拆卸三相线束与电机控制器线束连接器。
⑤ 拆卸三相线束的 3 个固定卡扣。
⑥ 拆卸三相线束连接器 3 个固定螺栓 1（安装力矩 9N·m），螺栓 1 位置如图 10-1-1 所示。

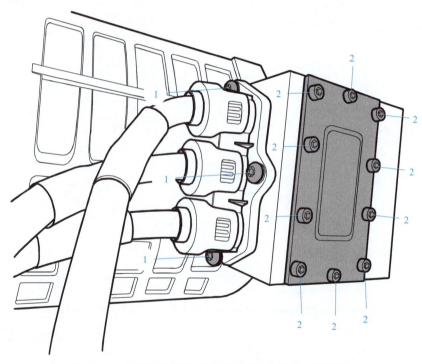

图 10-1-1　拆卸三相线束连接器固定螺栓与线束盖板螺栓
1—螺栓 1；2—螺栓 2

⑦ 拆卸电机线束盖板 10 个固定螺栓 2（安装力矩 9N·m），螺栓 2 位置如图 10-1-1 所示。取下电机线束盖板及密封垫。
⑧ 拆卸三相线束 3 个端子固定螺栓（安装力矩 23N·m），取下三相线束。
⑨ 安装步骤基本相反，电机端盖合盖时，注意螺栓安装顺序，注意密封良好。

(2) 吉利帝豪 EV450 直流母线的更换

① 打开前机舱盖，断开蓄电池负极电缆。断开手动维修开关，全车高压下电。

② 举升车辆。在动力电池侧断开图 10-1-2 中箭头指示的直流母线线束连接器。

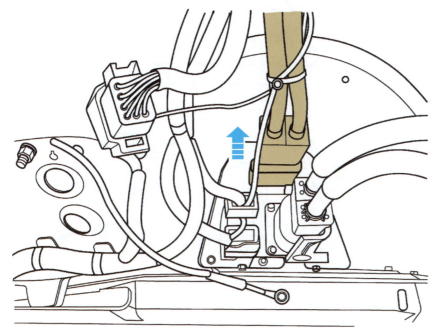

图 10-1-2　断开动力电池侧直流母线线束连接器

③ 降下车辆。在前机舱分线盒侧断开直流母线线束连接器，如图 10-1-3 所示。

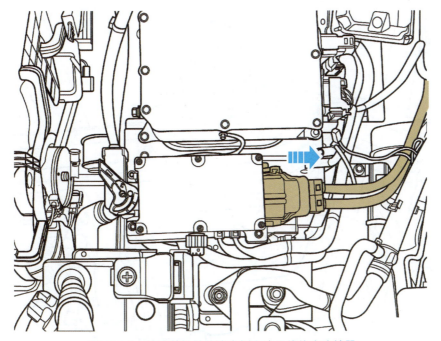

图 10-1-3　断开前机舱分线盒侧直流母线线束连接器

④ 如图 10-1-4 所示，脱开直流母线固定卡扣，取下直流母线。

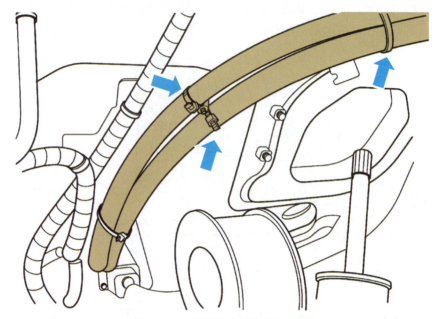

图 10-1-4　脱开直流母线固定卡扣

⑤ 安装步骤相反。

（3）动力电池冷却液泵的更换

① 打开行李厢盖，断开蓄电池负极导线连接。

② 举升车辆，断开图 10-1-5 中箭头指示的电动冷却液泵总成线束连接器。

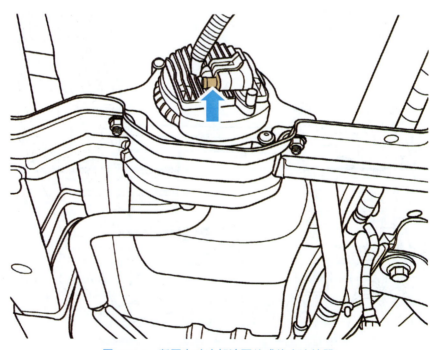

图 10-1-5　断开电动冷却液泵总成线束连接器

③ 按照图10-1-6所示，使用卡箍钳首先松开电动冷却液泵进水管卡箍，断开进水管，然后松开电动冷却液泵出水管卡箍，断开出水管，再使用扳手拆卸电动冷却液泵3个紧固螺栓，取下冷却液泵及支架。

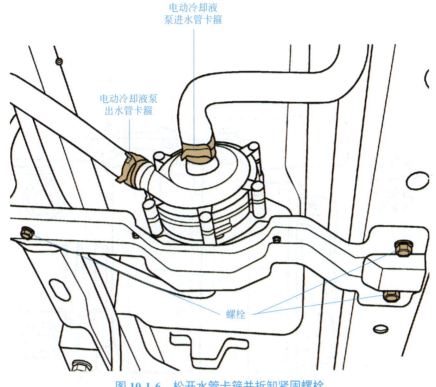

图10-1-6 松开水管卡箍并拆卸紧固螺栓

④ 拆卸图10-1-7中箭头指示的2个固定螺栓，分离冷却液泵和支架。

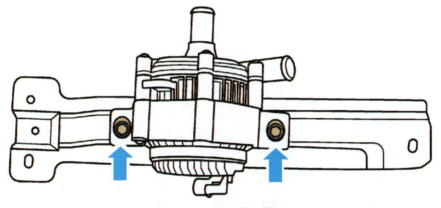

图10-1-7 拆卸固定螺栓

⑤ 安装按照拆卸相反的顺序进行即可，注意以下螺栓的拧紧力矩：冷却液泵安装支架螺栓（参照图10-1-7）为9N·m；冷却液泵支架3个紧固螺栓（参照图10-1-6）为9N·m。

(4) 驱动电机冷却液泵的更换

① 打开前机舱盖,打开蓄电池负极电缆保护盖,拆卸蓄电池负极电缆固定螺母,断开蓄电池负极电缆。

② 找到驱动电机电动冷却液泵,断开电动冷却液泵线束连接器。

③ 使用卡箍钳分别拆卸图 10-1-8 中箭头指示的散热器出水管(电动冷却液泵侧)和电机控制器总成出水管(电动冷却液泵侧)。

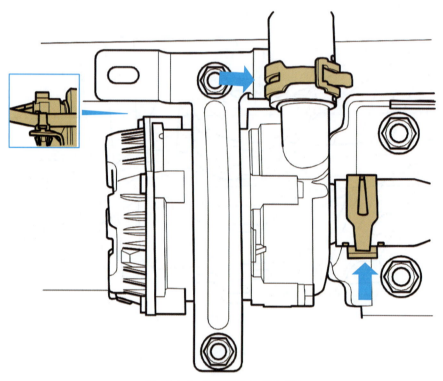

图 10-1-8　拆卸散热器出水管

 注/意

冷却液管路脱开前,在车底放置收集容器,接住冷却液。

④ 使用棘轮扳手拆卸图 10-1-9 中箭头指示的 2 个电动冷却液泵固定螺栓,取下电动冷却液泵。

⑤ 安装大体按照与拆卸相反的顺序进行即可,注意安装连接器时遵循"一插、二响、三确认"原则。安装完成后添加并检查冷却液。

(5) 电机控制器冷却液泵的更换

① 打开行李厢盖,断开蓄电池负极导线连接,拆卸前保险杠上装饰板,拆卸散热器面罩,拆卸前保险杠,拆卸左前大灯总成。

② 打开冷却液膨胀箱总成盖,如图 10-1-10 所示。

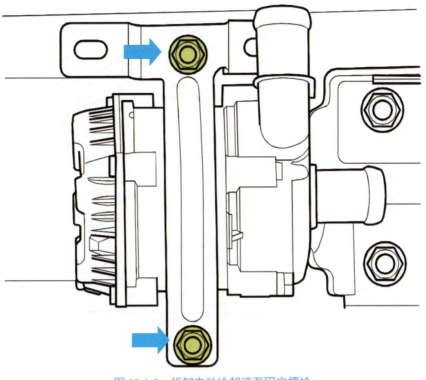

图 10-1-9　拆卸电动冷却液泵固定螺栓

③拆卸散热器出水管与电机控制器冷凝器连接卡箍（图 10-1-11 中箭头），使用容器接住冷却液。

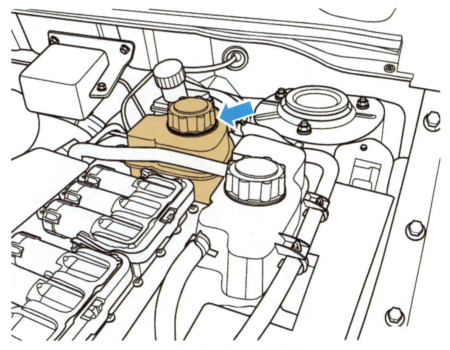

图 10-1-10　打开冷却液膨胀箱总成盖

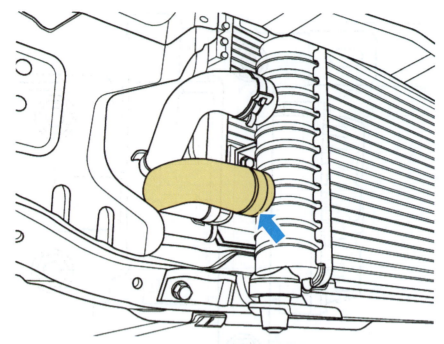

图 10-1-11　拆卸散热器出水管与电机控制器冷凝器连接卡箍

④ 如图 10-1-12 所示，首先断开电机控制器冷却液泵线束连接器，然后拆卸卡箍1，断开电机控制器进水管与冷却泵的连接，并取下水管，再拆卸卡箍2，断开电机控制器散热器进水管与冷却液泵的连接，并取下水管。

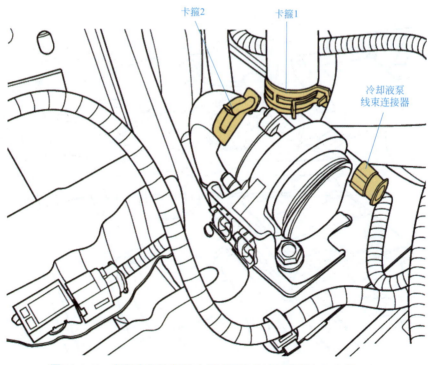

图 10-1-12　断开电机控制器冷却液泵线束连接器并拆卸水管卡箍

⑤ 从橡胶支架上脱开电机控制器冷却液泵，取下冷却液泵（图 10-1-13）。

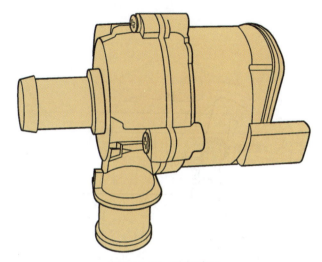

图 10-1-13　冷却液泵

⑥ 安装步骤相反。

（6）驱动电机冷却液温度传感器的更换

① 关闭点火开关及所有用电设备，拔出点火钥匙。
② 断开蓄电池负极导线连接。
③ 断开手动维修开关。
④ 排放驱动电机冷却系统冷却液。
⑤ 断开图 10-1-14 中箭头指示的驱动电机冷却液温度传感器连接器。

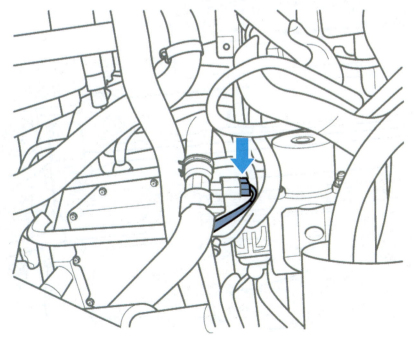

图 10-1-14　断开冷却液温度传感器连接器

⑥ 松开图10-1-15中箭头指示的水管卡箍,并脱开水管1与水管2,取下驱动电机冷却液温度传感器。

⑦ 安装大体以倒序进行。

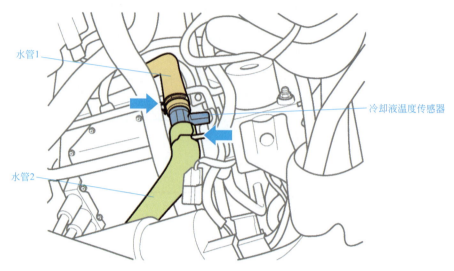

图10-1-15 取下冷却液温度传感器

(7) 散热器进水管的更换

① 打开前机舱盖,断开蓄电池负极导线连接,拆卸前保险杠上饰板。

② 使用环箍钳拆卸图10-1-16中箭头指示的散热器侧进水管卡箍,并从散热器上脱开进水管。

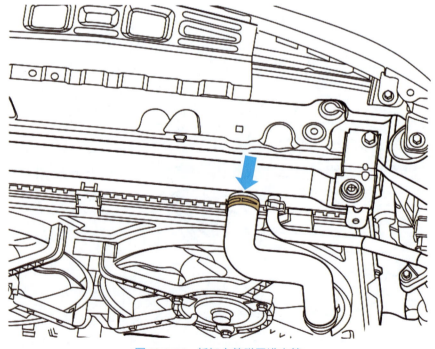

图10-1-16 拆卸卡箍脱开进水管

③ 使用环箍钳拆卸图 10-1-17 中箭头指示的电机侧散热器进水管卡箍。

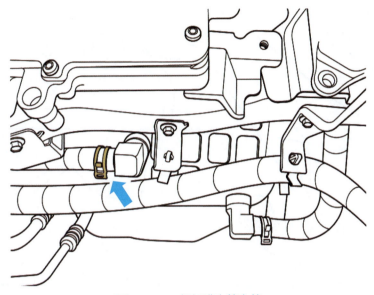

图 10-1-17　拆卸进水管卡箍

10.1.2　总成更换

（1）更换吉利帝豪 PHEV 动力电池

① 打开行李厢盖。
② 断开蓄电池负极导线连接。
③ 断开维修开关。
④ 将车辆举升。
⑤ 置入平台车，使用平台车支撑动力电池总成，如图 10-1-18 所示。

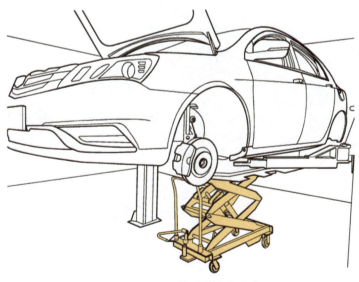

图 10-1-18　支撑动力电池总成

⑥ 拆卸图 10-1-19 所示的动力电池隔热罩 5 个固定螺栓，取下隔热罩。

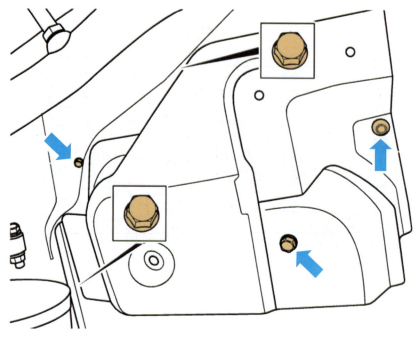

图 10-1-19　拆卸动力电池隔热罩

⑦ 如图 10-1-20 所示，分别拆卸动力电池进、出水管卡箍，断开动力电池进、出水管，分别断开动力电池低压、高压线束连接器，最后断开动力电池慢充线束连接器。

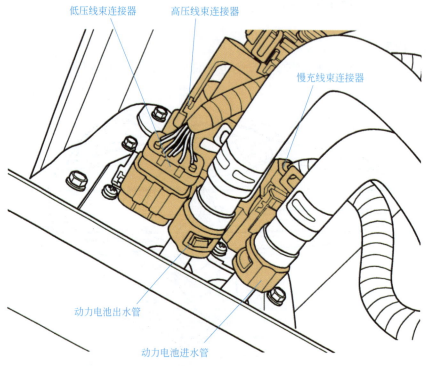

图 10-1-20　断开动力电池进、出水管和线束连接器

⑧ 拆卸图 10-1-21 所示的动力电池左右 7 个固定螺栓,并拆卸动力电池搭铁螺栓,最后缓慢降下平台车取下动力电池总成。

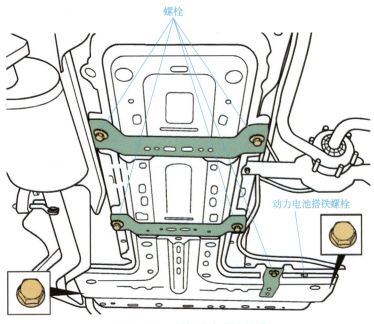

图 10-1-21　拆卸动力电池总成

⑨ 安装按照与拆卸相反的顺序进行,同时注意以下事项:动力电池左右 7 个固定螺栓(图 10-1-21)拧紧力矩为 75N·m;安装线束连接器(图 10-1-20)时应按照"一插、二响、三确认"的原则进行。动力电池隔热罩紧固螺栓(图 10-1-19)拧紧力矩为 10N·m。

(2) 快换北汽 EU260 动力电池　北汽电动车 EU 系列车型分为两种,出租车版和长续航版。出租车版和长续航版的动力电池有所不同。为满足出租车的营运需求,出租车版的动力电池带有快换功能。在车型上设计了快换锁和快换提醒装置:快换锁,为了确保动力电池与快换支架安装可靠,当快换锁未锁到位时,整车控制器发出下电指令,禁止车辆启动行驶;快换提醒,当执行快换电池操作时,整车控制器强制动力电池下电,确保零负荷换电。

快换锁控制原理:快换锁内有两个霍尔传感器串联在一起,监控快换锁的状态,当整车控制器监测到高电位时切断动力电池高压输出。快换锁传感器电路如图 10-1-22 所示。

快换提示:在车辆底盘左侧快换支架上有一个快换提示传感器,当有磁铁接近快换提示传感器时,传感器输出 0V 信号,整车控制器监测到 0V 信号立即发出指令切断动力电池主继电器,强制下电。快换提示传感器电路如图 10-1-23 所示。

 注 / 意

> 准备更换动力电池前应关闭点火开关,断开低压蓄电池负极,车辆举升到需要的高度时,举升机要锁止安全锁,平台车上升接触到动力电池底部再进行拆卸工作。

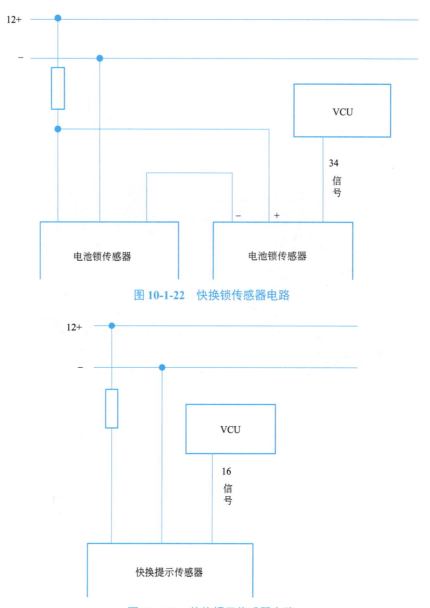

图 10-1-22 快换锁传感器电路

图 10-1-23 快换提示传感器电路

① 解除快换锁。

a. 将车辆放于举升机位置，关闭点火开关并同时断开低压蓄电池负极，如图 10-1-24 所示。

b. 将车辆举升至一定高度并锁止举升机安全锁。

c. 将平台车推到动力电池正下方，升高平台与动力电池底部接触，如图 10-1-25 所示。

d. 用撬棍把动力电池锁止机构接触点向车身尾部方向移动，如图 10-1-26 所示。

e. 左右两侧动力电池锁解除后，用撬棍将动力电池整体向车身尾部移动至支架开口处，如图 10-1-27 所示。

f. 缓慢下降动力电池平台车，降到需要的高度后将动力电池平台车推出。

g. 以相反顺序安装动力电池。

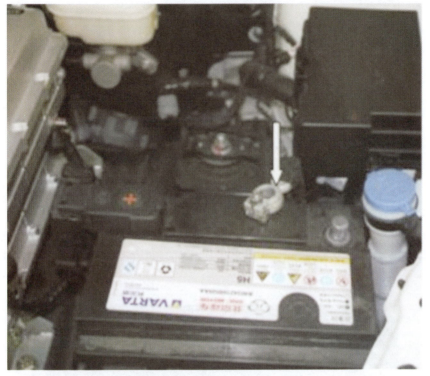

图 10-1-24 断开低压蓄电池负极

图 10-1-25 平台车撑住动力电池

图 10-1-26　撬动动力电池锁止机构接触点

图 10-1-27　将动力电池移至支架开口处

> **注 / 意**
>
> 动力电池安装到位，一定要确认快换锁机构落锁到位。

② 拆装快换支架。

a. 拔下快换锁线束插接件（在后桥上方的 16 针插接件），如图 10-1-28 所示。

图 10-1-28　拔下快换锁线束插接件

b. 打开快换锁线束与车架左后侧固定止扣。
c. 在动力电池前端拔下电池控制系统低压控制线束，如图 10-1-29 所示。

图 10-1-29　拔下电池控制系统低压控制线束

d. 拆下高压线束与车身固定螺栓，如图 10-1-30 所示。

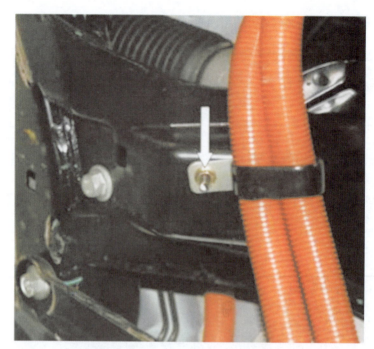

图 10-1-30 拆下高压线束与车身固定螺栓

e. 拔下动力电池与 PEU 插接件,并把高压线束向下顺拉。

f. 用动力电池平台车支撑快换支架。

g. 拆下快换支架 16 个安装螺栓,同时注意检查线束与车身是否脱离,如图 10-1-31 所示。

图 10-1-31 拆下快换支架的螺栓

h. 安装快换支架时采用相反的顺序。

注 / 意

拆装快换支架不能损坏传感器。

（3）更换吉利帝豪 PHEV 分线盒总成

① 打开行李厢盖，断开蓄电池导线连接，断开手动维修开关。

② 断开分线盒上的线束。举升车辆，分别从分线盒上断开图 10-1-32 中所示的 PTC 加热器高压线束、电动空调压缩机高压线束、油泵控制器高压线束、信号线束。

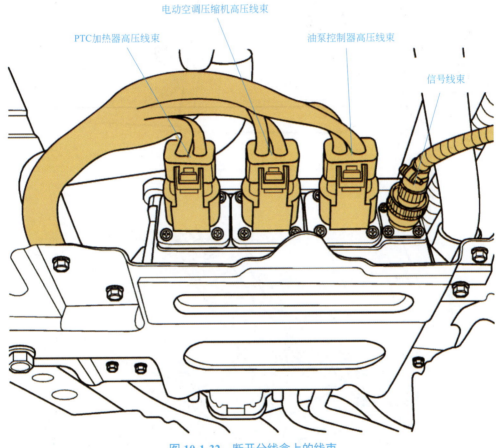

图 10-1-32　断开分线盒上的线束

③ 拆卸隔热罩的 5 个固定螺栓，如图 10-1-33 所示。

④ 从分线盒上断开图 10-1-34 所示的动力电池高压线束连接器。

⑤ 拆卸图 10-1-35 所示的动力电池高压线束支架的 2 个固定螺栓。

⑥ 脱开图 10-1-36 所示的动力电池高压线束固定卡扣。

⑦ 首先从分线盒上断开图 10-1-37 中所示的高压线束连接器，然后拆卸分线盒总成安装支架的 4 个固定螺栓，最后取下分线盒总成及安装支架。

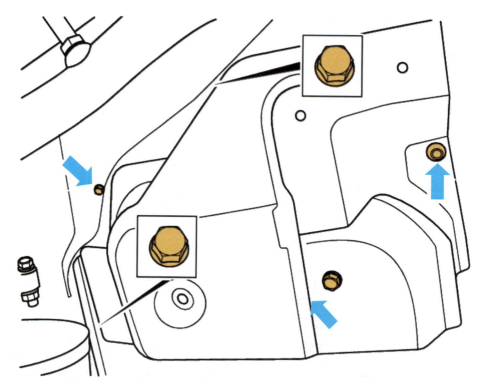

图 10-1-33　拆卸隔热罩固定螺栓

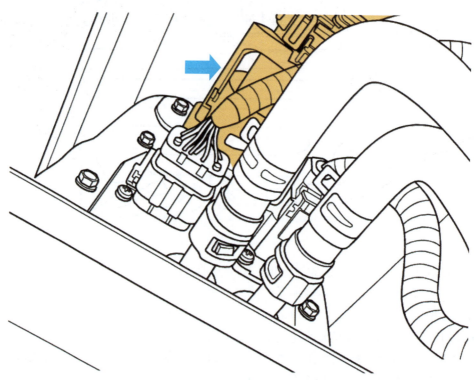

图 10-1-34　断开分线盒上动力电池高压线束连接器

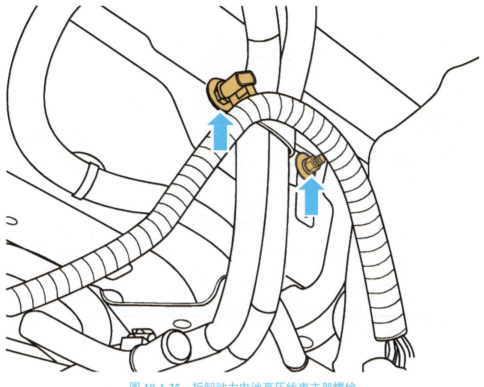

图 10-1-35　拆卸动力电池高压线束支架螺栓

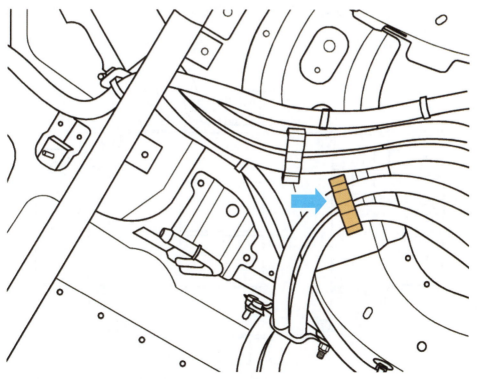

图 10-1-36　脱开动力电池高压线束固定卡扣

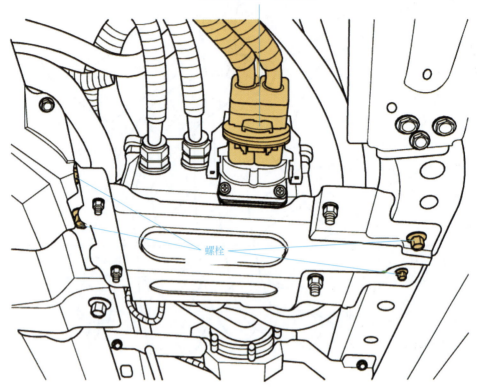

图 10-1-37　断开分线盒上高压线束连接器并拆卸分线盒总成安装支架固定螺栓

⑧ 拆卸分线盒总成与安装支架的 4 个固定螺栓，分离分线盒总成与安装支架，如图 10-1-38 所示。

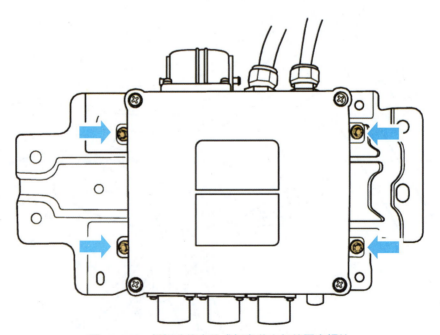

图 10-1-38　拆卸分线盒总成与安装支架的固定螺栓

⑨ 安装按照与拆卸相反的顺序进行，同时注意以下螺栓的拧紧力矩：分线盒总成与安装支架 4 个固定螺栓（参照图 10-1-38）拧紧力矩为 9N·m；分线盒安装支架 4 个固定螺栓（参照图 10-1-37）拧紧力矩为 45N·m；动力电池高压线束支架 2 个固定螺栓（参照图 10-1-35）拧紧力矩为 9N·m；隔热罩 5 个固定螺栓（参照图 10-1-33）拧紧力矩为 10N·m。

（4）拆卸比亚迪 E6 高压配电箱 高压配电箱属于高压危险产品，维修人员在拆装过程中需注意以下事项：高压配电箱卸下前应立即断开维修开关，且开关插座进行覆盖绝缘保护；动力电池动力输出口插座必须进行绝缘覆盖保护，避免异物落入造成触电；拆卸过程中，采样线不得用力拉拔、过度弯曲，以防信号线受损；高压配电箱不可随意开盖，要避免异物、液体等进入配电箱内部；高压配电箱在拆卸过程中应进行零部件标识，以免遗漏或错装；高压配电箱的拆卸和安装过程禁止暴力操作、跌落、碰撞、重压组件线和过度拉扯等非正常工作行为，禁止非工作人员拆装。

拆卸步骤如下。

① 断开维修开关。

② 拆卸后排座椅。

a. 取下后排座椅两侧螺钉盖板，如图 10-1-39 所示。

图 10-1-39　取下后排座椅两侧螺钉盖板

b. 拆下座椅折弯处螺钉，如图 10-1-40 所示。

c. 同时拉动座椅两侧折弯处黑色拉绳，并将座椅靠背前倾取出座椅靠背，如图 10-1-41 所示。

d. 拆掉座椅安全带后缝隙处螺钉并取出座椅，如图 10-1-42 所示。

e. 卸掉座椅横梁固定螺钉以及安全带固定螺钉，如图 10-1-43 所示。

f. 取出横梁，如图 10-1-44 所示。

③ 拆卸动力连接线。

a. 打开行李厢，取出物品，如图 10-1-45 所示。

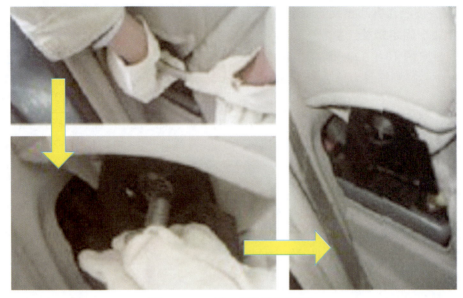

图 10-1-40　拆下座椅折弯处螺钉

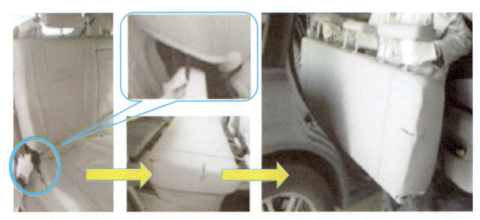

图 10-1-41　取出座椅靠背

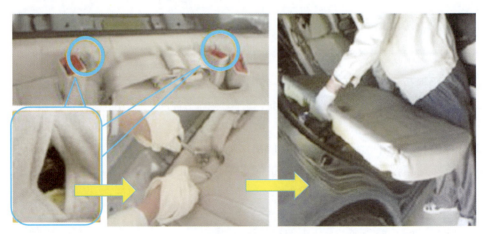

图 10-1-42　取出座椅

图 10-1-43　卸掉固定螺钉

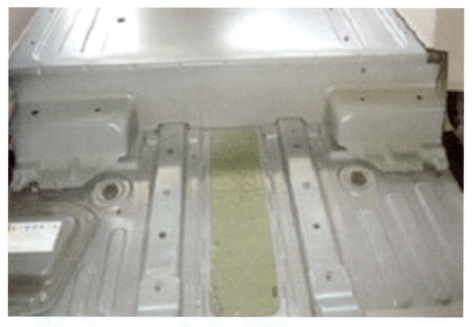

图 10-1-44　取出横梁

b. 拆卸高压配电箱保护盖板固定螺钉，如图 10-1-46 所示。
c. 拔下高压配电箱保护盖板上的信号连接线插接件，如图 10-1-47 所示。
d. 取出高压配电箱保护盖板，如图 10-1-48 所示。

图 10-1-45 打开行李厢

图 10-1-46 拆卸高压配电箱保护盖板固定螺钉

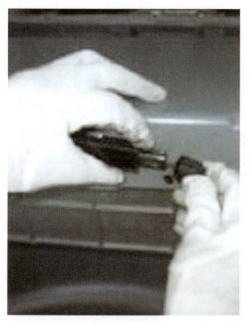 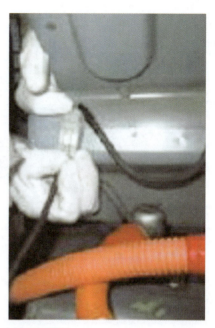

图 10-1-47　拔下信号连接线插接件

图 10-1-48　取出高压配电箱保护盖板

e. 取下正、负极插接件的红色卡扣，轻提黑色卡扣，听到"咔"声后，拔下插接件，如图 10-1-49 所示。

f. 拆掉正、负极引出固定板，并用保护盖或电工绝缘胶布对正、负极引出处进行防护，如图 10-1-50 所示。

图 10-1-49　拔下插接件

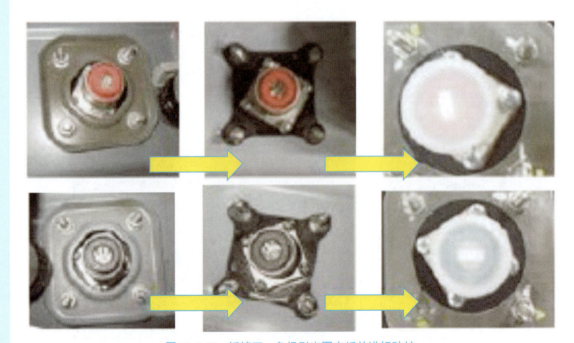

图 10-1-50　拆掉正、负极引出固定板并进行防护

④ 拆卸采样信号线。

a. 拧下采样信号线盖板螺钉并取下盖板，如图 10-1-51 所示。

b. 旋转采样信号线插接件卡扣，如图 10-1-52 所示。

c. 取下采样信号线插接件，如图 10-1-53 所示。

⑤ 拆卸底部螺钉。

图 10-1-51 取下信号线盖板

图 10-1-52 旋转采样信号线插接件卡扣

图 10-1-53　取下采样信号线插接件

10.2　底盘

10.2.1　传动系统

以吉利帝豪 EV450 减速器总成的拆装为例。吉利帝豪 EV450 减速器总成分解如图 10-2-1 所示。

（1）分解减速器总成

① 拆卸 TCU 控制模块 2 个固定螺栓 1，取下 TCU 控制模块。

② 拆卸电机 3 个固定螺栓 2 与 1 个支架固定螺栓 3，取下驻车电机，如图 10-2-2 所示。

③ 使用合适工具拆卸半轴油封 1，如图 10-2-3 所示。

半轴油封为一次性零部件，每次拆卸后需更换新的半轴油封。

④ 拆卸减速器上盖固定螺栓。

⑤ 使用合适工具撬下减速器上盖，如图 10-2-4 所示。

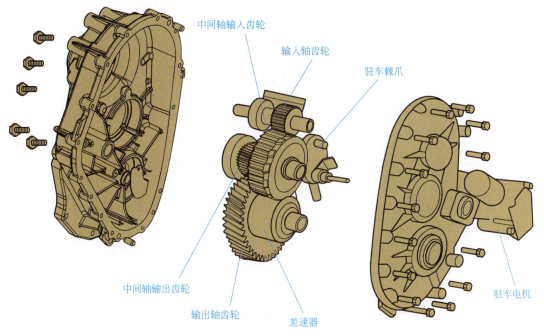

图 10-2-1　吉利帝豪 EV450 减速器总成的分解

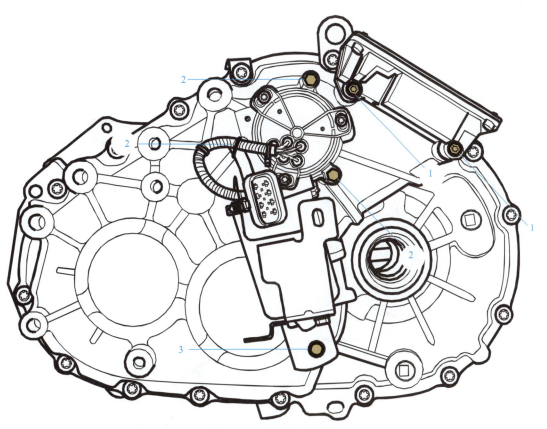

图 10-2-2　取下驻车电机

1～3—固定螺栓

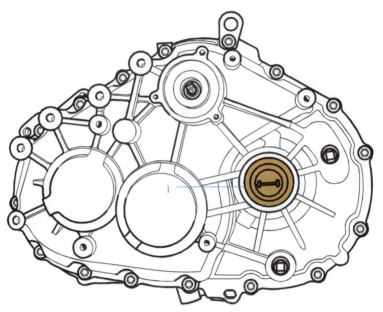

图 10-2-3 拆卸半轴油封

1—半轴油封

 注 / 意

勿撬减速器壳体密封面。

⑥ 拆卸换挡轴1，如图10-2-5所示。

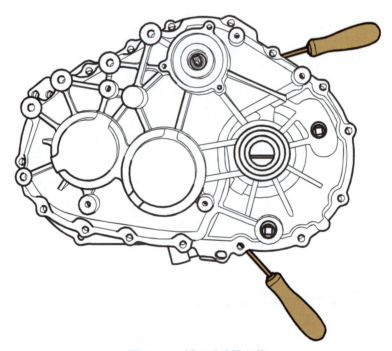

图 10-2-4 撬下减速器上盖

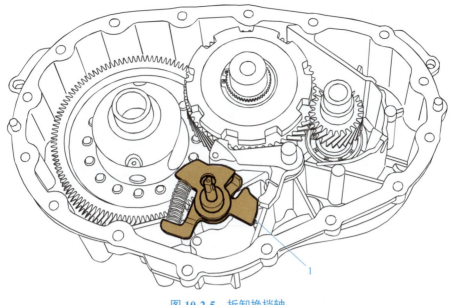

图 10-2-5　拆卸换挡轴

1—换挡轴

⑦ 拆卸 P 挡锁止轴 1，如图 10-2-6 所示。

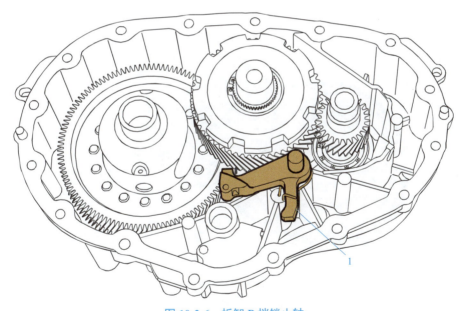

图 10-2-6　拆卸 P 挡锁止轴

1—P 挡锁止轴

⑧ 拆卸输入轴 1，如图 10-2-7 所示。
⑨ 拆卸差减总成中间轴 1。
⑩ 拆卸减速器 2，如图 10-2-8 所示。
⑪ 拆卸 P 挡齿圈固定卡扣 1，如图 10-2-9 所示。

⑫ 取下 P 挡齿圈。

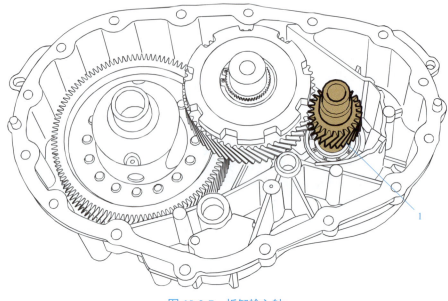

图 10-2-7　拆卸输入轴
1—输入轴

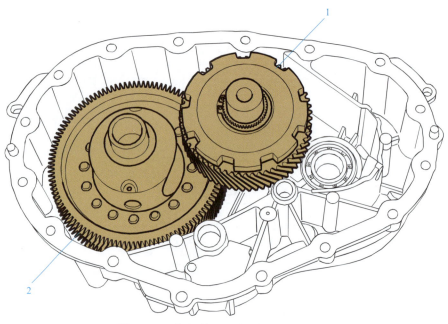

图 10-2-8　拆卸差减总成中间轴和减速器
1—差减总成中间轴；2—减速器

⑬ 拆卸输入轴密封圈 1，如图 10-2-10 所示。

 注 / 意

输入轴密封圈为一次性零部件，每次拆卸后需更换新的输入轴密封圈。

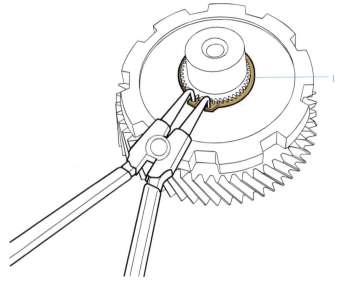

图 10-2-9　拆卸 P 挡齿圈固定卡扣

1—P 挡齿圈卡扣

⑭ 使用合适工具拆卸半轴油封 2。

注 / 意

半轴油封为一次性零部件，每次拆卸后需更换新的半轴油封。

⑮ 使用合适工具拆卸输入轴油封 1，如图 10-2-11 所示。

注 / 意

输入轴油封为一次性零部件，每次拆卸后需更换新的输入轴油封。

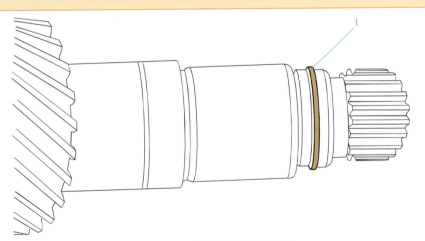

图 10-2-10　拆卸输入轴密封圈

1—输入轴密封圈

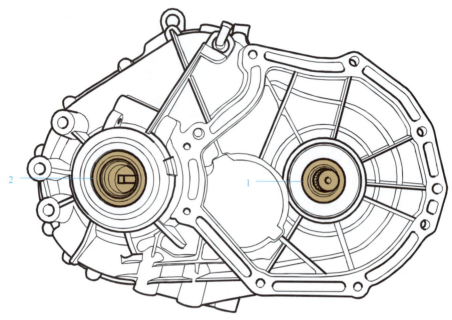

图 10-2-11 拆卸半轴油封和输入轴油封

1—输入轴油封；2—半轴油封

（2）组装减速器总成　在组装减速器总成前清理零部件，清除减速器上、下壳体密封面的密封胶，并重新进行涂抹，组装步骤与拆卸步骤大致相反。

 注 / 意

涂抹润滑脂有利于 O 形圈的安装。

涂抹密封胶时一定要均匀，不能断胶。

连接螺栓紧固时，需采用对角法则拧紧。

10.2.2　电子转向系统

（1）行驶过程中车辆跑偏

① 检测两前轮轮胎气压是否达标，如果不一致，先调整轮胎气压，试一试方向是否仍然跑偏，如果依然跑偏，则进行步骤②。

② 检查前束，如果前束有异常，调整前束，再试一试方向是否仍然跑偏，如果依然跑偏，则进行步骤③。

③ 调整接触扭矩传感器。让车辆保持正前方向停在原地，把电源开关打到 ON 位置，这时用万用表分别检测扭矩传感器上的绿色线和白色线、绿色线和黑色线之间的电压是否均为 2.5V，如果两组数值相差较大，拆下扭矩传感器的防尘罩，松开固定扭矩传感器的螺钉，转动扭矩传感器，这时会看到万用表上的电压值在变化，进而调整电压使两电压值均为 2.5V，然后再试车，若仍然跑偏则更换一个新的总成。

（2）车辆启动后打方向时感觉转向盘发抖

① 更换电机，检查是否是由于电机与蜗杆配合不当引起的。

② 更换电机后若仍然发抖，则更换一个新的总成。

（3）车辆在行驶过程中打方向时助力时有时无

① 检查各线束插接器是否连接完好，如果接触不良使之接触良好。

② 电机出现故障，车辆在使用过程中，故障灯亮，故障代码为42、43、44、45或51，清除故障代码后又重新出现，此时应更换电机。

③ 如果上述两种情况均排除，则属控制模块内部故障，可直接更换一个控制模块。

（4）转向力矩检查　步骤如图10-2-12所示。

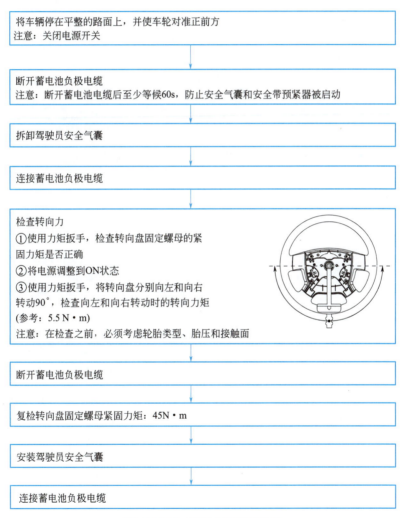

图 10-2-12　转向力矩检查步骤

10.2.3　制动系统

以比亚迪 E6 车型为例。

（1）制动时制动踏板下沉/逐渐失灵 故障诊断流程如图10-2-13所示。

```
接通整车电源，让真空泵有足够的时间抽空真空助力器
           ↓
沿着转向盘的底部贴一片不透光的胶纸，并在胶纸上画一条水平参考线
           ↓
轻轻踩下制动踏板并保持此状态(大约相当于让A/T车辆保持缓行所需的压力)，
然后松开驻车制动
           ↓
在踩住制动踏板的同时，捏住放在其后方的卷尺端部。然后，将卷尺向上拉，
直至转向盘，注意卷尺会在何处与胶纸上的参考线对齐
           ↓
给制动踏板施以稳定的压力，并保持3min
           ↓
观察卷尺：如果位移未超过10mm，那么制动总泵是合格的；如果位移超过10mm，
则更换制动总泵
```

图10-2-13 制动时制动踏板下沉/逐渐失灵故障诊断流程

（2）制动片磨损异常、汽车振动或踏板高而难踩 故障诊断流程如图10-2-14所示。

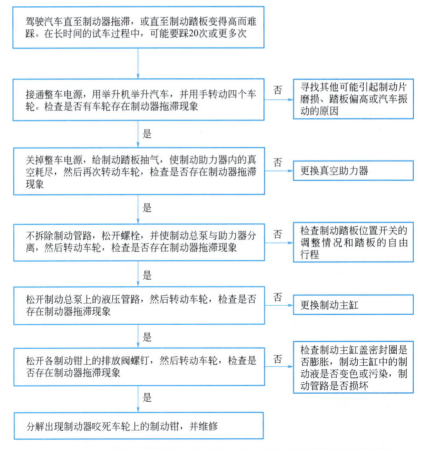

图10-2-14 制动片磨损异常、汽车振动或踏板高而难踩故障诊断流程

如果上述任何一项损坏，予以更换。如果以上各项良好，更换 ABS 液压单元。

10.2.4 行驶系统

（1）球头销与转向节检查 步骤如图 10-2-15 所示。

升起车辆前段，使前悬架处于悬挂状态

↓

抓住前轮胎顶部和底部，并向内和向外扳动车轮顶部

↓

注意是否存在间隙，转向节是否相对控制臂做水平运动

↓

如果出现球节松动、球封断裂、球头螺栓与转向节断开、球头螺栓在转向节上松动、球头螺栓用手指按压会在座中扭动等情况时，必须更换相应零件
注意：每次检查球节时，必须检查球头螺栓是否紧密地安装在转向节凸台中

图 10-2-15 球头销与转向节检查步骤

检查球头螺栓是否磨损的方法：摇动车轮并感觉螺栓头或开槽螺母在转向节凸台中的移动；检查开槽螺母的紧固力矩，螺母松动表明球头螺栓在转向节凸台中承受应力或有空隙。如果存在以上情况必须更换磨损或损坏的球节或转向节。

（2）中间轴万向节检查步骤 如图 10-2-16 所示。

拆卸仪表板左下护板

↓

检查中间轴万向节
①固定中间轴万向节的一端，以顺时针及逆时针方向扭转上、下中间轴万向节的另一端
②如有任何移动则需更换中间轴

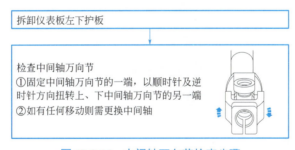

图 10-2-16 中间轴万向节检查步骤

（3）前支柱总成更换拆卸步骤 拆卸步骤如图 10-2-17 所示。

举升车辆，拆卸车轮

↓

拆卸前支柱总成
①拆卸前制动油管的固定卡扣，并脱开前制动油管
②拆卸前稳定杆连接杆与前减振器连接螺母，从前减振器上脱开前稳定杆连接杆
③拆卸转向节和前减振器的连接螺栓
④拆卸前减振器上部3个固定螺母。力矩：39N·m
注意：拆卸最后一个时，用手托住前支柱总成，防止碰伤脚
⑤从轮罩侧取出前支柱总成。左、右前支柱总成拆卸方法相似
注意：务必小心操作，以免在搬动前悬架螺旋弹簧时，损坏或划伤涂层，损坏涂层会导致早期故障

图 10-2-17 前支柱总成拆卸步骤

安装按照与拆卸相反的顺序进行。

（4）前减振器部件和弹簧更换　拆卸步骤如图10-2-18所示，左、右前减振器部件和弹簧的拆卸方法相似。

| 举升车辆，拆卸车轮 |
| 注意：悬架系统零部件的拆卸与安装必须保证半载轮眉间隙的前提下进行紧固件的松脱与拧紧 |

| 拆卸前支柱总成 |

拆卸前减振器部件和弹簧
①在前减振器支架上安装2个螺母和1个螺栓，然后将前减振器总成固定在台虎钳上

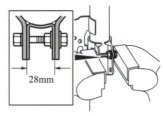

②使用弹簧压缩工具压缩螺旋弹簧
注意：不可使用气动扳手，否则会损伤压缩工具

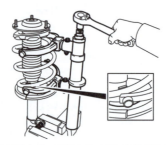

③拆卸前减振器上支座防尘盖，使用专业工具固定弹簧座并拆下锁紧螺母

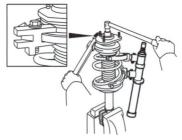

④拆卸前减振器上支座总成、前螺旋弹簧上支座、前悬架螺旋弹簧上隔振垫、前悬架螺旋弹簧、前减振器防尘罩、前减振器缓冲块、前螺旋弹簧下隔振垫

图10-2-18　前减振器部件和弹簧拆卸步骤

安装步骤如下。

① 安装前减振器部件和弹簧。

a. 使用弹簧压缩工具压缩螺旋弹簧，如图 10-2-19 所示。

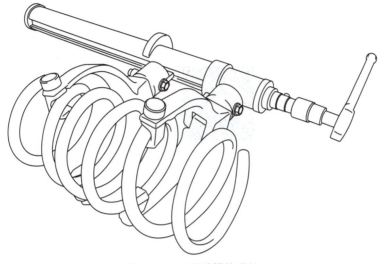

图 10-2-19　压缩螺旋弹簧

b. 在减振器支架上，安装前螺旋弹簧下隔振垫、前减振器缓冲块、前减振器防尘罩、前悬架螺旋弹簧、前悬架螺旋弹簧上隔振垫、前螺旋弹簧上支座、前减振器上支座总成，如图 10-2-20 所示。

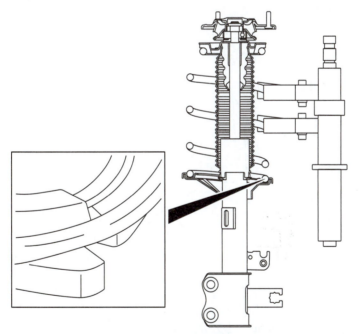

图 10-2-20　安装前减振器总成

注 / 意

将螺旋弹簧下端装入减振器弹簧座的凹口上。

c. 使用专用工具固定弹簧座，安装锁紧螺母并盖上前减振器上支座防尘盖。
② 安装前支柱总成。
③ 安装车轮。
④ 放下车辆。

10.3 电气系统

10.3.1 外部照明系统

（1）前组合灯的更换

① 拆卸前保险杠总成。

② 拆卸前组合灯。

a. 断开图10-3-1中箭头指示的前组合灯线束连接器。

b. 旋出前组合灯固定螺栓（图10-3-2中箭头A）和固定螺钉（图10-3-2中箭头B）。

c. 取出前组合灯1。

螺栓（箭头A）拧紧力矩：(6±1)N·m。

螺钉（箭头B）拧紧力矩：(4±1.5)N·m。

③ 安装以倒序进行。

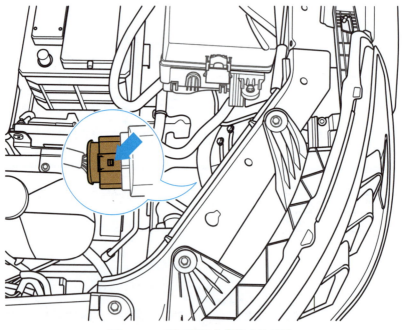

图10-3-1　断开前组合灯线束连接器

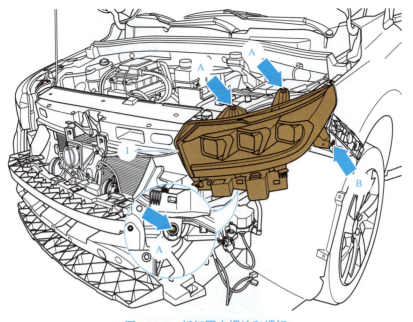

图 10-3-2 拆卸固定螺栓和螺钉

1—前组合灯

（2）日间行车灯的更换

① 关闭所有用电设备，关闭启动开关。

② 拆卸前保险杠总成。

③ 拆卸日间行车灯。

a. 旋出图 10-3-3 中箭头指示的日间行车灯四个固定螺钉。

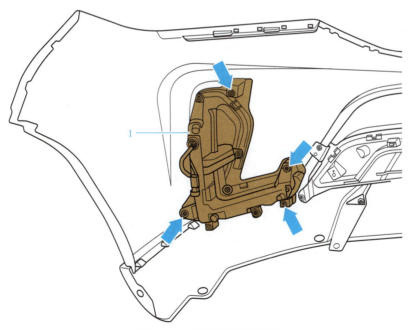

图 10-3-3 拆卸日间行车灯

1—日间行车灯

b. 拆卸日间行车灯 1，如图 10-3-3 所示。

④ 安装以倒序进行。

（3）后组合灯的更换

① 关闭所有用电设备，关闭启动开关。

② 断开蓄电池负极接线柱。

③ 拆卸后组合灯。

a. 在图 10-3-4 中箭头位置脱开左侧行李厢大灯维修格栅 1。

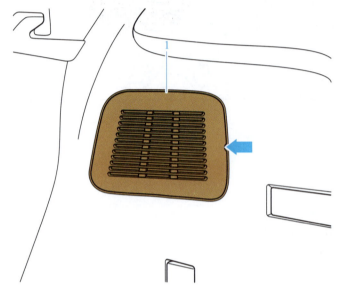

图 10-3-4　脱开左侧行李厢大灯维修格栅

1—维修格栅

b. 断开后组合灯线束连接器（图 10-3-5 中箭头 B）。

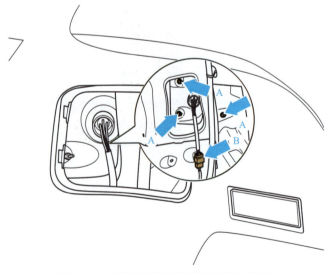

图 10-3-5　断开线束连接器旋出固定螺母

c. 旋出后组合灯固定螺母（图 10-3-5 中箭头 A）。

固定螺母（箭头 A）拧紧力矩：$(6\pm1)N\cdot m$。

d. 沿图 10-3-6 中箭头方向取出后组合灯 1。

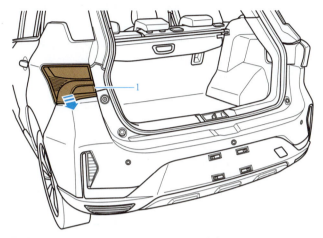

图 10-3-6　取出后组合灯

1—后组合灯

④ 安装以倒序进行。

 注 / 意

检查后组合灯密封条是否正确安装。

（4）后组合灯灯泡的更换

① 拆卸后组合灯。

② 拆卸后转向灯灯泡。

a. 沿图 10-3-7 中箭头方向旋转并取出后转向灯灯座 1。

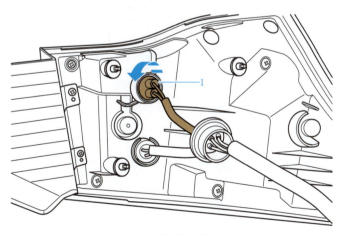

图 10-3-7　拆卸后转向灯灯座

1—灯座

b. 沿图 10-3-8 中箭头方向拆下后转向灯灯泡 1。

③ 安装以倒序进行。

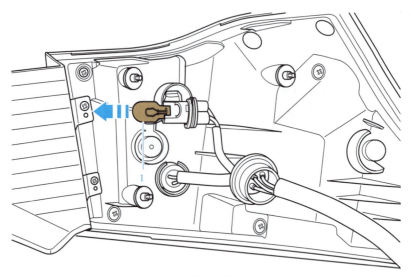

图 10-3-8　拆卸后转向灯灯泡

1—灯泡

（5）倒车灯灯泡的更换

① 打开掀背门。

② 关闭所有用电设备，关闭启动开关。

③ 更换倒车灯灯泡。

a. 在图 10-3-9 中箭头位置小心撬出小盖板 1。

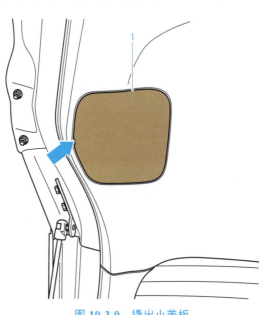

图 10-3-9　撬出小盖板

1—小盖板

b. 将灯泡及灯座 1 沿图 10-3-10 中箭头方向旋转并取出。

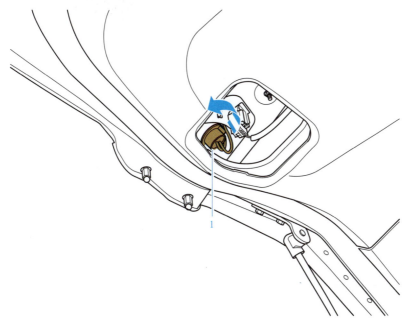

图 10-3-10　旋转取出灯泡及灯座
1—灯泡及灯座

c. 沿图 10-3-11 中箭头方向从倒车灯灯座 1 上拔出倒车灯灯泡 2。

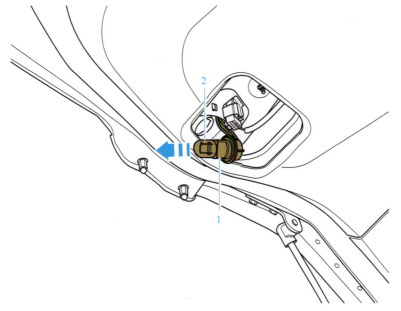

图 10-3-11　从灯座上取下灯泡
1—灯座；2—灯泡

④ 安装以倒序进行。

（6）组合开关与时钟弹簧总成的更换

 注 / 意

组合开关与时钟弹簧为总成件，不进行单独维修，若有故障整体更换。

① 关闭所有用电设备，关闭启动开关。
② 断开蓄电池负极接线柱。
③ 拆卸转向盘。
④ 拆卸转向管柱护罩。
⑤ 拆卸组合开关与时钟弹簧总成。
a. 分别断开时钟弹簧3个线束连接器（图10-3-12中箭头A、箭头B、箭头C）。

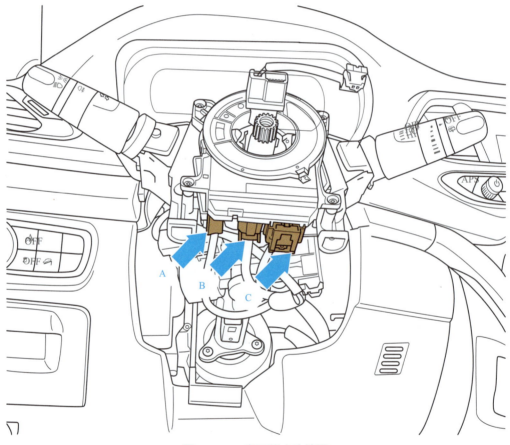

图10-3-12　断开线束连接器

b. 旋出图10-3-13中箭头所指的组合开关固定螺钉。
螺钉拧紧力矩：(5 ± 1)N·m。
c. 断开图10-3-14中箭头A、箭头B指示的2个组合开关线束连接器。
d. 沿图10-3-14中箭头C指示的方向按压塑料卡扣，取出组合开关与时钟弹簧总成1。

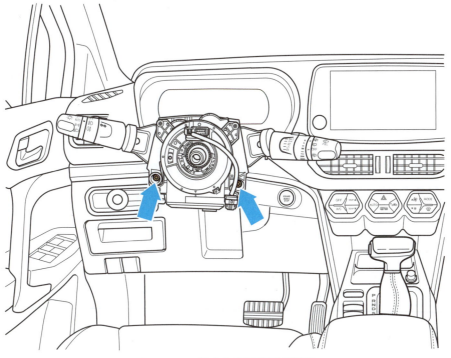

图 10-3-13 旋出组合开关固定螺钉

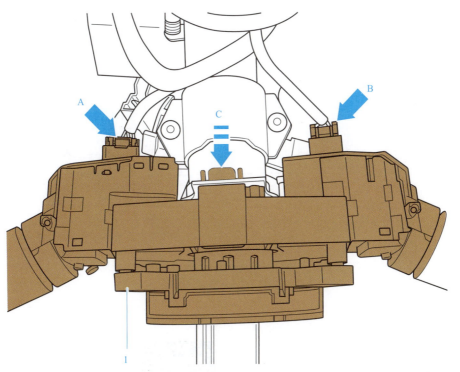

图 10-3-14 取下组合开关与时钟弹簧总成
1—组合开关与时钟弹簧总成

⑥ 安装以倒序进行。

注/意

在安装时,调整时钟弹簧。

(7) 时钟弹簧的调整

 注/意

拆卸转向盘必须重新调整时钟弹簧。时钟弹簧不进行单独更换,若有故障,整体更换组合开关与时钟弹簧总成。

① 调整转向盘,直至前轮处于车辆直线行驶位置。

② 按照时钟弹簧上标注的警告事项操作:重新对准中心时,先向一个方向旋转到底,再反方向旋转将▲和▼对准,同时透明中立窗出现滚珠 1,如图 10-3-15 所示。

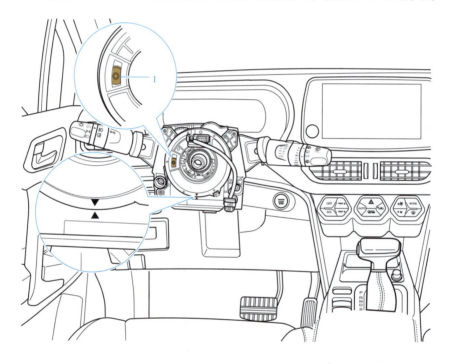

图 10-3-15　调整时钟弹簧

1—滚珠

10.3.2　内部照明系统

(1) 前排顶灯的更换

① 关闭所有用电设备,关闭启动开关。
② 断开蓄电池负极接线柱。

③拆卸前排顶灯。

a. 旋出图 10-3-16 中箭头指示的前排顶灯固定螺钉。

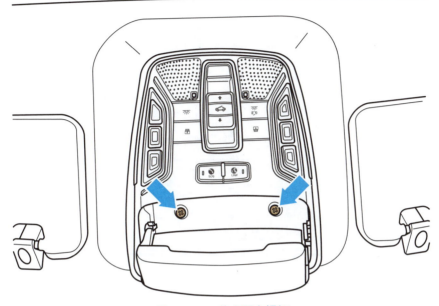

图 10-3-16　旋出固定螺钉

螺钉拧紧力矩：$(4\pm1.5)\,N\cdot m$。

b. 在图 10-3-17 中箭头位置插入拆卸楔，拆下前排顶灯 1。

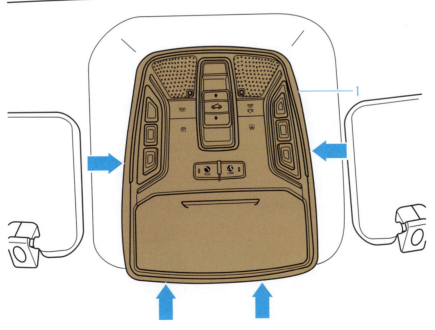

图 10-3-17　拆下前排顶灯

1—前排顶灯

c. 断开图 10-3-18 中箭头指示的前排顶灯线束连接器。
d. 取出前排顶灯 1（图 10-3-18）。

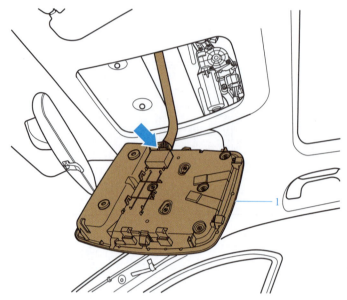

图 10-3-18　断开线束连接器取出顶灯
1—前排顶灯

④ 安装以倒序进行。

(2) 后排顶灯灯泡的更换
① 关闭所有用电设备，关闭启动开关。
② 断开蓄电池负极接线柱。
③ 更换后排顶灯灯泡。
a. 在图 10-3-19 中箭头位置拆下灯罩 1。

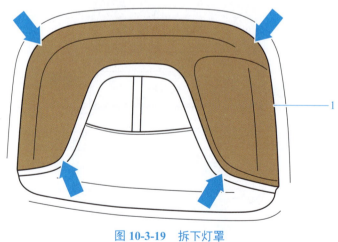

图 10-3-19　拆下灯罩
1—灯罩

b. 取出图 10-3-20 中的后排顶灯灯泡 1。

④ 安装以倒序进行。

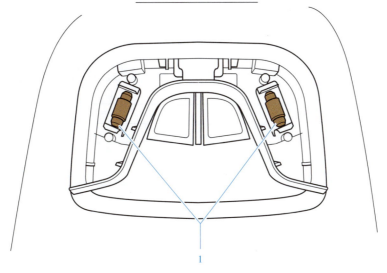

图 10-3-20　取下灯泡

1—灯泡

（3）化妆镜照明灯灯泡的更换

① 关闭所有用电设备，关闭启动开关。

② 断开蓄电池负极接线柱。

③ 打开化妆镜。

④ 更换化妆镜照明灯灯泡。

a. 在图 10-3-21 中箭头位置脱开灯罩 1。

b. 取出化妆镜照明灯灯泡 1，如图 10-3-22 所示。

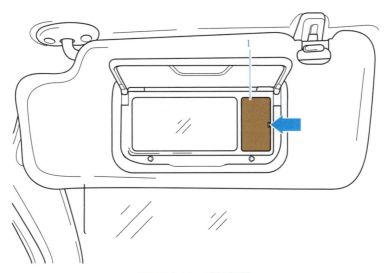

图 10-3-21　脱开灯罩

1—灯罩

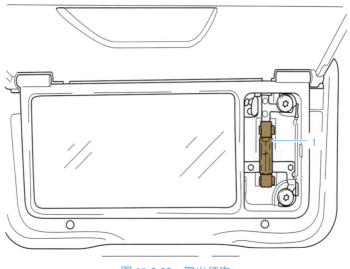

图 10-3-22 取出灯泡

1—灯泡

⑤ 安装以倒序进行。

(4) 行李厢照明灯的更换。

① 关闭所有用电设备，关闭启动开关。

② 断开蓄电池负极接线柱。

③ 打开行李厢盖。

④ 拆卸行李厢照明灯。

a. 在图 10-3-23 中箭头位置拆下行李厢照明灯 1。

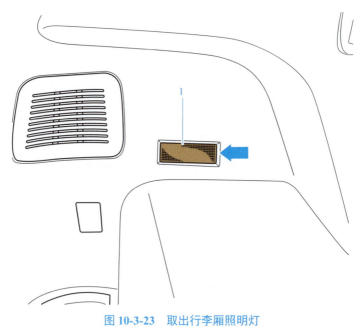

图 10-3-23 取出行李厢照明灯

1—行李厢照明灯

b. 断开图 10-3-24 中箭头指示的行李厢照明灯线束连接器。
c. 取出行李厢照明灯 1。

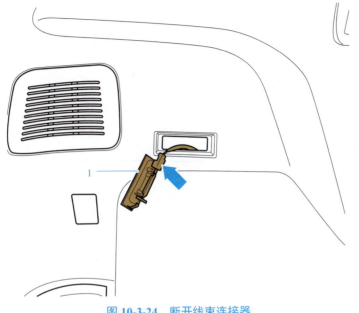

图 10-3-24　断开线束连接器

d. 沿图 10-3-25 中箭头方向推压金属卡簧 1。
e. 取出行李厢照明灯灯泡 2。
⑤ 安装以倒序进行。

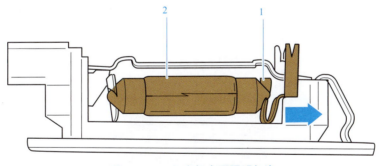

图 10-3-25　取出行李厢照明灯泡

1—金属卡簧；2—灯泡

（5）仪表台开关的更换

① 关闭所有用电设备，关闭启动开关。
② 断开蓄电池负极接线柱。
③ 拆卸仪表台开关。
a. 在图 10-3-26 中箭头位置脱开仪表台开关 1 固定卡扣。
b. 拆下仪表台开关 1。

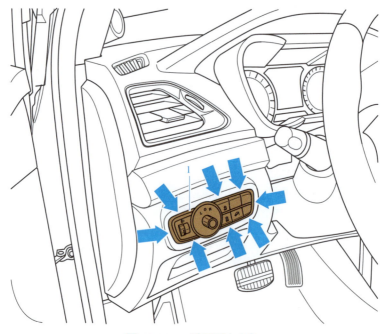

图 10-3-26 脱开固定卡扣

1—仪表台开关

c. 断开图 10-3-27 中箭头 A、箭头 B 和箭头 C 指示的三个线束连接器。
d. 取出仪表台开关 1。
④ 安装以倒序进行。

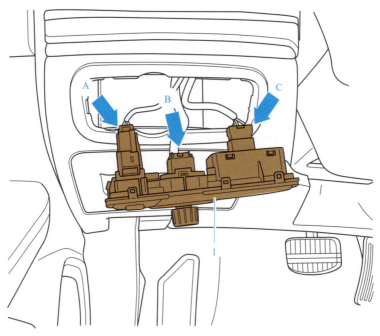

图 10-3-27 取出仪表台开关

1—仪表台开关

10.3.3 左前车门玻璃和升降器

(1) 左前车门玻璃的更换

① 拆卸左前车门饰板。
② 揭开左前车门防水膜。
③ 拆卸左前车门内水切。
④ 拆卸左前车门外水切。
⑤ 拆卸左前车门玻璃导轨。
⑥ 拆卸左前车门玻璃。

a. 降低左前车门玻璃直至可以从开孔中看到图 10-3-28 中箭头指示的左前车门玻璃固定螺栓。

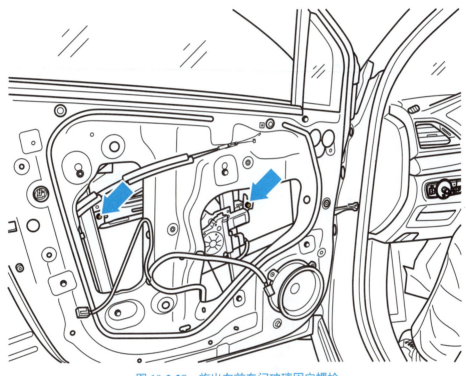

图 10-3-28　旋出左前车门玻璃固定螺栓

b. 旋出左前车门玻璃固定螺栓。

 提 / 示

如果由于升降器电机的故障使工作不能进行下去，可将左前车门玻璃升降器拆下。

c. 沿图 10-3-29 中箭头 B 指示的方向旋转左前车门玻璃，再沿图 10-3-29 中箭头 A 指示的方向取出左前车门玻璃 1。

⑦ 安装以倒序进行。

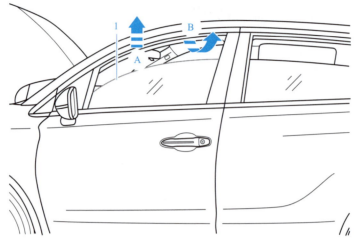

图 10-3-29　取出左前车门玻璃

1—左前车门玻璃

（2）**左前车门三角窗玻璃的更换**　这里介绍左前车门三角窗玻璃的拆卸和安装，右前车门三角窗玻璃的拆卸和安装大体可参照左侧。

① 拆卸左前车门玻璃。

② 拆卸左前车门三角窗玻璃。

a. 掀开左前车门密封条右侧。

b. 旋出图 10-3-30 中箭头 A 指示的两个左前车门三角窗玻璃固定螺钉。

c. 沿图 10-3-30 中箭头 B 指示的方向取出左前车门三角窗玻璃 1。

③ 安装以倒序进行。

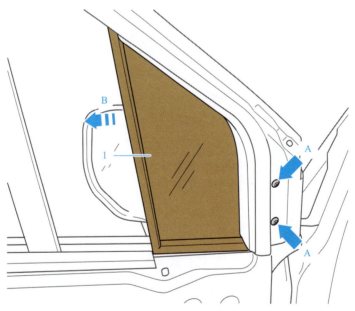

图 10-3-30　取出三角窗玻璃

1—三角窗玻璃

（3）左前车门玻璃升降器的更换

① 拆卸左前车门玻璃。

② 拆卸左前车门玻璃升降器。

a. 断开图 10-3-31 中箭头 B 处的左前车门玻璃升降器线束连接器。

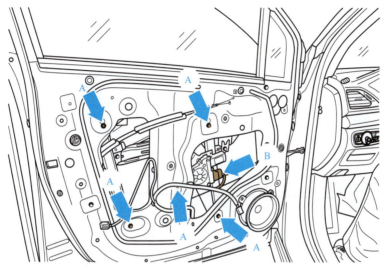

图 10-3-31　旋出固定螺栓

b. 旋出左前车门玻璃升降器固定螺栓，如图 10-3-31 中箭头 A 所示。
螺栓拧紧力矩：(8±2)N·m。

c. 拆下左前车门玻璃升降器（图 10-3-32）。

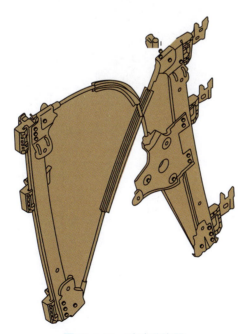

图 10-3-32　玻璃升降器

③ 安装以倒序进行。

 注 / 意

安装完成后，进行玻璃升降器功能测试。

10.3.4　电动后视镜

这里介绍左侧外后视镜的相关拆卸和安装，右侧外后视镜的相关拆卸和安装大体可参照左侧。

(1) 电动后视镜镜片的更换

① 关闭所有用电设备，关闭启动开关。

② 断开蓄电池负极接线柱。

③ 拆卸后视镜镜片。

a. 将后视镜镜片 1 沿图 10-3-33 中箭头 A 方向向下按入后视镜外壳中。

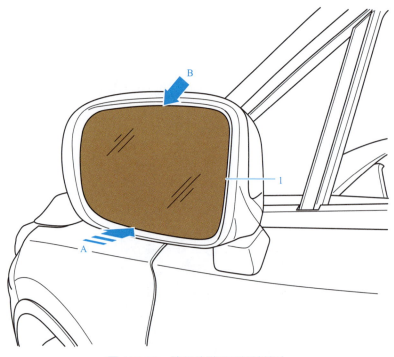

图 10-3-33　按压并脱开后视镜镜片

1—后视镜镜片

b. 在图 10-3-33 中箭头 B 处脱开后视镜镜片 1。

c. 断开图 10-3-34 中箭头处的后视镜镜片线束连接器，取出后视镜镜片 1。

④ 安装以倒序进行。

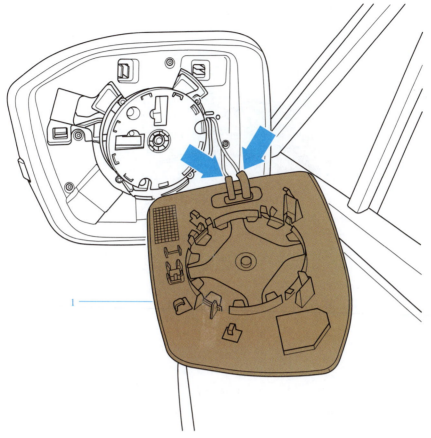

图 10-3-34 取出后视镜镜片

1—后视镜镜片

 注 / 意

将后视镜镜片压入后视镜调节单元上,直到听到后视镜镜片卡止的声音。安装完成后进行功能检查。

(2)电动后视镜调节单元的更换

① 拆卸后视镜镜片。

② 拆卸带有电机的调节单元。

a. 旋出图 10-3-35 中箭头处的三个调节单元 1 的固定螺钉。

b. 断开图 10-3-36 中箭头处的调节单元 1 的线束连接器。

c. 取出调节单元 1。

③ 安装以倒序进行。

 注 / 意

安装完成后,对后视镜进行功能检测。

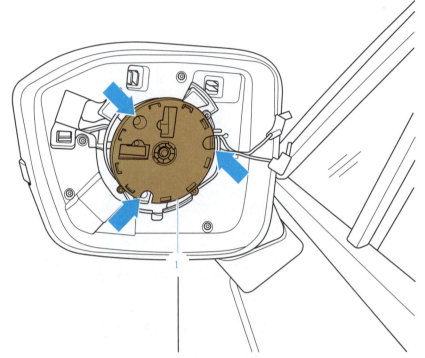

图 10-3-35 旋出固定螺钉

1—调节单元

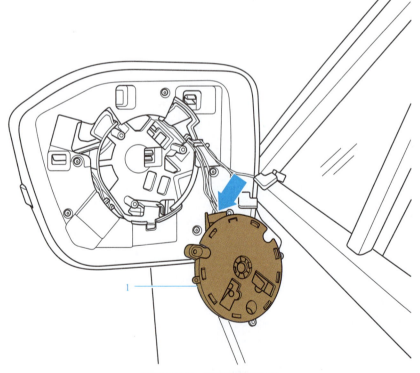

图 10-3-36 取出调节单元

1—调节单元

（3）电动后视镜卡框的更换

① 拆卸后视镜镜片。

② 拆卸后视镜卡框。

a. 旋出图 10-3-37 中箭头处的五个后视镜卡框 1 的固定螺钉。

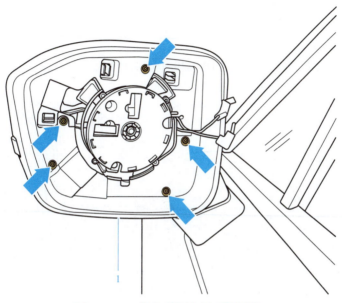

图 10-3-37　旋出后视镜卡框固定螺钉

1—后视镜卡框

b. 沿图 10-3-38 中箭头指示的方向按压后视镜卡框 1 的固定卡扣，脱开壳体。

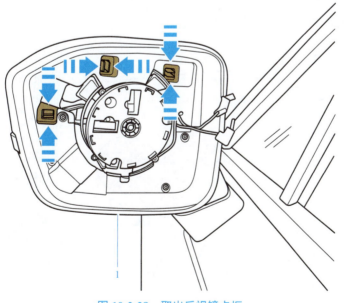

图 10-3-38　取出后视镜卡框

1—后视镜卡框

c. 取出后视镜卡框1。

③ 安装以倒序进行。

(4) 电动后视镜总成的更换

① 关闭所有用电设备,关闭启动开关。

② 断开蓄电池负极接线柱。

③ 拆卸左前车门内饰板。

④ 拆卸后视镜总成。

a. 断开后视镜线束连接器,如图10-3-39中箭头所指。

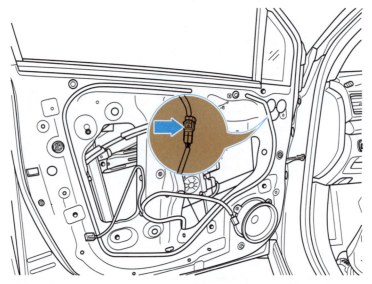

图10-3-39　断开线束连接器

b. 揭开图10-3-40中箭头所指的防水膜。

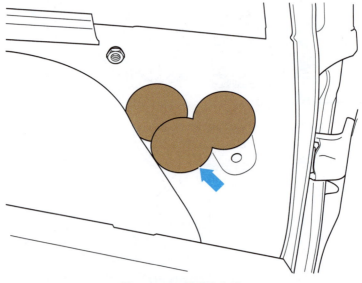

图10-3-40　揭开防水膜

c. 旋出图 10-3-41 中箭头处的三个后视镜总成固定螺母。

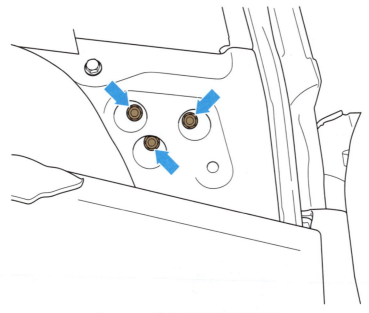

图 10-3-41　旋出后视镜总成固定螺母

螺母拧紧力矩：(6 ± 1) N·m。

d. 取出图 10-3-42 所示的后视镜总成 1。

图 10-3-42　取出后视镜总成
1—后视镜总成

⑤ 安装以倒序进行。

> **注/意**
>
> 安装完成后,对后视镜进行功能检测。

(5) 电动后视镜调节开关的更换

① 关闭所有用电设备,关闭启动开关。

② 拆卸仪表台开关。

③ 拆卸后视镜调节开关。在图 10-3-43 中箭头位置脱开后视镜调节开关固定卡扣,拆下后视镜调节开关 1。

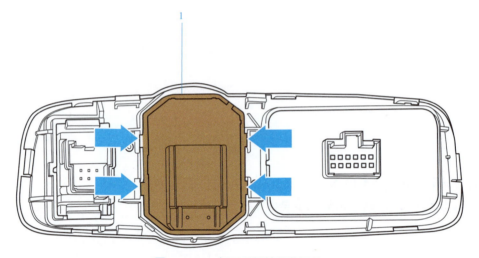

图 10-3-43 拆下后视镜调节开关

1—后视镜调节开关

④ 安装以倒序进行。

10.3.5 雨刮洗涤系统

(1) 洗涤水壶的更换

① 关闭所有用电设备,关闭启动开关。

② 断开蓄电池负极接线柱。

③ 拆卸前保险杠总成。

④ 拆卸洗涤水壶。

a. 断开图 10-3-44 中箭头位置的风窗洗涤电机线束连接器。

b. 脱开软管 2,并将软管从洗涤水壶上脱开。

c. 拆下风窗洗涤电机 1。

d. 拆卸图 10-3-45 中箭头指示的三个固定螺栓,取出洗涤水壶 1。

螺栓拧紧力矩:(8±2)N·m。

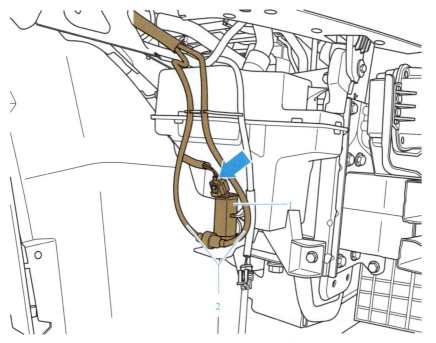

图 10-3-44　拆下风窗洗涤电机

1—风窗洗涤电机；2—软管

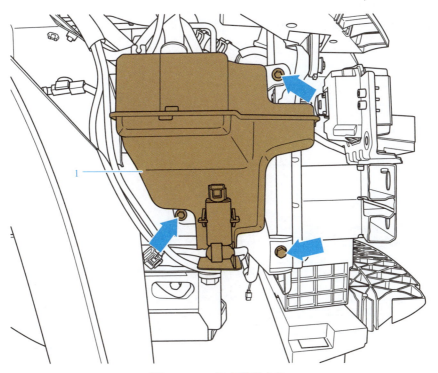

图 10-3-45　取出洗涤水壶

1—洗涤水壶

⑤ 安装以倒序进行。

提/示

完成安装后,加注洗涤液,室外温度低于0℃时,禁止加注自来水或矿泉水。

(2)风窗洗涤电机的更换

① 关闭所有用电设备,关闭启动开关。
② 断开蓄电池负极接线柱。
③ 拆卸右前挡泥板。
④ 拆卸风窗洗涤电机。
a. 断开风窗洗涤电机线束连接器(图10-3-44中箭头位置)。
b. 脱开软管2,拆下风窗洗涤电机1(图10-3-44)。
⑤ 安装以倒序进行。

(3)前风窗洗涤喷嘴的更换

① 关闭所有用电设备,关闭启动开关。
② 打开前机舱盖总成。
③ 拆卸前风窗洗涤喷嘴。
a. 脱开图10-3-46中的软管1。
b. 在图10-3-46中箭头位置脱开前风窗洗涤喷嘴固定卡扣,取出前风窗洗涤喷嘴2。
④ 安装以倒序进行。

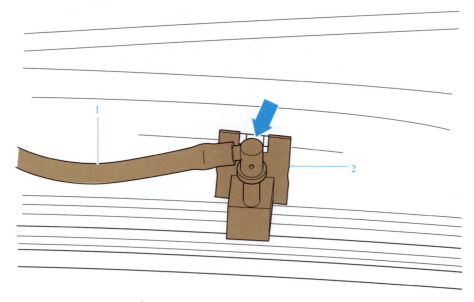

图10-3-46　取出前风窗洗涤喷嘴

1—软管;2—前风窗洗涤喷嘴

(4) 雨刮臂及刮刷组件的更换

 注 / 意

在拆卸雨刮臂及刮刷组件前，确保雨刮臂处于正常关闭停止位置。

① 关闭所有用电设备，关闭启动开关。
② 拆卸雨刮臂及刮刷组件。
a. 拆卸雨刮臂枢轴罩盖 1，如图 10-3-47 所示。
b. 旋出图 10-3-47 中箭头位置的雨刮臂及刮刷组件固定螺母，拆下右刮臂及刮刷组件 2、左刮臂及刮刷组件 3。

螺母拧紧力矩：（14±2）N·m。

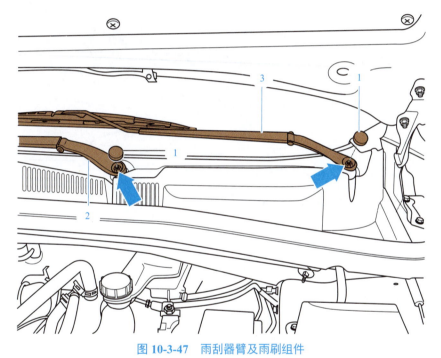

图 10-3-47 雨刮器臂及雨刷组件

1—雨刮臂枢轴罩盖；2—右刮臂及刮刷组件；3—左刮臂及刮刷组件

③ 安装以倒序进行。

 注 / 意

安装雨刮臂及刮刷组件时，要分左、右安装。

(5) 雨刮电机及连杆总成的更换

① 关闭所有用电设备，关闭启动开关。
② 断开蓄电池负极接线柱。

③ 拆卸雨刮臂总成。

④ 拆卸雨刮盖板。

⑤ 拆卸雨刮电机及连杆总成。

a. 断开图 10-3-48 中箭头 A 指示的雨刮电机线束连接器。

b. 旋出雨刮电机及连杆总成固定螺栓（图 10-3-48 箭头 B），取出雨刮电机及连杆总成 1。螺栓拧紧力矩：(8±2)N·m。

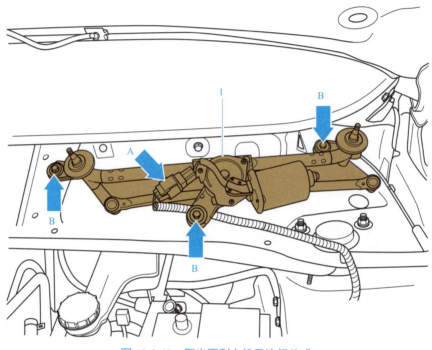

图 10-3-48　取出雨刮电机及连杆总成

1—雨刮电机及连杆总成

⑥ 安装以倒序进行。

（6）雨刮电机的更换

① 关闭所有用电设备，关闭启动开关。

② 断开蓄电池负极接线柱。

③ 拆卸雨刮电机及连杆总成。

④ 拆卸雨刮电机。

a. 旋出雨刮电机固定螺母（图 10-3-49 中箭头 A）及螺栓（图 10-3-49 中箭头 B）。

b. 取出雨刮电机 1。

⑤ 安装以倒序进行。

> **提/示**
>
> 若在拆卸过程中摇动过雨刮臂，则在拆卸电机前，需连接雨刮电机线束连接器，使其运转至正常关闭停止位置。

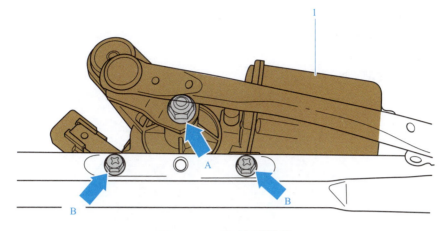

图 10-3-49 取出雨刮电机

1—雨刮电机

10.3.6 前排座椅总成

① 将前排座椅总成向后移动至极限位置并调整座椅至最高位置。
② 关闭所有用电设备，关闭启动开关。
③ 断开蓄电池负极接线柱。
④ 拆卸前排座椅总成。

a. 旋出图 10-3-50 中箭头所指的前排座椅总成后部固定螺栓。
螺栓拧紧力矩：(45±5)N·m。

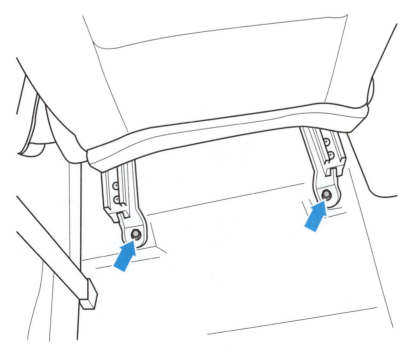

图 10-3-50 前排座椅总成后部固定螺栓

b. 旋出图 10-3-51 中箭头所指的前排座椅总成 1 前部固定螺栓。
螺栓拧紧力矩：(45±5)N·m。

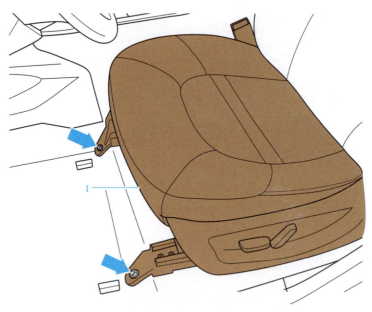

图 10-3-51　旋出前排座椅总成前部固定螺栓
1—前排座椅总成

c. 分别断开图 10-3-52 中箭头 A 处的侧气囊线束连接器和箭头 B 处的加热器控制单元线束连接器。

d. 脱开图 10-3-52 中箭头 C 处的线束卡扣，拆下前排座椅总成 1。

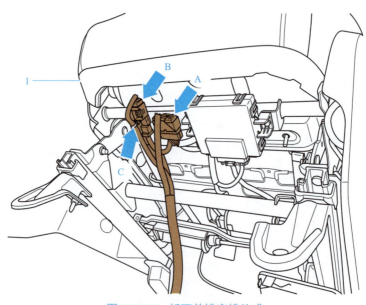

图 10-3-52　拆下前排座椅总成
1—前排座椅总成

⑤ 安装以倒序进行。

注 / 意

以规定力矩拧紧前排座椅总成固定螺栓。安装完成后，进行前排座椅总成功能检测。

10.3.7 车门与内外拉手

(1) 左前车门的更换

① 断开蓄电池负极接线柱。

② 拆卸左前车门。

a. 旋出图 10-3-53 中箭头所指的左前车门限位器（侧围处）固定螺栓。

螺栓拧紧力矩：(18±2)N·m。

b. 沿图 10-3-54 中箭头方向脱开左前车门线束护套 1。

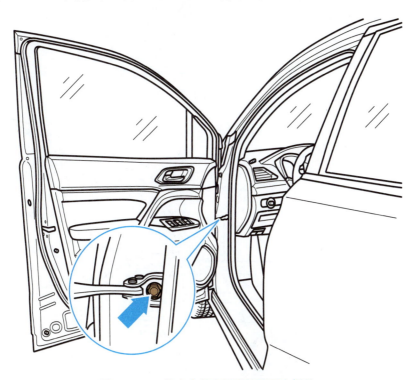

图 10-3-53　旋出左前车门限位器固定螺栓

c. 断开图 10-3-55 中箭头位置线束连接器 A 和 B。

d. 旋出图 10-3-56 中箭头位置左前车门铰链（车门处）锁止固定螺栓。

螺栓拧紧力矩：(30±3)N·m。

e. 拆下左前车门 1。

③ 安装以倒序进行。

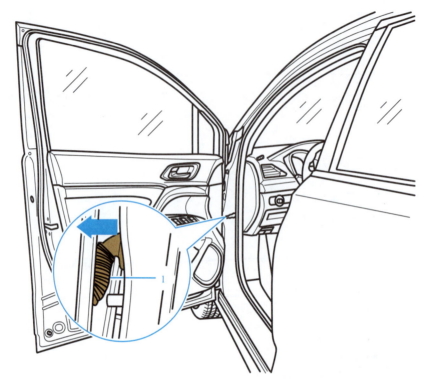

图 10-3-54　脱开左前车门线束护套

1—线束护套

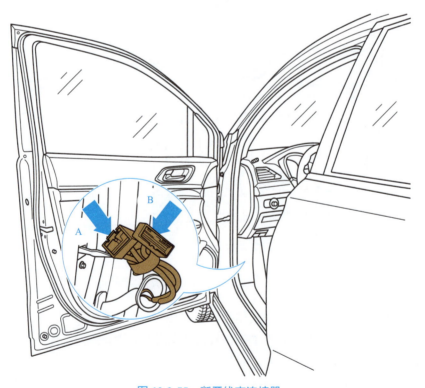

图 10-3-55　断开线束连接器

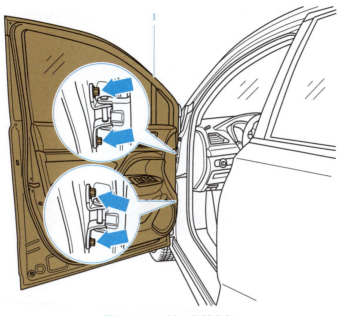

图 10-3-56　拆下左前车门

1—左前车门

（2）左前车门外拉手的更换

① 拆卸左前车门饰板。

② 拆下左前车门防水膜。

③ 拆卸左前车门锁芯。

④ 拆卸左前车门外拉手。

a. 断开图 10-3-57 中箭头位置上锁/解锁开关线束连接器。

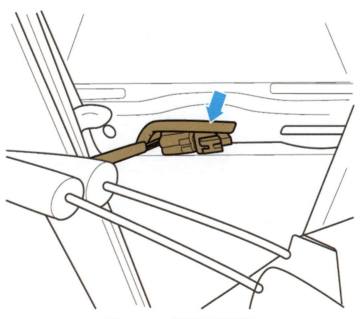

图 10-3-57　断开线束连接器

b. 将左前车门外拉手 1 沿图 10-3-58 中箭头 B 所指的方向向后拉。
c. 沿图 10-3-58 中箭头 A 所指的方向取出左前车门外拉手 1。

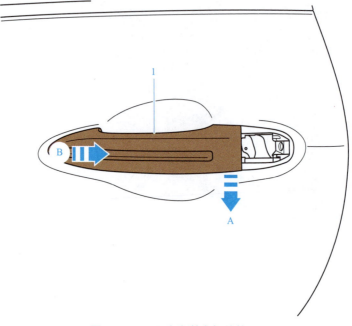

图 10-3-58　取出左前车门外拉手

1—左前车门外拉手

⑤ 安装左前车门外拉手。
a. 将左前车门外拉手 1 沿图 10-3-59 中箭头 A 所指的方向推入拉手座内。

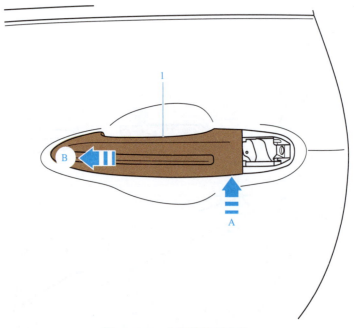

图 10-3-59　车门外拉手安装

b. 将左前车门外拉手 1 沿图 10-3-59 中箭头 B 所指的方向前推到支撑杆的定位件内。
c. 连接上锁 / 解锁开关线束连接器。
d. 安装完毕，在车门打开的状态下进行功能检查。

（3）左前车门内拉手的更换

① 拆卸左前车门饰板。

② 拆卸左前车门内拉手。

a. 旋出图 10-3-60 中箭头所指的左前车门内拉手固定螺钉。

b. 取出左前车门内拉手 1。

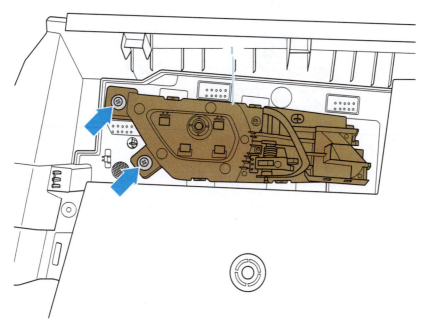

图 10-3-60　取出左前车门内拉手

1—左前车门内拉手

③ 安装以倒序进行。

10.4 电子电气空调舒适系统

10.4.1　整车控制系统

以吉利帝豪 EV450 整车控制器为例，讲解整车控制器的更换。

① 打开前机舱盖。

② 断开蓄电池负极电缆。

③ 拆卸整车控制器。

a. 断开整车控制器线束连接器，如图10-4-1所示。

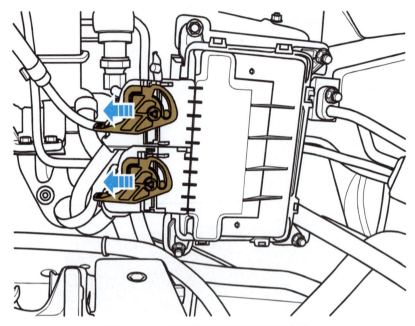

图10-4-1　断开整车控制器线束连接器

b. 拆卸整车控制器固定螺母，取出整车控制器。

螺母拧紧力矩：8N·m。

④ 安装顺序基本与拆卸顺序相反。

10.4.2　空调系统

10.4.2.1　制冷剂的更换注意事项

空调系统的运行效率和使用寿命，取决于制冷系统的化学稳定性。当制冷系统受到异物（如灰尘、空气或湿气）污染时，污染物会改变制冷剂和PG100压缩机油的稳定性。并且，还会影响压力与温度之间的关系，降低工作效率，并可能导致内部腐蚀和元件异常磨损。为确保系统的化学稳定性，可按如下方法操作。

① 打开接头前，先将接头处和接头周围的油污擦干净，减少油污进入系统的可能性。

② 在接头断开后，立即用盖帽、塞子或胶带封住接头两端，防止油污、异物和湿气进入。

③ 保持所有工具清洁、干燥，包括歧管压力表组件和所有替换件。

④ 用清洁、干燥的输送装置和容器来添加制冷剂，尽可能保证制冷剂不受湿气影响。

⑤ 操作时尽可能缩短空调系统内部暴露在空气中的时间。

⑥ 空调系统内部暴露于空气后必须重新排空和加注。所有维修件出厂前都进行了干燥和密封，只有在即将进行安装时才能打开这些密封的零件。拆封前，所有零件应处于室温，防止空气中的水分凝结在零件上进入系统内部，并尽快重新密封所有零件。

 注/意

禁止将旧的制冷剂和新的制冷剂混合在一起。旧的制冷剂中可能沉淀有铝或混有其他异物。重新加注空调系统时，务必使用新的制冷剂。正确报废使用过的制冷剂。

部分空调系统的 PG100 压缩机油可能会随同制冷剂一起被回收。回收的油量不定。加注机能将压缩机油和制冷剂分离，因此能确定回收的油量。在重新加注系统时，要添加等量压缩机油。参见制造商的使用说明书，详细了解加注机使用方法。

加注机一次连接就能完成空调系统排放、排空和重新加注程序。回收和排空期间都要过滤制冷剂，以保证向空调系统加注的制冷剂清洁、干燥。

禁止用 R-12 加注机来加注 R-134a 系统。两种系统的制冷剂和压缩机油不兼容，绝不能混合，即使少量也不允许，混入残留的制冷剂会损坏设备。

禁止使用异径接头，以保证系统内部的密闭性。

10.4.2.2 加注机更换制冷剂

制冷剂加注、回收、清洗一体机如图 10-4-2 所示，这是一种常见的加注机。所有加注机都执行空调系统排放、制冷剂回收、系统排空、定量添加制冷剂和定量重新加注制冷

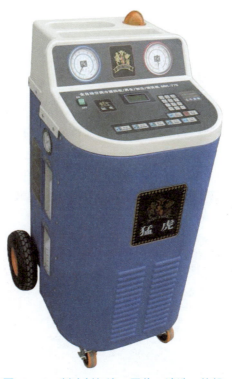

图 10-4-2 制冷剂加注、回收、清洗一体机

剂等各种任务。参见加注机使用说明书,掌握初始安装程序和维护程序。操作人员可利用加注机上的控制按钮和指示灯控制和监测操作过程。说明书应包括:主电源开关,向控制面板供电;显示屏,显示编程设定的抽真空所需时间和重新加注的制冷剂量,参见使用说明书,了解详细的编程信息;低压侧歧管压力表,显示系统低压侧压力;高压侧歧管压力表,显示系统高压侧压力;控制面板,包括控制各种操作功能的控制按钮;低压侧阀,用于连接空调系统低压侧和加注机;湿度指示灯,指示制冷剂是否潮湿;高压侧阀,用于连接空调系统高压侧和加注机。

(1) 回收

 注 / 意

> 仅使用为加注机专门设计的制冷剂罐。加注机的防过充机构是专为使用这种制冷剂罐而校准的。而制冷剂罐的罐阀也是专门为该装置制造的。

① 检查加注机控制面板上的高压侧和低压侧压力表,确保空调系统有压力。如果没有压力,则系统中没有可回收的制冷剂。
② 打开高压侧和低压侧阀门。
③ 打开制冷剂罐上的气体阀和液体阀。
④ 排空油液分离器中的制冷剂。
⑤ 关闭放油阀。
⑥ 将加注机连接到合适的电源插座上。
⑦ 接通主电源开关。

(2) 排空

 注 / 意

> 必须先将系统排空,才能重新加注新制冷剂或经过再生处理的制冷剂。

① 检查高压侧和低压侧软管是否连接到空调系统上,打开加注机控制面板上的高压侧阀和低压侧阀。
② 打开制冷剂罐上的气体阀和液体阀,加注机安装如图10-4-3所示。

图10-4-3 加注机安装

③启动真空泵并开始排空程序。在回收过程中，不可凝结的气体（大部分为空气）自动从罐中排出，可以听到泄压声。

 注/意

经常更换真空泵机油。参见制造商的使用说明书，详细了解加注机使用方法。

④检查系统是否泄漏。参见制造商的使用说明书，详细了解加注机使用方法。

（3）加注

 注/意

加注机制冷剂罐必须装有足够量的制冷剂以进行加注。检查罐内制冷剂量，如果制冷剂量不到 3.6kg，则向制冷剂罐中添加新的制冷剂。详见加注机使用说明书，了解添加制冷剂的方法。

①关闭控制面板上的低压侧阀。
②关闭控制面板上的高压侧阀。
③参见制造商的使用说明书，详细了解加注机使用方法。
④向空调中加注必需的制冷剂，确保计量单位正确（千克或磅）。
⑤开始加注。

（4）制冷剂加注成功完成
①关闭加注机控制面板上的高压侧阀和低压侧阀。
②启动车辆和空调系统。
③保持驱动电机运行，直到高压侧压力表和低压侧压力表读数稳定。
④将读数与系统规格进行比较。
⑤检查蒸发器出口温度，确保空调系统的操作符合系统规格。
⑥保持空调运行。
⑦关闭高压侧快速接头阀。
⑧从车上断开高压侧软管。
⑨在控制面板上打开高压侧阀和低压侧阀。系统将通过低压侧软管迅速吸入两条软管中的制冷剂。
⑩关闭低压侧快速接头阀。
⑪从车上断开低压侧软管。

（5）制冷剂加注不成功　　有时进入空调系统的制冷剂没有达到总加注量。造成这种情况的原因有两个：加注机制冷剂罐压力与空调系统的压力差不多，这将导致加注过程过慢；制冷剂罐中没有足够的制冷剂进行加注，对此，必须从车辆中回收已加注的部分制冷剂，然后将空调系统排空，给制冷剂罐添加制冷剂，再重新加注。参见制造商的使用说明书，详细了解加注机使用说明。

10.4.2.3 歧管压力表更换制冷剂

(1) 排放

① 关闭歧管压力表（图 10-4-4）上的高、低压手动阀，并将其高、低压软管分别接在压缩机或空调管路上的高、低压检修阀上，将中间软管的自由端放在工作抹布上。

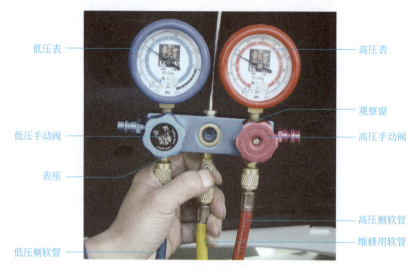

图 10-4-4　歧管压力表组结构

② 慢慢打开高压手动阀，让制冷剂从中间软管抹布上排出，阀门不能开得太大，否则压缩机内的冷冻润滑油会随制冷剂流出。

③ 当压力表读数降到 0.35MPa 以下时，再慢慢打开低压手动阀，使制冷剂从高、低压两侧同时排出。

④ 观察压力表读数，随着压力下降，逐渐开大高、低压手动阀，直至高、低压表的读数为零为止。

(2) 抽真空　目的是排除制冷系统内的空气和水分，同时也可以用于制冷系统的检漏。当对空调制冷系统进行维修或更换元件时，空气会进入系统，且空气中含有一定量的水蒸气（湿空气），当超过一定量时会造成制冷不足或间歇性出冷风。为最大限度地将系统内的空气和水蒸气抽出，必须采用重复抽真空法，即第一次抽真空完毕后，再连续抽 30min 以上。具体操作过程如下。

① 将歧管压力表上的两根高、低压软管分别与压缩机或空调管道上的高、低压检修阀接口相连，将歧管压力表上中间软管与真空泵相连。

② 打开歧管压力表的高、低压手动阀，启动真空泵，将系统压力抽至 100kPa 左右。

③ 关闭歧管压力表上的高、低压手动阀，观察压力表指示压力是否回升。若回升，则表示系统泄漏，此时应进行检漏和修补。若压力表指针保持不动，则打开高、低压手动阀，启动真空泵继续抽真空 30min 以上。

④ 关闭歧管压力表上的高、低压手动阀。

⑤ 关闭真空泵。先关高、低压手动阀，后关真空泵，这样可以防止空气和水蒸气进入系统。

注/意

如果抽真空不足,则空调管路内的水会冻结,进而会阻碍制冷剂的流动并导致空调系统部件内表面生锈。

(3)充注 方法有两种:一种为抽完真空后,不启动发动机,不开空调,从高压端直接加入液态制冷剂,制冷剂罐要倒立,这种充注方法特点是快速、安全,适用于制冷系统第一次充注制冷剂;另一种是从压缩机低压端充注,制冷剂罐要正立,充入的制冷剂是气态的,这种充注方法的特点是充注速度慢,适用于补充制冷剂。

① 高压侧充注制冷剂。

a. 发动机处于熄火状态,检查泄漏、抽完真空后,关闭歧管压力表上的高、低压手动阀。

b. 将中间软管的一端与制冷剂罐注入阀连接,如图10-4-5所示,打开制冷剂罐开关,再拧开歧管压力表软管一端的螺母,让气体逸出几秒钟,把空气赶走,然后再拧紧螺母。

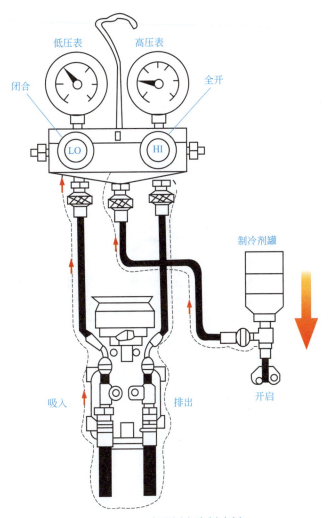

图10-4-5 高压侧充注制冷剂

c. 拧开高压手动阀至全开位置，将制冷剂罐倒立，液态制冷剂从高压侧进入制冷回路。

d. 充注规定量的制冷剂完毕，关闭制冷剂罐注入阀及歧管压力表上的高压手动阀，然后将仪表卸下。

e. 装回所有保护帽和保护罩。

 注/意

加注时不能启动发动机，更不能打开低压手动阀，防止产生液击。

② 低压侧充注制冷剂。

a. 检查泄漏、抽完真空后，关高、低压手动阀。

b. 把中间软管与制冷剂罐注入阀的接头接好，如图10-4-6所示。

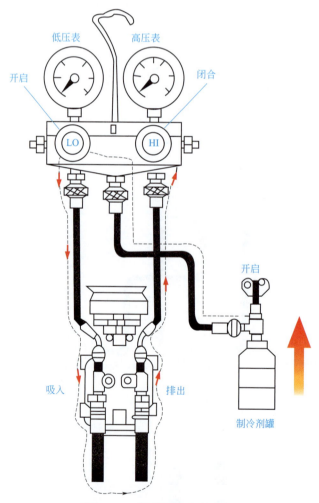

图10-4-6　低压侧充注制冷剂

c. 打开制冷剂罐注入阀，拧开歧管压力表中间软管一端的螺母，让气体逸出几秒钟，将空气赶出，然后再拧紧螺母。

d. 打开低压手动阀，正立制冷剂罐，当系统压力达到 0.4MPa 时，关闭低压手动阀。

e. 启动发动机并将转速调整到 1250r/min 左右，接通空调开关，并将风机开关置于高速、调温开关调到最冷。

f. 打开歧管压力表上的低压手动阀，让气态制冷剂继续进入制冷系统，直至充注量达到规定值。此时高压表值应为 1.01～1.64MPa，低压表值应为 0.118～0.198MPa。

g. 充注完毕后，先关闭歧管压力表上的低压手动阀，关闭制冷剂罐阀，关闭发动机，关闭高压手动阀，将歧管压力表从压缩机上卸下，卸下时动作要迅速，以免过多制冷剂排出。

h. 装回所有保护帽和保护罩。

10.4.3　中控门锁系统前车门锁

更换中控门锁系统前车门锁的步骤如下。

① 拆卸左前车门饰板。

② 拆卸左前车门锁芯。

③ 揭开左前车门防水膜。

④ 拆卸左前车门门锁。

a. 旋出图 10-4-7 中箭头位置三个左前车门门锁固定螺栓。

螺栓拧紧力矩：(8±2)N·m。

b. 断开图 10-4-8 中箭头位置左前车门门锁线束连接器。

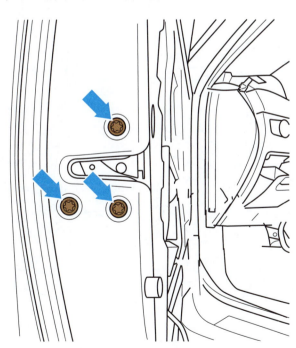

图 10-4-7　旋出车门门锁固定螺栓

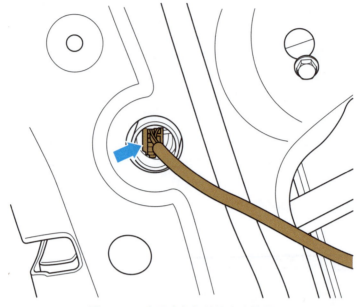

图 10-4-8　断开车门门锁线束连接器

c. 沿图 10-4-9 中箭头方向脱开左前车门外拉手推杆 1 固定卡扣，拆下左前车门外拉手推杆 1。

d. 取出左前车门门锁总成（图 10-4-10）。

⑤ 安装以倒序进行。

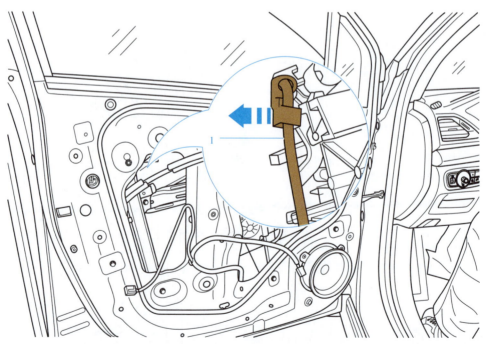

图 10-4-9　拆下左前车门外拉手推杆

1—外拉手推杆

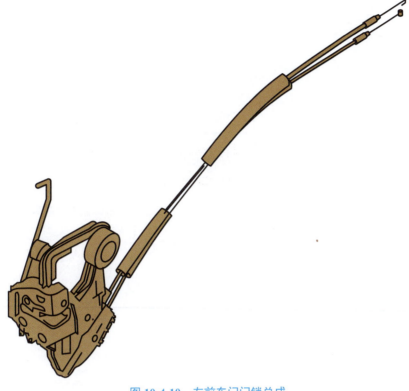

图 10-4-10　左前车门门锁总成

10.4.4　智能进入与无钥匙启动系统

（1）启动开关的更换

① 关闭所有用电设备，关闭启动开关。

② 断开蓄电池负极接线柱。

③ 拆卸驾驶员侧下饰板总成。

④ 拆卸启动开关。

a. 从图 10-4-11 中箭头位置启动开关 1 里侧脱开启动开关固定卡扣。

b. 断开图 10-4-12 中箭头位置启动开关 1 线束连接器，取出启动开关。

⑤ 安装以倒序进行。

（2）智能进入与无钥匙启动系统控制器的更换

① 关闭所有用电设备，关闭启动开关。

② 断开蓄电池负极接线柱。

③ 拆卸手套箱总成。

④ 拆卸智能进入与无钥匙启动系统控制器。

a. 断开图 10-4-13 中箭头 A、B、C 所指的智能进入与无钥匙启动系统控制器线束连接器。

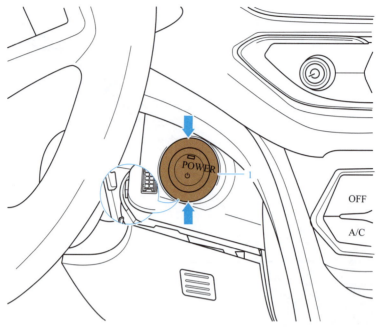

图 10-4-11　脱开启动开关固定卡扣

1—启动开关

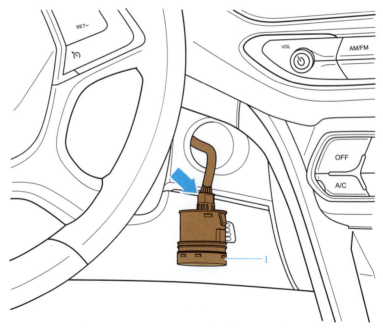

图 10-4-12　断开启动开关线束连接器

1—启动开关

b. 断开图 10-4-14 中箭头 A 所指的空调控制器线束连接器。

c. 旋出图 10-4-14 中箭头 B 所指的空调控制器固定螺母，并取出空调控制器 1。
螺母拧紧力矩：(8±2)N·m。

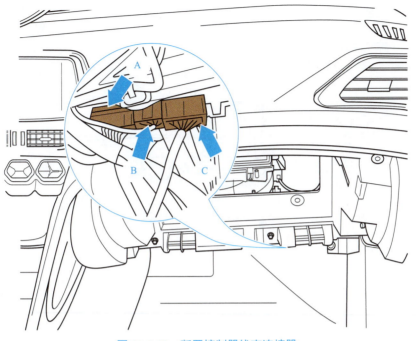

图 10-4-13　断开控制器线束连接器

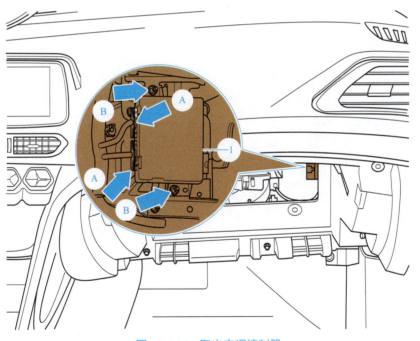

图 10-4-14　取出空调控制器

1—空调控制器

d. 脱开图 10-4-15 中箭头所指的两个线束卡扣，移开线束 1。

e. 旋出图 10-4-16 中箭头所指的三个固定螺母。

螺母拧紧力矩：(8±2) N·m。

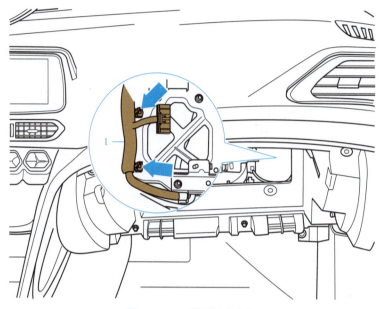

图 10-4-15　脱开线束卡扣

1—线束

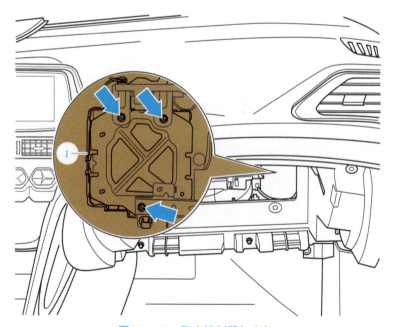

图 10-4-16　取出控制器与支架

1—控制器与支架

f. 取出智能进入与无钥匙启动系统控制器与支架 1。

g. 使用一字旋具 1 在箭头位置翘动塑料卡扣，取出智能进入与无钥匙启动系统控制器 2，如图 10-4-17 所示。

⑤ 安装以倒序进行。

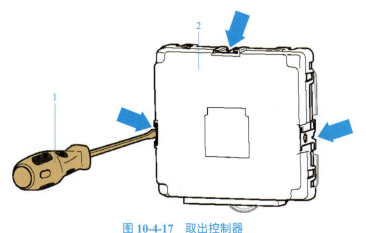

图 10-4-17 取出控制器

1——字旋具；2—智能进入与无钥匙启动系统控制器

10.4.5 ESP 系统

(1) 左前轮速传感器的更换　左前轮速传感器的拆卸和安装步骤如下，右前轮速传感器的拆卸和安装大体可参照左侧。

① 关闭所有用电设备，关闭启动开关。

② 断开蓄电池负极接线柱。

③ 拆卸左前车轮总成。

④ 拆卸左前车轮挡泥板。

⑤ 拆卸左前轮速传感器。

a. 断开图 10-4-18 中箭头 A 所指的左前轮速传感器线束连接器并脱开连接器卡扣。

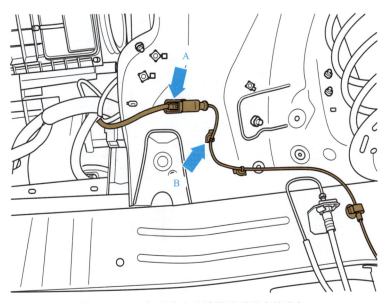

图 10-4-18　断开线束连接器并脱开定位卡扣

b. 脱开图10-4-18中箭头B所指的左前轮速传感器线束定位卡扣。
c. 脱开图10-4-19中箭头所指的左前轮速传感器线束定位卡扣。

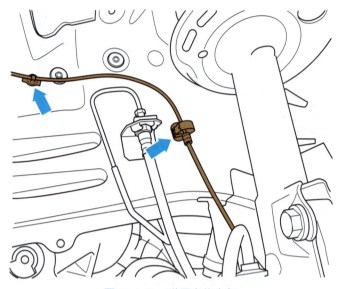

图10-4-19 脱开定位卡扣

d. 旋出图10-4-20中箭头A所指的左前轮速传感器固定螺栓,将左前轮速传感器1从前转向节上脱开。

螺栓拧紧力矩:(8±2)N·m。

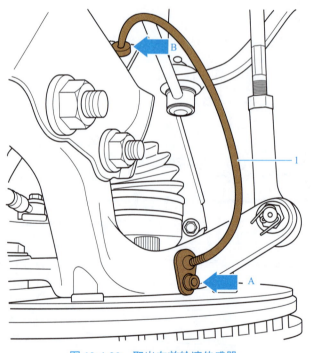

图10-4-20 取出左前轮速传感器
1—左前轮速传感器

e. 从支架上脱开图10-4-20中箭头B所指的左前轮速传感器线束胶套，小心地取出左前轮速传感器1。

⑥ 安装以倒序进行，同时注意在装入轮速传感器前要清洁安装孔的内表面。

(2) 左后轮速传感器的更换　左后轮速传感器的拆卸和安装步骤如下，右后轮速传感器的拆卸和安装大体可参照左侧。

① 关闭所有用电设备，关闭启动开关。

② 断开蓄电池负极接线柱。

③ 拆卸左后轮速传感器。

a. 断开图10-4-21中箭头A所指的左后轮速传感器连接器，并脱开卡扣。

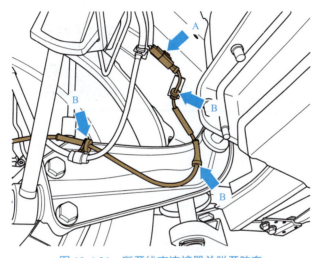

图10-4-21　断开线束连接器并脱开胶套

b. 从支架上脱开图10-4-21中箭头B所指的左后轮速传感器线束胶套。

c. 从支架上脱开图10-4-22中箭头B所指的左后轮速传感器线束胶套。

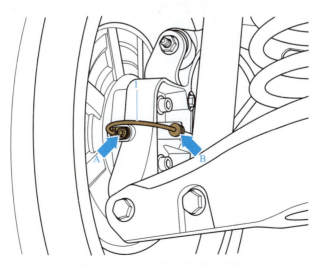

图10-4-22　脱开左后轮速传感器

d. 旋出图10-4-22中箭头A所指的左后轮速传感器固定螺栓，将左后轮速传感器1从后轴节上脱开。

e. 取出后轮轮速传感器1。

螺栓拧紧力矩：（8±2）N·m。

④ 安装以倒序进行，同时注意在装入轮速传感器前要清洁安装孔的内表面。

（3）ESP液压执行机构的更换

 注 / 意

液压单元区域内的控制管路不允许弯折。

① 使用吸液器将制动液从储液罐中吸空。

② 关闭所有用电设备，关闭启动开关。

③ 断开蓄电池负极接线柱。

④ 拆卸电机控制器上护板。

⑤ 拆卸ESP机构。

a. 按压连接器锁销定位扣，沿图10-4-23中箭头方向打开ESP机构的连接器1，打开连接器锁止支架，脱开连接器2。

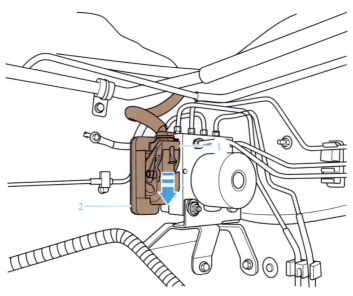

图10-4-23　脱开连接器

b. 在ESP机构下面垫上无絮抹布。

c. 旋出图10-4-24中箭头A所指的制动总泵至ESP机构连接的自带螺母，并脱开连接。

螺母拧紧力矩：（20±2）N·m。

d. 旋出图10-4-24中箭头B所指的制动硬管至ESP机构连接的自带螺母，并脱开连接。

螺母拧紧力矩：(17±2)N·m。

e. 用密封塞将制动管路和螺纹孔密封。

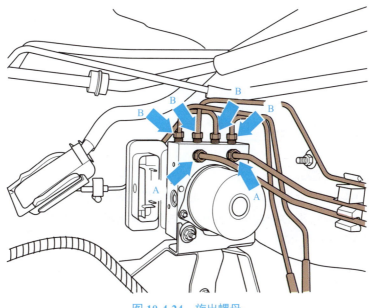

图 10-4-24　旋出螺母

f. 旋出图 10-4-25 中箭头所指的 ESP 机构支架固定螺栓，取出 ESP 机构 1。

螺栓拧紧力矩：(10±2)N·m。

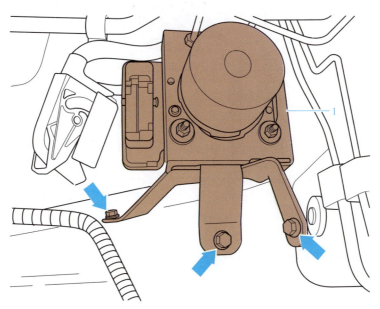

图 10-4-25　取出 ESP 机构

1—ESP 机构

⑥ 安装以倒序进行，同时注意下列事项：只有安装相应的制动管路时，才能去除新液压单元上的密封塞；如果先前已经从液压单元上脱开密封塞，那么制动液就可能流出，就不能保证足够的加注量；检查制动液液位，必要时添加；安装完毕后，对制动系统进行排气。

10.4.6 胎压监控系统

(1) 胎压监控系统（TPMS）控制器的更换

① 关闭所有用电设备，关闭启动开关。
② 断开蓄电池负极接线柱。
③ 拆卸 C 柱下饰板总成。
④ 拆卸 TPMS 控制器。
a. 断开图 10-4-26 中箭头 A 所指的 TPMS 控制器线束连接器。
b. 旋出图 10-4-26 箭头 B 所指的 TPMS 控制器固定螺栓，并拆下 TPMS 控制器 1。
螺栓拧紧力矩：(8+2) N·m。

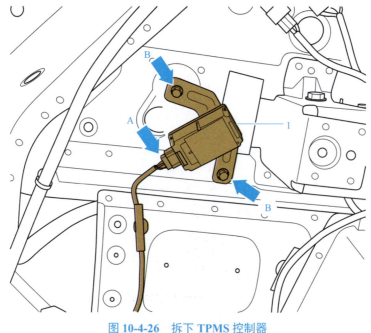

图 10-4-26　拆下 TPMS 控制器

1—TPMS 控制器

⑤ 安装以倒序进行。

(2) 胎压传感器的更换

① 拆卸车轮轮胎。
② 拆卸胎压传感器。在图 10-4-27 中箭头位置拆下胎压传感器 1。
③ 安装以倒序进行。

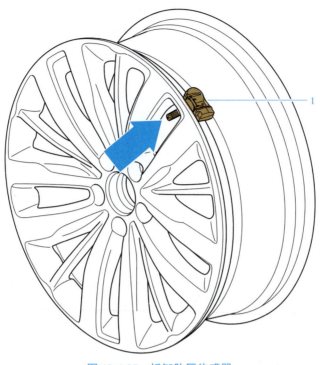

图 10-4-27 拆卸胎压传感器

1—胎压传感器

10.5 网关控制娱乐系统

10.5.1 车载互联系统

车载互联系统故障诊断与排除方法见表 10-5-1。

表 10-5-1 车载互联系统故障诊断与排除方法

故障现象	原因	排除方法
音响故障		
不能开机	熔丝损坏	用与本音响系统使用的相同规格的熔丝更换
	蓄电池电压过低	给电池充电
没有声音或声音较低	主机或所连部件（扬声器）的音量的太低	提升主机或所连部件的音量
	声道平衡设置偏向一边	调节声道平衡

333

续表

故障现象	原因	排除方法
收音效果差	天线插座及天线电缆连接可能异常	检查天线插座及天线电缆连接是否正常
	天线未充分展开	检查天线是否充分展开，连接是否正确
	天线放大器损坏	维修天线放大器
	电台信号太弱	改用手动调节或移动至障碍物少的地方再搜台
不能播放（USB/SD）	非本机支持的文件格式	参照说明书检查文件格式
	存储设备未连接好	检查并连接存储设备
蓝牙故障		
配对或连接	配对距离过远，或有遮挡物	移近距离至8m以内，并避开遮挡物
	设备未开启蓝牙	开启蓝牙设备功能，设为可视
	手机与其他蓝牙设备已连接	断开手机与其他蓝牙设备的连接，重新进行连接
	配对密码错误	重新输入正确密码
	手机蓝牙功能故障	检修或更换手机
不能拨号；通话无MIC；通话免提无声；免提不能切换	此时蓝牙断开	稍后设备会自动连接上
	蓝牙断开，且无法自动连接	重新进行连接
	重新连接后，故障不能消除，手机故障	更换手机
	蓝牙设备功能损坏	将设备交相关部门进行维修处理

10.5.2　音响系统

以吉利帝豪EV450前门扬声器拆装为例，左、右前门扬声器的拆装方法类似。
① 断开蓄电池负极接线柱。
② 拆卸前门内饰板。
③ 拆卸前门扬声器。
a. 断开扬声器线束连接器1。
b. 拆卸3个扬声器固定铆钉2，并取下扬声器如图10-5-1所示。
④ 安装步骤与拆卸步骤大致相反。

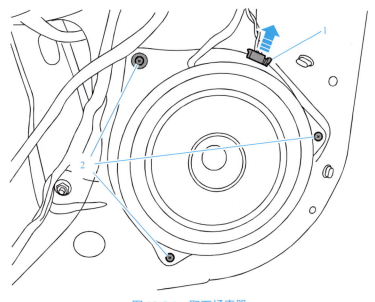

图 10-5-1　取下扬声器

1—线束连接器；2—固定铆钉

第11章

故障诊断与排除

11.1 动力电池系统

动力电池系统故障代码及说明见表 11-1-1。

表 11-1-1 动力电池系统故障代码及说明

故障代码	说明	故障代码	说明
P1C2604	电池放电故障等级 2	P1C6B07	充电请求上高压等待主继电器闭合超时
P1C2704	电池放电故障等级 3	P1C6B08	智能补电请求上高压等待主继电器闭合超时
P1C2804	电池放电故障等级 4	P1C6B09	对外放电请求上高压等待主继电器闭合超时
P1C6C04	BMS 报动力电池放电 6 级故障	P1C6B0A	远程空调请求上高压等待主继电器闭合超时
P1C6D04	BMS 报动力电池放电 2 级故障	P1C6B0B	常规请求上高压等待 DC/DC 工作超时
P1C718A	BMS 报动力电池放电 3 级故障	P1C6B0C	充电请求上高压等待 DC/DC 工作超时
P1C728A	BMS 报动力电池放电 4 级故障	P1C6B0D	智能补电请求上高压等待 DC/DC 工作超时
P1C6E04	BMS 报动力电池放电 5 级故障	P1C6B0E	对外放电请求上高压等待 DC/DC 工作超时
P1C6B01	常规请求上高压等待预充超时	P1C6B0F	远程空调请求上高压等待 DC/DC 工作超时
P1C6B02	充电请求上高压等待预充超时	P1C6B10	常规快速上高压等待进入 HvReady 超时
P1C6B03	智能补电请求上高压等待预充超时	P1C6B12	智能补电请求快速上高压等待进入 HvReady 超时
P1C6B04	对外放电请求上高压等待预充超时	P1C6B13	对外放电请求快速上高压等待进入 HvReady 超时
P1C6B05	远程空调请求上高压等待预充超时	P1C6B14	远程空调请求快速上高压等待进入 HvReady 超时
P1C6B06	常规请求上高压等待主继电器闭合超时		

动力电池系统电路如图 11-1-1 所示。

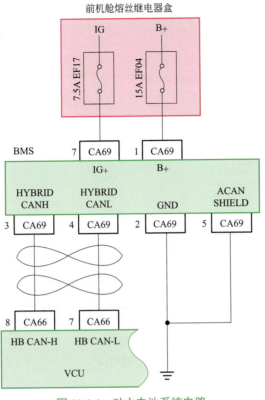

图 11-1-1 动力电池系统电路

11.1.1 动力电池电压异常

(1) 单体电池电压过高 诊断条件及可能原因见表 11-1-2,诊断步骤如下。

表 11-1-2 单体电池电压过高诊断条件及可能原因

DTC 诊断条件	可能原因
单体电池电压超过允许工作电压范围	① VCU ② 单体电池 ③ 动力电池管理器 ④ 线束或连接器

① 使用诊断仪查询单体电池信息。查询最高电压单体电池对应的电压和编号。更换 VCU,确认故障是否排除。

是:VCU 故障。

否:转至第②步。

② 拆卸动力电池总成,更换异常的单体电池。按照操作流程拆卸对应模组总成,更换对应单体电池。

(2) 单体电池电压过低 诊断条件及可能原因见表 11-1-3,诊断步骤如下。

表 11-1-3　单体电池电压过低诊断条件及可能原因

DTC 诊断条件	可能原因
单体电池电压低于允许工作电压范围	① VCU ② 单体电池 ③ 动力电池管理器 ④ 用户使用习惯

① 使用诊断仪查询单体电池信息。查询最低电压单体电池对应的电压和编号。更换 VCU，确认故障是否排除。

是：VCU 故障。

否：转至第②步。

② 拆卸动力电池总成，更换异常的单体电池。按照操作流程拆卸对应模组总成，更换对应单体电池。

③ 矫正用户使用习惯。

11.1.2　动力电池短路

（1）**动力电池外部短路**　故障处理见表 11-1-4。

表 11-1-4　动力电池外部短路故障处理

BMS 故障处理方式	行车模式：上报故障 车载充电模式：上报故障 快充充电模式：上报故障
VCU 故障处理方式	校验电机、充电器母线电流，若确认断路，立即高压下电 若整车处理，仪表点亮动力电池故障灯、MIL 灯、三级报警音
导致故障的原因	单体电池一致性不好或均衡效果不好
故障可能造成的影响	导致单体电池压差过大，影响充电均衡，影响整车性能
处理措施	重新上电，进行反复几次慢充，并进行几次 30km/h 匀速行驶，如恢复正常，则不需要进行维修 如仍频繁出现该故障，需按照"建议的维修措施"实施检修
建议的维修措施	看是否有单体电池欠压或过压故障，先行处理 如果仍有该故障，则检查均衡回路

（2）**动力电池内部短路**　故障处理见表 11-1-5。

表 11-1-5　动力电池内部短路故障处理

BMS 故障处理方式	车载充电模式：上报故障，同时动力电池充电请求为待机，5s 后断开高压继电器 快充充电模式：上报故障，同时发送 BST，5s 后断开高压继电器
VCU 故障处理方式	仪表点亮动力电池故障灯、MIL.灯、一级报警音，提示驾驶员尽快离开车辆 立即高压下电，如果未上高压禁止上高压
导致故障的原因	高压动力电池内部焊接、装配等问题

续表

故障可能造成的影响	引起热失控，出现着火、爆炸
处理措施	确认无故障后，手动清除故障代码后重新上电
建议的维修措施	检查单体电池 检查动力电池系统装配问题

11.1.3 动力电池温度异常

（1）动力电池温度过高 故障处理见表 11-1-6。

表 11-1-6 动力电池温度过高故障处理

BMS 故障处理方式	行车模式：上报故障，同时最大允许充放电功率调整为零，整车在 2s 内没有高压下电，BMS 主动断开高压继电器 车载充电模式：上报故障，同时动力电池充电请求为待机，5s 后断开高压继电器 快充充电模式：上报故障，同时发送 BST，5s 后断开高压继电器
VCU 故障处理方式	仪表点亮动力电池故障灯、MIL 灯，一级报警音，提示驾驶员尽快离开车辆 高压下电，如果未上高压禁止上高压
导致故障的原因	动力电池热管理系统有问题 单体电池有问题 动力电池装配节点松弛
故障可能造成的影响	导致动力电池隔膜熔化，出现动力电池内短路，从而引起热失控，出现着火、爆炸
处理措施	停止充电/加热/行车，等温度自然降低，如果重新上电，车辆恢复正常，则不需要进行维修 如果重新上电车辆不能恢复正常，或较短时间内温度仍迅速上升，则需要按照"建议的维修措施"实施检修
建议的维修措施	采集动力电池温度数据，检查温度传感器与实际温度差异 检测动力电池热管理系统 检查单体电池状态 检查动力电池系统装配问题

（2）动力电池温度不均衡 故障处理见表 11-1-7。

表 11-1-7 动力电池温度不均衡故障处理

BMS 故障处理方式	上报故障
VCU 故障处理方式	—
导致故障的原因	动力电池热管理系统故障
故障可能造成的影响	动力电池在差异化的温度下同工况工作，单体电池一致性变差，同时电池温度指示灯不能很好地反映电池温度状态
处理措施	停止充电/加热/行车，车辆恢复正常，则不需要进行维修 如果重新上电车辆恢复后仍频繁出现动力电池温度不均衡故障，则需要按照"建议的维修措施"实施检修
建议的维修措施	看是否有温度过高故障，先处理温度过高故障 处理完以后如果仍然报该故障，检查动力电池热管理系统、温度传感器装配位置

(3) 动力电池温升过快 故障处理见表 11-1-8。

表 11-1-8 动力电池温升过快故障处理

BMS 故障处理方式	行车模式：上报故障，同时最大允许充放电功率调整为零，整车在 2s 内没有高压下电，BMS 主动断开高压继电器 车载充电模式：上报故障，同时动力电池充电请求为待机，5s 后断开高压继电器 快充充电模式：上报故障，同时发送 BST，5s 后断开高压继电器
VCU 故障处理方式	仪表点亮动力电池故障灯、MIL 灯，一级报警音，提示驾驶员尽快离开车辆 充电模式：立即高压下电，如果未上高压禁止上高压 行车模式：若车速 ≥ 30km/h，T 时间内延时高压下电（8s ≤ T ≤ 10s）；若车速 <30km/h，立即高压下电，如果未上高压禁止上高压
导致故障的原因	动力电池内部短路 动力电池焊接、装配等问题引起火花
故障可能造成的影响	导致电池隔膜熔化，出现动力电池内短路，从而引起热失控，出现着火、爆炸
处理措施	按照"建议的维修措施"诊断检查确认无故障后，手动清除故障代码后重新上电
建议的维修措施	检查温度传感器装配位置 检查单体电池状态 检查动力电池装配状态

(4) 动力电池冷却液温度过高 故障诊断步骤如图 11-1-2 所示。

图 11-1-2 动力电池冷却液温度过高故障诊断步骤

11.1.4　动力电池绝缘、充电故障

(1) 绝缘电阻低　故障处理见表 11-1-9。

表 11-1-9　动力电池绝缘电阻低故障处理

BMS 故障处理方式	行车模式：上报故障 车载充电模式：上报故障，同时动力电池充电请求为待机，5s 后断开高压继电器 快充充电模式：上报故障，同时发送 BST，5s 后断开高压继电器
VCU 故障处理方式	仪表立即点亮绝缘故障灯 行车模式：根据车速和挡位处理，车速 > 30km/h 不处理，否则执行高压下电或禁止高压上电 充电模式：立即高压下电 若整车处理，则仪表点亮 MIL 灯，一级报警音
导致故障的原因	高压部件内部有短路 高压回路对车身绝缘阻值下降
故障可能造成的影响	整车可能存在漏电，对人员造成伤害
处理措施	按照"建议的维修措施"实施检修，确认无故障后，手动清除故障代码后重新上电
建议的维修措施	检查高压部件、高压回路的绝缘状况 更换绝缘不合格的高压器件

(2) 充电电流异常　故障处理见表 11-1-10。

表 11-1-10　动力电池充电电流异常故障处理

BMS 故障处理方式	车载充电模式：上报故障，同时进行充电器重启，重启 5 次仍然出现该故障，动力电池充电请求为待机 快充充电模式：上报故障，同时发送 BST
VCU 故障处理方式	—
导致故障的原因	充电器故障或者充电回路故障
故障可能造成的影响	引起动力电池过充、鼓包、膨胀甚至爆炸
处理措施	如果重新上电车辆恢复正常，则不需要进行维修 如果重新上电车辆不能恢复正常，则需要按照"建议的维修措施"实施检修
建议的维修措施	检查充电回路 更换 PEU

11.1.5　动力电池故障导致车辆可以上电，但仪表一直提示故障

> **故障现象：**

车辆上 OK 电后，发动机启动，无法转换到 EV 模式，当前电量 12%，动力系统故障灯点亮，仪表提示"请检查动力系统"，故障代码为 P1A3400 预充失败故障。

故障分析：

① 动力电池或 BIC（采集器）故障。

② 高压 BMS 故障。

③ 驱动电机控制器故障。

④ 线路连接故障。

故障排除：

① 在上 OK 电的预充过程中读取驱动电机控制器数据流，发现当前总电压最高为 13V，无高压输入。

② 在上 OK 电的预充过程中读取高压 BMS 数据流，确认 4 个分压接触器、预充接触器、负极接触器均处于正常的吸合状态，由此判断高压 BMS 控制各接触器正常，应属于某个接触器或动力电池故障，导致高压电并未输入驱动电机控制器。

应按照高压电走向（图 11-1-3）依次进行测量。

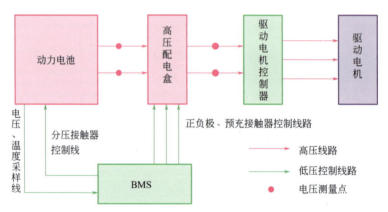

图 11-1-3　高压电走向

③ 整车退电，再上 ON 挡电，按照图 11-1-4 所示测量动力电池正、负极电压为零（正常应为动力电池总电压），故分析是某分压接触器未正常吸合或电池模组故障所致。

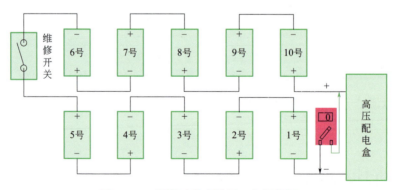

图 11-1-4　测量动力电池正、负极电压

④ 分别对 10 个电池模组电压进行测量，测量发现 2 号模组电压为零（图 11-1-5），确认 2 号电池模组故障或 2 号模组的分压接触器线路故障、高压 BMS 故障。

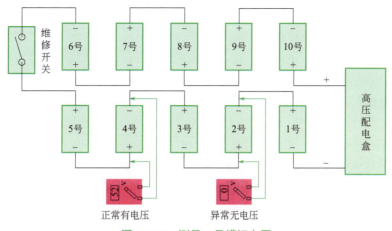

图 11-1-5　测量 2 号模组电压

⑤ 拔开 2 号模组分压接触器插接件，测量线束端，两根线路之间有 12V 电压（图 11-1-6），证明 BMS 及线路正常，更换 2 号模组，故障排除。

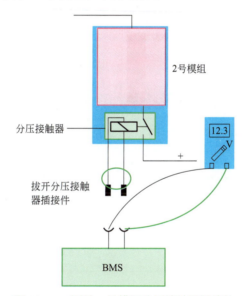

图 11-1-6　测量 2 号模组分压接触器插接件

总结：

① ON 挡电动力电池预充接触器控制逻辑。车辆上 ON 挡电，高压 BMS 直接控制 4 个分压接触器吸合，分压接触器吸合后高压 BMS 对动力电池进行检测，如有漏电、采样线故障等电池异常情况，4 个分压接触器将断开，如无异常，4 个分压接触器将一直处于吸合状态。

② 上 OK 挡电预充过程。车辆上 OK 挡电，高压 BMS 吸合高压配电盒的预充接触器、负极接触器，驱动电机控制器的直流输入母线电压上升，当达到动力电池总电压时，预充完成，驱动电机控制器给高压 BMS 发送命令，高压 BMS 接收到预充完成命令后，断开预充接触器，吸合主接触器（正极接触器），由于主接触器的吸合，驱动电机控制器直流母线电压继续升高，直至达到动力电池电压，车辆高压电上电完成。

如果在预充过程中，驱动电机控制器未能接收到 2/3 的动力电池总电压，则预充失败，高压 BMS 报出 P1A3400 预充失败故障。

如果预充完成，但由于主接触器故障等原因，导致驱动电机控制器直流输入母线电压未能达到动力电池电压，则驱动电机控制器报出高压侧输入欠压。

③ 动力电池判断。由于动力电池 10 个模组中只有 2 号、4 号、6 号、8 号有分压接触器，因此如测量时发现 2 号、4 号、6 号、8 号电池模组无电压时需对分压接触器线路进行测量，其他模组无电压，可直接判断为动力电池故障。4 个分压接触器集成在电池模组内，由高压 BMS 控制 12V、搭铁，因此测量分压接触器时拔开分压接触器插接件测量线束端两端子之间是否有 12V 电，如有则可判定高压 BMS 控制及线路正常。

④ 如果在上 OK 电的过程中，驱动电机控制器直流输入母线电流有所升高，但依然无法达到 2/3 动力电池总电压，则先对电动空调、PTC 进行测试。

11.2 驱动系统

11.2.1 驱动电机启动困难或不启动

驱动电机启动困难或不启动可能原因与处理方法见表 11-2-1。

表 11-2-1 驱动电机启动困难或不启动可能原因与处理方法

可能原因	处理方法
①动力电池输出电压不足 ②负载过重 ③机械卡转	①调整电压至所需值 ②减轻负载后再启动 ③检查后先停车解除机械锁止后再启动驱动电机

11.2.2 驱动电机过温

驱动电机过温诊断条件及可能原因见表 11-2-2。

表 11-2-2 驱动电机过温诊断条件及可能原因

DTC 诊断条件	可能原因
驱动电机温度超过 145℃（江淮 iEV6，该数据根据不同车型而定）	①冷却液泵 ②冷却管路堵塞 ③冷却液不足 ④驱动电机 ⑤电机控制器

驱动电机过温故障诊断步骤如图 11-2-1 所示。

图 11-2-1　驱动电机过温故障诊断步骤

11.2.3　驱动电机过速

驱动电机过速诊断条件及可能原因见表 11-2-3。

表 11-2-3　驱动电机过速诊断条件及可能原因

DTC 诊断条件	可能原因
驱动电机转速超过 7700r/min（江淮 iEV6，该数据根据不同车型而定）	①低负载或空载 ②驱动电机 ③电机控制器

驱动电机过速故障诊断步骤如图 11-2-2 所示。

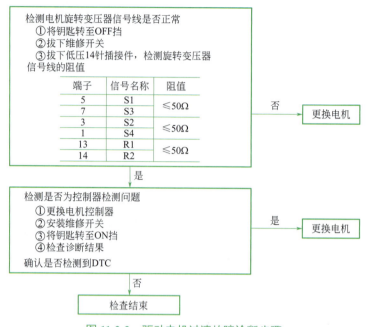

图 11-2-2　驱动电机过速故障诊断步骤

11.2.4　高压过压、欠压

（1）**高压过压**　诊断条件及可能原因见表 11-2-4，诊断步骤如下。

表 11-2-4　高压过压诊断条件及可能原因

DTC 诊断条件	可能原因
检测输入电压超过 420V	①动力电池 ②能量回收时主继电器断开 ③电机控制器

① 检测高压输入是否过压。

是：转至步骤②。

否：更换电机控制器。

② 检测动力电池输出是否过压。

是：检查动力电池。

否：更换电机控制器。

（2）**高压欠压**　诊断条件及可能原因见表 11-2-5，诊断步骤如下。

表 11-2-5　高压欠压诊断条件及可能原因

DTC 诊断条件	可能原因
检测输入电压低于 220V	①动力电池 ②电机控制器

①检测高压输入是否欠压。
是：转至步骤②。
否：更换电机控制器。
②检测动力电池输出电压是否欠压。
是：检查动力电池。
否：更换电机控制器。

11.2.5 驱动电机旋转变压器故障

驱动电机旋转变压器故障诊断条件及可能原因见表11-2-6。

表11-2-6 驱动电机旋转变压器故障诊断条件及可能原因

DTC 诊断条件	可能原因
旋转变压器解码芯片报故障	①外部线束 ②DC/DC ③驱动电机故障 ④电机控制器故障

驱动电机旋转变压器故障诊断步骤如图11-2-3所示。

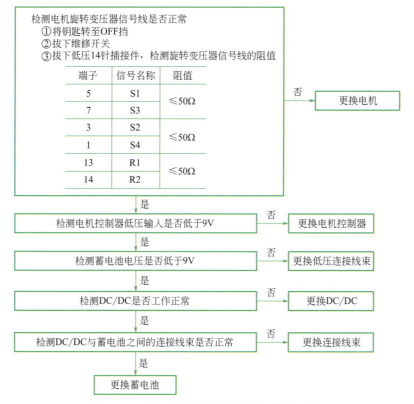

图11-2-3 驱动电机旋转变压器故障诊断步骤

11.2.6 电机控制器过温

电机控制器过温诊断条件及可能原因见表 11-2-7。

表 11-2-7 电机控制器过温诊断条件及可能原因

DTC 诊断条件	可能原因
电机控制器温度超过 85℃	①冷却液泵 ②冷却管路堵塞 ③冷却液不足 ④电机控制器

电机控制器过温故障诊断步骤如图 11-2-4 所示。

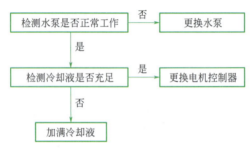

图 11-2-4 电机控制器过温故障诊断步骤

11.2.7 驱动电机异响、振动过大或转速和输出功率不足

驱动电机出现异响、强烈振动或转速和输出功率达不到要求时，车辆会以限制功率状态运行，更严重时会导致无法正常行驶，可按图 11-2-5 中的步骤进行诊断（吉利帝豪 EV300/EV350/EV450）。

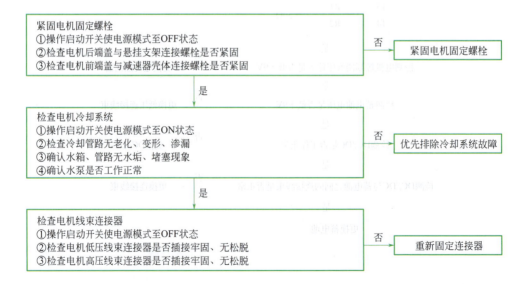

↓是

检查驱动电机三相线束紧固力矩
①操作启动开关使电源模式至OFF状态
②断开蓄电池负极电缆
③断开直流母线
④检查三相线固定螺栓的紧固力矩(电机控制器侧)是否符合标准
⑤检查三相线固定螺栓的紧固力矩(电机侧)是否符合标准

→否 紧固电机三相线束

↓是

检测驱动电机三相线束是否相互短路

BV19接

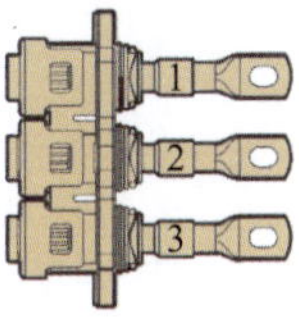

①操作启动开关使电源模式至OFF状态
②断开蓄电池负极电缆
③断开直流母线
④断开驱动电机三相线束连接器BV19
⑤断开驱动电机三相线束连接器EP62
⑥用万用表进行测量：

测量位置A	测量位置B	测量标准值
BV19-1	BV19-2	标准电阻：20kΩ或更高
BV19-1	BV19-3	
BV19-2	BV19-3	

⑦确认测量值是否符合标准

→否 修理或更换线束

↓是

检测驱动电机三相线绝缘电阻

BV19接

①操作启动开关使电源模式至OFF状态
②断开直流母线
③断开驱动电机三相线束连接器BV19
④用万用表进行测量：

测量位置A	测量位置B	测量标准值
BV19-1	车身接地	标准电阻：20kΩ或更高
BV19-2	车身接地	
BV19-3	车身接地	

⑤确认测量值是否符合标准

→否 修理或更换线束

↓是

清理检查前、后端盖
①拆卸电机
②用除锈清洗剂清洗端盖，确认端盖无灰尘、杂物，止口无破损，无碰伤
③轴承室无磨损，轴承不甩圈，用内径千分尺测量轴承室尺寸合格

→否 修理或更换后端盖

↓是

清理检查水套壳体
①拆卸电机
②用除锈清洗剂清洗，水套端面要求无灰尘、无杂物，止口无破损，无碰伤
③用密封检测工装检测壳体有无漏气现象
④用水道检测工装检测水道是否堵塞，水道流量是否满足冷却要求
⑤复测转子动平衡，超出规定数值后，需重新标定动平衡量
⑥确认故障是否排除

→是 诊断结束

图 11-2-5

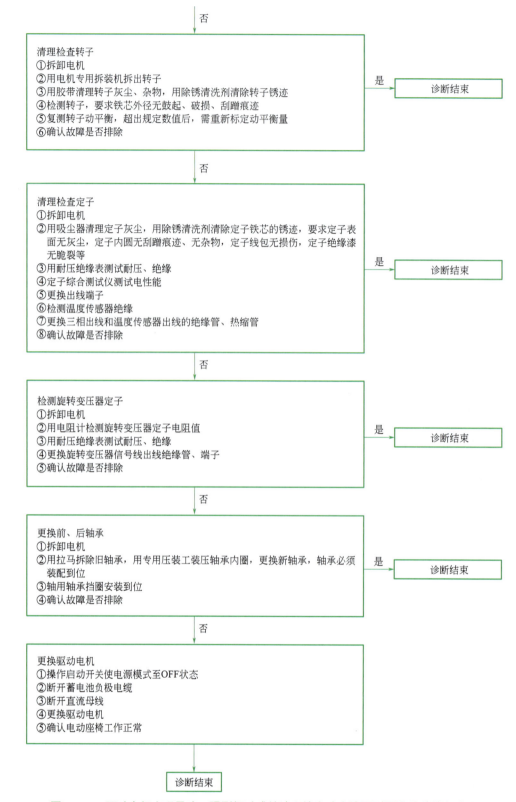

图 11-2-5 驱动电机出现异响、强烈振动或转速和输出功率达不到要求故障诊断步骤

11.3 充电系统

11.3.1 车载充电器输出过压、欠压

车载充电器在输出时，是有一定输出上限的，当车载充电器检测到输出端电压超过其输出能力，车载充电器会自动关闭输出，保护其硬件。同样，当车载充电器检测到输出端电压低于其输出能力，车载充电器也会自动关闭输出，保护其硬件。输出电压过高或过低自动关闭输出的同时还会产生故障代码，保存在电控单元中。

车载充电器输出电压过高故障诊断步骤如图 11-3-1 所示。

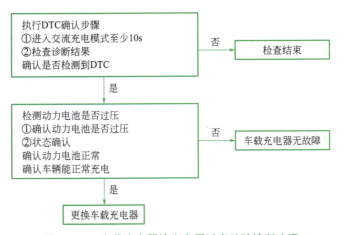

图 11-3-1 车载充电器输出电压过高故障诊断步骤

车载充电器输出电压过低故障诊断步骤如图 11-3-2 所示。

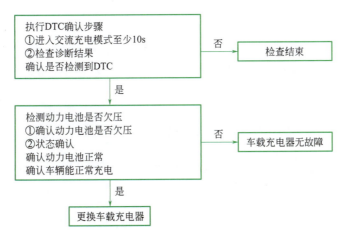

图 11-3-2 车载充电器输出电压过低故障诊断步骤

11.3.2 车载充电器过温

车载充电器正常工作对温度是有要求的，例如吉利帝豪 EV450 车载充电器正常工作温度为 -40～80℃，江淮 iEV6 正常工作温度为 -20℃～85℃，超出该温度范围，车载充电器会自动关闭输出，保护其硬件，并生成故障代码，存储在控制器内。

车载充电器过热故障诊断步骤如图 11-3-3 所示。

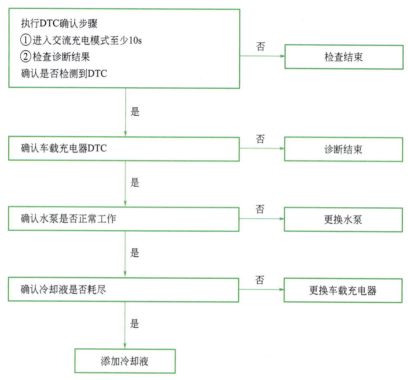

图 11-3-3　车载充电器过热故障诊断步骤

11.3.3 车载充电器过流

车载充电器正常工作时，输出电流超过一定值，会自动关闭输出，保护其硬件。江淮 iEV6 车载充电器输出过流可分为 1 级故障和 2 级故障，诊断条件及可能原因见表 11-3-1。

表 11-3-1　车载充电器过流故障诊断条件及可能原因

故障级别	DTC 诊断条件	可能原因
车载充电器输出过流 1 级	充电时，车载充电器检测到 100ms 内输出平均电流大于 12A	①电网波动 ②车载充电器硬件故障
车载充电器输出过流 2 级	充电时，车载充电器检测到 80μs 内输出平均电流大于 25A	车载充电器硬件故障

车载充电器输出过流 1 级故障诊断步骤如图 11-3-4 所示。
车载充电器输出过流 2 级故障诊断步骤如图 11-3-5 所示。

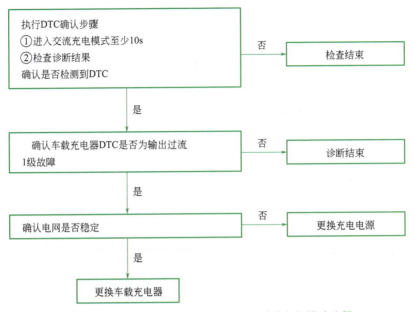

图 11-3-4　车载充电器输出过流 1 级故障诊断与排除流程

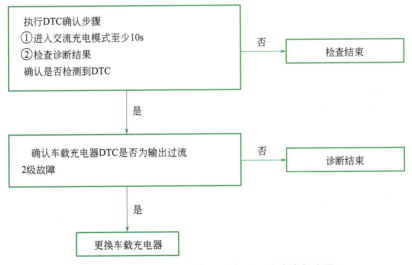

图 11-3-5　车载充电器输出过流 2 级故障诊断步骤

11.3.4　CC 检测回路故障

充电感应信号（CC 信号）故障电路如图 11-3-6 所示。
CC 检测回路故障诊断步骤如图 11-3-7 所示。

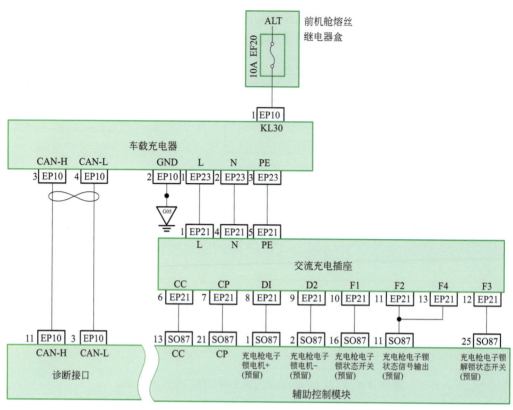

图 11-3-6 充电感应信号（CC 信号）故障电路

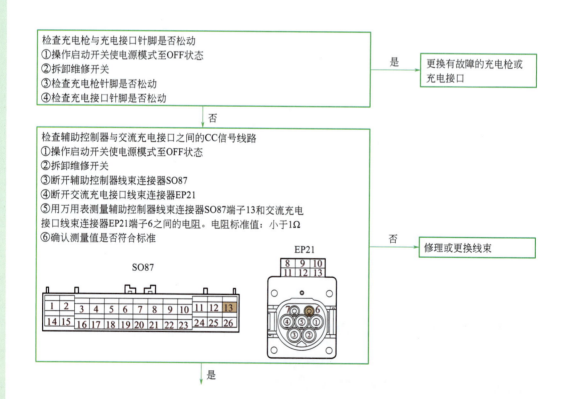

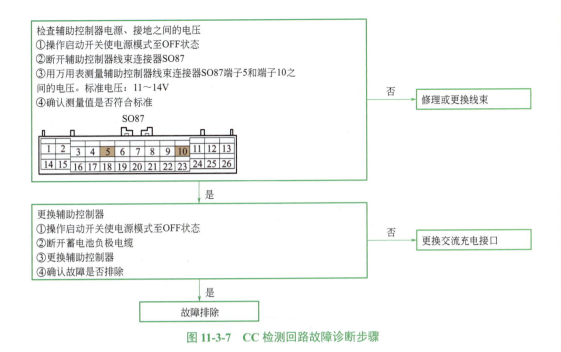

图 11-3-7　CC 检测回路故障诊断步骤

11.4 高压配电系统

高压配电系统常见故障有绝缘故障、回路不导通和回路短路等，见表 11-4-1。

表 11-4-1　高压配电系统常见故障

故障名称	检查项目	可能故障部件
绝缘故障	整车高压系统零部件绝缘电阻 电池管理器	所有高压部件 电池管理器
回路不导通	高压回路熔断器 高压插接器	高压配电盒 高压主电缆 高压配电电缆
回路短路	整车高压系统零部件	所有高压零部件

11.4.1　高压配电系统绝缘故障及回路导通性检查

（1）绝缘故障诊断流程　只有在整车故障诊断时诊断出绝缘故障，方可按照此流程进行绝缘检测。如果按照此流程检查后，整车高压零部件绝缘均合格，应检查电池管理器是否正常。绝缘故障诊断流程如图 11-4-1 所示。

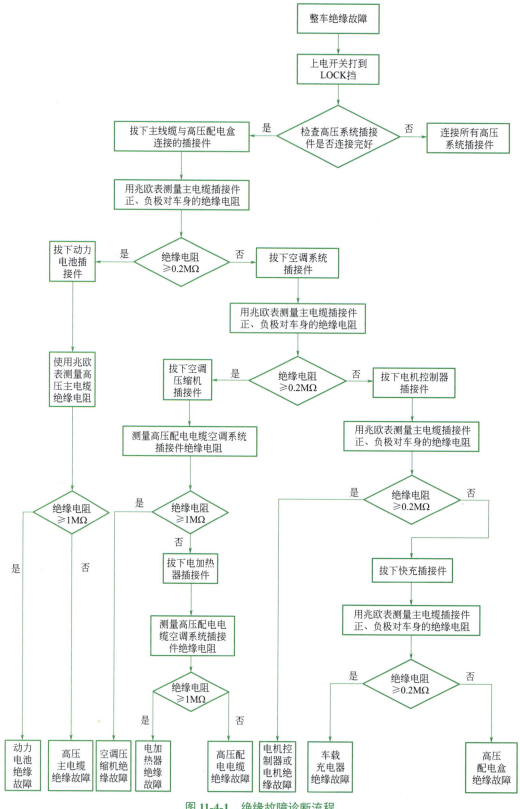

图 11-4-1 绝缘故障诊断流程

（2）回路导通性检查流程　在进行整车故障诊断时，诊断出高压部件不工作或高压部件无电压输入，方可按照此流程检查回路导通性。回路导通性检查流程如图 11-4-2 所示。

图 11-4-2　回路导通性检查流程

11.4.2　高压配电系统回路短路检查

（1）电动空调压缩机回路短路检查流程（图 11-4-3）

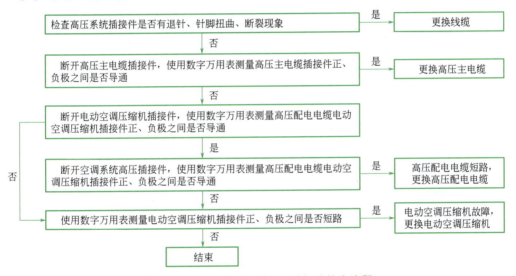

图 11-4-3　电动空调压缩机回路短路检查流程

（2）车载充电器输出回路短路检查流程（图 11-4-4）

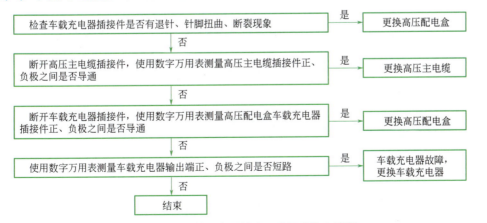

图 11-4-4　车载充电器输出回路短路检查流程

(3) PTC 加热器回路短路检查流程（图 11-4-5）

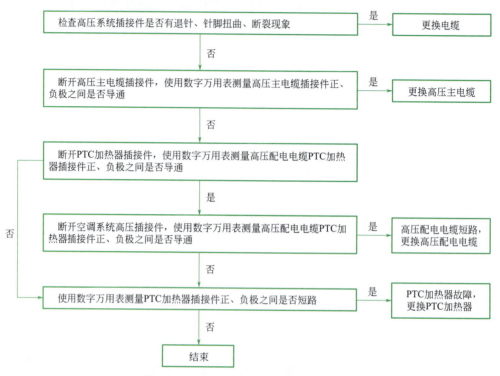

图 11-4-5　PTC 加热器回路短路检查流程

(4) 电机控制器回路短路检查流程（图 11-4-6）

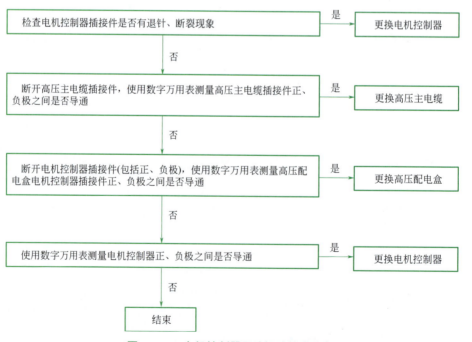

图 11-4-6　电机控制器回路短路检查流程

（5）直流充电回路短路检查流程（图11-4-7）

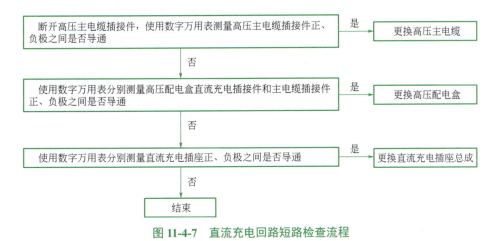

图 11-4-7　直流充电回路短路检查流程

11.5 其他

11.5.1　空调偶尔不制冷

故障现象：

一辆秦Pro EV，驾驶员侧出风口偶尔不制冷，前乘员侧出风口制冷正常。

原因分析：

① 膨胀阀故障。
② 空调箱体故障。
③ 空调控制器故障。
④ 其他故障。

维修过程：

① 连接VDS诊断仪，读取空调控制器故障代码，未发现故障代码，读取控制器数据流，驾驶员侧吹面通道温度为22℃（异常），前乘员侧面温度为10℃（正常），电子膨胀阀开度为6%，开度很小。同时发现膨胀阀到蒸发箱管路有结霜现象，调换膨胀阀试车故障依旧。

② 膨胀阀的开度由空调控制器控制，调换空调控制器，试车故障依旧，测量膨胀阀到空调控制器线路导通正常，对地阻值无穷大，正常。

③ 出现故障时压力表显示低压压力明显偏低，故障消失后压力又恢复正常，怀疑蒸发箱堵塞，调换蒸发箱进行测试，故障依旧。

④ 再次检查空调控制器数据流（图 11-5-1），发现蒸发器出口压力一直在跳变，有时会变为零，有时会变为 60，变化频繁，正常车辆压力是一个恒定值。此数据由空调 P/T 传感器提供，拔下插接件，外插一个传感器，发现数据还是跳变，而且在空调关闭的状态下也跳变。

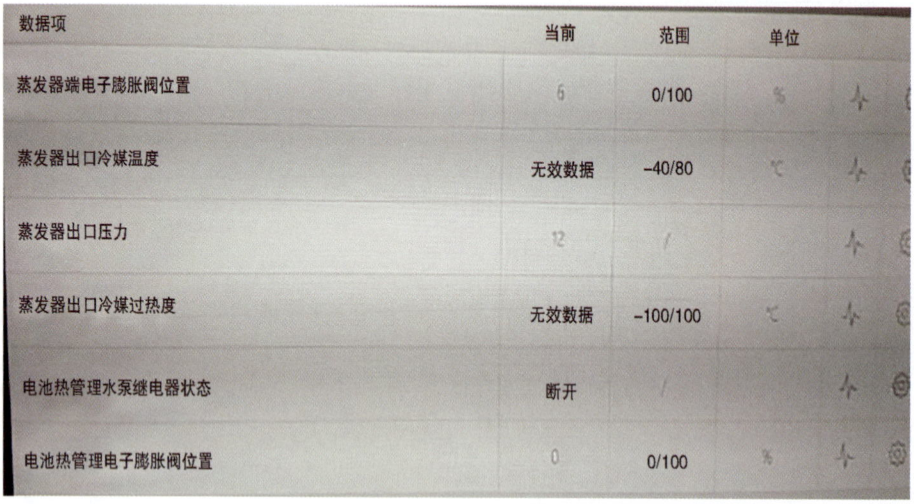

数据项	当前	范围	单位	
蒸发器端电子膨胀阀位置	6	0/100	%	✿
蒸发器出口冷媒温度	无效数据	-40/80	℃	✿
蒸发器出口压力	12	/	/	✿
蒸发器出口冷媒过热度	无效数据	-100/100		✿
电池热管理水泵继电器状态	断开			✿
电池热管理电子膨胀阀位置	0	0/100	%	✿

图 11-5-1　空调控制器数据流

⑤ 检查传感器线路，四根线（5V 电源、温度采样信号、压力采样信号、搭铁），均正常，检查 GJB05 接插件未发现异常，进行跨线测试，故障依旧。

⑥ 检查空调控制器的供电线路，未发现异常，怀疑是由于加装造成的干扰，排查本车只加装了一个高速 ETC。

⑦ 无意中发现一个问题，在关闭空调的情况下散热风扇时快时慢，肯定是不正常的，拔掉风扇插头，观察蒸发器出口压力数据流稳定了，调换风扇进行测试，数据流稳定，空调制冷正常，故障排除。

11.5.2　高压互锁断开

① 使用诊断仪读取故障代码（表 11-5-1）。

表 11-5-1　故障代码

故障代码	说明
U210201	高压互锁故障

② 检查 BMS 高压互锁故障。
a. 操作启动开关使电源模式至 OFF 状态。
b. 检查动力电池维修开关是否松动。
c. 断开维修开关。

d. 检查动力电池快充接插件是否松动。

e. 检查动力电池正、负极接插件是否松动。如果松动需要修理或更换线束。

③ 检查 VCU 高压互锁故障。

a. 操作启动开关使电源模式至 OFF 状态。

b. 断开维修开关。

c. 检查电机控制器正、负极接插件是否松动。

d. 检查分线盒正、负极接插件是否松动。如果松动需要修理或更换线束。

④ 检查车载充电器高压互锁故障。

a. 操作启动开关使电源模式至 OFF 状态。

b. 断开维修开关。

c. 检查车载充电器正、负极接插件是否松动或互锁线路断路。

⑤ 更换互锁开关。

a. 操作启动开关使电源模式至 OFF 状态。

b. 断开蓄电池负极电缆。

c. 更换互锁开关。

d. 确认故障排除。

11.5.3 高压零部件绝缘

高压配电系统中的任何高压部件发生绝缘故障（内部短路）均可引起整车绝缘故障，其表现见表 11-5-2。

表 11-5-2　绝缘故障表现

故障起源	故障反馈	故障表现
高压部件绝缘故障	整车报绝缘故障	行驶中掉高压、无法上高压

吉利帝豪 EV 绝缘故障表现为整车不能上高压。连入诊断仪后，查找空调控制器故障代码是否报相应绝缘类故障（如接地电阻被击穿等），随后用绝缘表确认是否存在绝缘问题。读取故障代码为绝缘故障结合 PTC 加热器硬件故障（表 11-5-3），基本确定故障为 PTC 模块绝缘问题，具体操作步骤如下。

表 11-5-3　故障代码

故障代码	说明
P21F02A	高压继电器闭合的前提下，绝缘故障
B119713	PTC 加热器硬件保护

① 正常下电，拔掉手动维修开关。

② 打开前机舱盖，找到 PTC 加热器与空调压缩机的高压接线。
③ 断开 PTC 加热器和空调压缩机与整车高压系统的连接。
④ 用绝缘表分别测量 PTC 加热器和空调压缩机正、负极对地的绝缘阻值。
⑤ 看绝缘阻值是否满足绝缘要求。

高压部件绝缘阻值标准见表 11-5-4。

表 11-5-4　绝缘阻值标准

高压部件名称	测试端	正常阻值
动力电池直流母线	端子 1（正极）与车身搭铁（负极）	≥ 20MΩ
	端子 2（正极）与车身搭铁（负极）	≥ 20MΩ
PTC 加热器	端子 1（正极）与车身搭铁（负极）	≥ 20MΩ
	端子 2（正极）与车身搭铁（负极）	≥ 20MΩ
空调压缩机	端子 1（正极）与车身搭铁（负极）	≥ 10MΩ
	端子 2（正极）与车身搭铁（负极）	≥ 10MΩ
车载充电器	端子 1（正极）与车身搭铁（负极）	≥ 10MΩ
	端子 2（正极）与车身搭铁（负极）	≥ 10MΩ
电机三相线束	U 相	≥ 20MΩ
	V 相	≥ 20MΩ
	W 相	≥ 20MΩ
PTC 加热器高压线束	线束端子 1（正极）与车身搭铁（负极）	≥ 2MΩ
空调压缩机高压线束	线束端子 2（正极）与车身搭铁（负板）	≥ 2MΩ
PEU 电机控制器高压线束（输入）	T+、T-	≥ 2MΩ

如果以上检查都没有问题，就要开盖检测高压部件里是否有异物导致绝缘故障（高压分线盒、PEU 电机控制器盖、电机三相线盖）。线束损坏、插接件松动与烧蚀都有可能导致绝缘故障。

11.5.4　插电式混合动力车型无法 ready

故障现象：

一辆秦 Pro DM，在地下车库停放一夜后无法上 OK 电，仪表显示"请检查车辆网络"，如图 11-5-2 所示。

使用 VDS2100 扫描车辆，发动机控制器显示故障为 U0102 ECM 与 TCU 通信失败，而且扫描不到 TCU 模块。

> **原因分析：**

① TCU 模块故障或供电电源线路故障。
② ECM 模块故障。
③ ECM 与 TCU 之间网络故障。

图 11-5-2　仪表显示故障

> **维修过程：**

①检查 TCU 供电问题，首先查看熔丝，F1/6 和 F2/34 均没有烧断，测量 F2/34 处电压正常，通过查看电路图，又测量了 BJA01 的 11 号端子电压也正常，由于 TCU 插接器位置不便于拔插，将车辆拖回服务站继续检查。

② 车辆进店后发现故障消失，能够正常行驶，由于未处理任何地方，故障肯定还是存在的，于是模拟故障。拔下 F2/34 和 BJA01 插接器，仪表都会出现"请检查发动机系统"，应该不是这两处问题。单独拔下 TCU 插接器故障与之前一样，仪表上只报"请检查车辆网络"，怀疑此处有问题。

③ 拔下 TCU 插接器，测量 A28 的 9 号端子电压正常，针脚也未发现异常，TCU 供电应该没有问题，再次插上插接器发现故障重现，怀疑应该是 TCU 本身有问题或者线路中有虚接的地方。再次拔下 TCU 插接器，测 CAN 线 A28 的 14 号和 15 号端子之间电阻为 60Ω 左右（正常），CAN-H 和 CAN-L 电压分别为 2.7V 和 2.3V 左右（正常），CAN 线和供电均没有问题，继续测量搭铁，测量 A28 的 8 号端子与搭铁不导通，应该是搭铁问题。

④ 查看电路图搭铁点为 Ea04，发现在左前纵梁上有两处搭铁点，并且一处搭铁点已经松动（图 11-5-3），把此搭铁点处理并紧固，故障排除。

图 11-5-3　左前纵梁上的两处搭铁点

11.5.5　仪表提示"请检查动力系统"

故障现象：

一辆 e5 更换动力电池后，车辆偶发性报"请检查动力系统"，熄火重启后又恢复正常。

原因分析：

① 动力电池包故障。
② 高压系统故障。
③ 线路或其他故障。

维修过程：

① 用 VDS 诊断仪扫描电池管理控制系统报故障代码：P1A6000 高压互锁 1 故障、P1A4D04 电流霍尔传感器故障，故障代码清除后上 OK 电不再出现。

② 考虑车辆是在更换动力电池后出现此问题，因此首先检查动力电池、电池管理器等插接件是否插接到位，针脚是否有歪斜等情况，检查后未发现异常。

③ 检查高压互锁回路。断开电池管理器，测量线束端 BK45（A）-1 与 BK45（B）-7 导通，互锁回路没有问题。

④ 怀疑互锁回路中有插接件存在接触不良现象，分别晃动回路中各插接件检查，当动力电池插接件被晃动时，万用表阻值偶发出现无穷大（断路）的情况，确认故障点在电池包插接件。

⑤ 再次检查电池包插接件，针脚无退针、歪斜情况，仔细检查发现该插接件与动力电池插接后，线束插接器与插座固定螺钉存在干涉情况，确认为螺钉未完全紧固，重新紧固后复装，试车确认故障排除。

11.5.6 行驶时严重挫车

故障现象：

行驶 1850km 的秦，车辆在 HEV+SPORT 模式行驶时会出现挫车，等交通灯时偶尔会出现怠速升高问题（900 ～ 2500r/min），在 EV 模式下正常。

原因分析：

① 接地线和节气门插接器故障。
② 节气门体有积炭或节气门体故障。
③ 发动机 ECU 内部故障。
④ 进气压力传感器故障。

维修过程：

① 试车确认，故障确实存在。用 VDS1000 对该车进行扫描检查，未发现有要更新的程序及故障代码。

② 因该车在 HEV SPORT 模式大负荷情况下出现故障，分析是大负荷时发动机动力不足引起。怠速情况下偶尔会出现转速波动，考虑到该车行驶不到 2000km，机械部分出现故障的概率小。需要重点检查线束搭铁及进气系统是否正常。

③ 检查车辆的各线束搭铁点都未发现有松动的现象，接地线点正常。由于怠速高偶发，并未捕捉到故障出现时怠速状态下的数据流。再次进行试车发现，当大负荷行驶时，发动机的进气声比较大，而且有明显喘气声，因此分析属于进气系统故障。

④ 重点检查进气管路和进气管的所有相关附件，发现进气歧管后面碳罐真空管有虚接松动的现象，拆出重新装配后着车故障排除。

小结

对于类似偶发性故障的处理，分析故障原因很重要，模拟故障发生条件的试车经验（特别是试车方法和路况的选择）也很重要。要善于利用团队的力量，并注意经验的积累。

11.5.7 比亚迪宋多媒体无法正常关机

故障现象：

一辆宋 1.5TID 车型，整车退电后，多媒体无法正常关机。

> **原因分析**：

① 多媒体程序及主机故障。
② 仪表配电盒及线路故障。
③ 模块故障。
④ 其他故障。

> **维修过程**：

① 整车退电后，多媒体没有自动关机，按遥控器可以控制车辆开锁、闭锁，更新多媒体程序故障再现。

② 多媒体系统电路如图 11-5-4 所示，断开多媒体 G07（B）插接件，在 OFF 挡测量 ACC 电有 19.7V，能点亮小灯泡使之处于微亮状态；断开 F2/30 ACC 熔丝、K2/2 ACC 继电器及 G2I 插接件后小灯泡依然常亮，怀疑 BCM 及线路或者其他模块串电。

③ 调换 BCM 故障依旧。依次断开各个模块，发现断开 USB 充电连接器上的充电宝后小灯泡熄灭。查看电路图得知 USB 充电连接器也有一根 ACC 电源线，当整车退电后，充电宝上的指示灯依然常亮，此时充电宝相当于一个外接电源给多媒体提供了一个 ACC 电，造成多媒体无法正常关机。

④ 把充电宝插在正常车上故障再现，断开充电宝后故障排除。

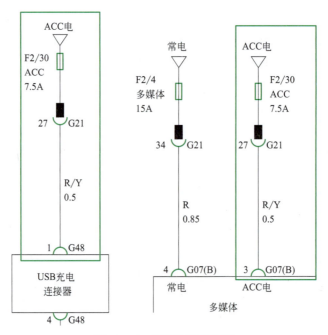

图 11-5-4　多媒体系统电路